SPRACHFÜHRER

А. Ф. Зиновьева, О. В. Власюк, Г. Г. Михальцик

Немецко-русский разговорник

МОСКВА
«РУССКИЙ ЯЗЫК»
1989

A.F. Sinowjewa, O.W. Wlasjuk, H.G. Michalzik

DEUTSCH-RUSSISCHER SPRACHFÜHRER

MOSKAU
VERLAG «RUSSKIJ JAZYK»
1989

ББК 81.2 Р-96
З-63

Рецензент *А. Г. Тельнова*

Зиновьева А. Ф. и др.
З-63 Немецко-русский разговорник/ А. Ф. Зиновьева, О. В. Власюк, Г. Г. Михальцик.— М.: Рус. яз., 1989.— 320 с.
ISBN 5—200—00324—5

Разговорник включает набор типичных вопросов и ответов, облегчающих общение в определенных коммуникативных ситуациях. Разговорник содержит страноведческий комментарий. Предназначен для приезжающих в СССР немецкоговорящих граждан.

З $\frac{4602030000—052}{015(01)—89}$ КБ—58—40—1987 ББК 81.2. Р-96

Августина Фёдоровна Зиновьева, Ольга Васильевна Власюк, Ганс Георг Михальцик

Зав. редакцией Т. М. Никитина
Редакторы М. В. Маришина, В. Ю. Шведов, И. А. Кузьмина
Художественный редактор В. С. Голубев
Технический редактор И. В. Богачева
Корректор М. С. Губернаторова

ISBN 5—200—00324—5

INHALTSVERZEICHNIS

СОДЕРЖАНИЕ

EINLEITUNG

Auf Ihrer Touristen- oder Geschäftsreise in die UdSSR wird Ihnen der vorliegende Sprachführer sicher eine gute Hilfe sein. Als Ihr ständiger Begleiter wird er Ihnen helfen, sich überall zurechtzufinden, ein Essen im Restaurant zu bestellen, Einkäufe zu tätigen, Postsendungen abzuschicken, Eintrittskarten für Theater oder Sportveranstaltungen zu besorgen usw. usf.

Der Sprachführer ist für Russischunkundige sowie für diejenigen gedacht, die erst begonnen haben, Russisch zu erlernen und noch keine Sprachfertigkeiten erworben haben.

Der Sprachführer besteht aus thematischen Abschnitten mit Wörtern und Wendungen, die in typischen Sprachsituationen gebraucht werden. Eine Reihe von Abschnitten ist mit landeskundlichen Kommentaren sowie mit Hinweisen zur Verhaltensweise in verschiedenen Situationen versehen. Der russische Text des Sprachführers wird transkribiert, was die Benutzung des Sprachführers noch erleichtert. Die Transkription kann alle Besonderheiten russischer Aussprache nicht berücksichtigen, sie ermöglicht doch, russische Wörter ziemlich richtig zu lesen und auszusprechen. Weitere Hinweise zur richtigen Aussprache der russischen Wörter enthält eine beigefügte Tabelle.

Im Sprachführer sind einige Zeichen verwendet:

~ Die Tilde steht als Ersatz des ganzen vorangegangenen Stichwortes in seiner unveränderten Form, z. B.:

die Handlung	действие
~ des Stücks	~ пьесы

( ) Die runden Klammern dienen zur verkürzten Wiedergabe eines anderen Beispiels, z. B.:

Arbeiten (lernen, studieren) Sie?	Вы работаете (учитесь)?

In kursiver Schrift stehen in runden Klammern nähere Bestimmungen der Wortbedeutung oder weitere Ausführungen, z. B.:

das Glas (*für Wein*)	рюмка

[ ] In eckige Klammern eingeschlossene Wörter sind mögliche Varianten eines Ausdrucks, z. B.:

der Reißverschluß	[замок-]молния

* Das Sternchen bezeichnet die weibliche Person, z. B.:

Ich möchte gern Russisch lernen	Я хотел(а) * бы изучать русский язык

/ Der schräge Strich trennt etwa gleichbedeutende Wörter bzw. Ausdrücke, z. B.

Gestatten / Erlauben Sie...	**Разрешите / Позвольте**...

Im Anhang finden Sie kurze Informationen über die Sehenswürdigkeiten Moskaus und Leningrads. Der Sprachführer enthält zusätzlich ein russisch-deutsches Wörterbuch mit meist gebräuchlichen Wörtern und Wendungen.

Vor Ihrer Reise empfehlen wir Ihnen, sich mit dem Sprachführer vertraut zu machen und einige erforderliche Wörter und Wendungen im voraus einzuprägen. Natürlich ist es nicht möglich, in kurzer Frist geläufig sprechen zu lernen, doch werden Sie sich in dieser oder jener Situation weit sicherer fühlen. Wir hoffen so, zum Erfolg Ihrer Reise beitragen zu können. Vielleicht werden Sie sogar den Wunsch verspüren, Russisch zu lernen?

Eine angenehme und erfolgreiche Reise wünscht Ihnen

das Autorenkollektiv!

PRAKTISCHE HINWEISE ZUR RUSSISCHEN AUSSPRACHE

Russisches Alphabet	Praktische Transkription	Aussprache wie in:	Stellung im Wort	Beispiele
1	2	3	4	5
Aa	a	Arbeit Saal	mit Betonung	зн**а**ть zn**a**t'
	y	Tischler	ohne Betonung nach **ц, ж, ш**	жалеть shyl'ét'

1	2	3	4	5
	i	auswirken	ohne Betonung nach **ч**, **щ**	ч**а**сов tschi**ß**óf щ**а**вель schtschi**w**'él
Бб	b	Brot	in allen Stellungen außer Endstellung	**б**орьба **b**ar'bá
	p	Gib! Sieb	in Endstellung	зу**б** su**p**
Вв	w	Winter	in allen Stellungen außer Endstellung	**в**ыход **w**ýchat
	f	Stoff	1) am Wortende, am Wortende vor **ь**	ро**в** ro**f** вно**вь** wno**f'**
			2) in Verbindungen mit stimmlosen Konsonanten	**в**ход **f**chot **в**торник **f**tórnik остано**в**ка aßtanó**f**ka **в**стреча **f**ßtr'étscha
	kein Lautwert		vor **ст**	чу**в**ство tschúßtwa

1	2	3	4	5
Гг	g	Gast	in allen Stellungen außer Endstellung	**г**остиница **g**aßtíniza по**г**ода pa**g**óda
	k	Zug Sieg	in Endstellung	пиро**г** piró**k**
Дд	d	da	in allen Stellungen außer Endstellung	**д**верь **d**w'er' по**д**ъезд pa**d**jéßt
	t	Süd Stand	in Endstellung und vor **т**	горо**д** góra**t** и**д**ти i**t**tí
	d'	Dürre Düne	in Verbindungen mit Vokalen **е, ё, ю, я**	**д**ело **d'**elá **д**я**д**я **d'**á**d'**a **д**юна **d'**úna
Е е	e	sechs	1) mit Betonung 2) in Neutra	ш**е**сть sch**é**ßt' мор**е** mór'**e**
	i	Distanz	ohne Betonung	д**е**таль d**i**tál'

1	2	3	4	5
	je	je jeder jetzt	in betonter Anfangsstellung, nach **ь, ъ** und Vokalen	**е**ль **je**l' знани**е** snáni**je**
	ji	jiddisch	in Anfangsstellung und nach Vokalen ohne Betonung	**е**жедневник **ji**shydn'éwnik
	y	Schinken schieben	1) ohne Betonung nach **ж, ш** 2) im Komparativ 3) in Endungen der Feminina nach **ж, ш, ц**	еж**е**дневный jish**y**dn'éwnyj больш**е** ból'sch**y** лучш**е** lútschsch**y** на улиц**е** na úliz**y** в гостиниц**е** w gaßtíniz**y**
Ё ё	jo	Jod Johann minutiös Minutiosität Döbel	1) in Anfangsstellung 2) nach Vokalen und ь, ъ	**ё**мкость **jó**mkaßt' при**ё**м pri**jó**m подъ**ё**м pad**jó**m
	o	döbeln gedörrt	nach Konsonanten	ид**ё**м id'**ó**m

1	2	3	4	5
Ж ж	sh	Etage Regime	in allen Stellungen außer Endstellung	у**ж**е u**sh**é
	sch	Tisch	in Endstellung und vor stimmlosen Konsonanten	но**ж** no**sch** ло**ж**ка ló**sch**ka
З з	s	sehen beweisen	1) in allen Stellungen außer Endstellung	**з**автра **s**áftra
	ß	Beweis	2) in Endstellung	зака**з** saká**ß**
	shsh	—	in Verbindung **зж**	по**зж**е pó**shsh**e
И и	i	Bildung	in allen Stellungen	**и**дт**и** **i**tt**i**
	y	Maschine Zimmer Zitat	nach **ш, ц, ж**	маш**и**на masch**ý**na ц**и**тата z**y**táta наш**и** násch**y**
Й й	j	ja Linie	in allen Stellungen	учебны**й** utschébny**j** красивы**й** kraßíwy**j**
			kein Lautwert in Wörtern:	пожалу**й**ста pashálußta се**й**час ßitscháß

1	2	3	4	5
К к	k	Kran	in allen Stellungen	**к**ран **k**ran сум**к**а ßúm**k**a о**к**но a**k**nó
	g	Garten	als Präposition vor stimmhaften Konsonanten	**к Б**ольшому театру **g b**al'schómu tiátru **к б**лижайшей остановке **g b**lishájschyj aßtanófki **к з**автраку **g s**áftraku
	k'	Küche Kegel Köln	1) in Fremdwörtern 2) in Verbindung mit Vokalen **е, ё**	**к**ювет **k**'uw'ét **к**егли **k**'égli **к**епка **k**'épka **К**ёльн **k**'ol'n
Л л	l	Lampe Blume Lotto	vor Vokalen **а, о, у, ы, и**	**л**апа **l**ápa **л**уна **l**uná **л**ыжи **l**ýshy **л**ожка **l**óschka

1	2	3	4	5
	l’	lesen lieben Blümchen Löffel lösen	vor Vokalen **е, ё, я, ю,** und **ь**	боль bol’ лён l’on любить l’ubít’ для dl’a
			keinen Lautwert in Verbindung **лнц**	солнце ßónze
М м	m	Mutter Musik	1) vor Vokalen **а, о, у, ы, и**	мама máma музыка músyka мыло mýla
	m’	möglich Schmied Michel	2) vor Vokalen **е, ё, ю, я**	мёд m’ot мяч m’atsch
Н н	n	Null	vor Vokalen **а, о, у, ы, и**	ноль nol’ знание snánije
	n’	nieseln neben	vor Vokalen **е, ё, ю, я,** und **ь**	нет n’et няня n’án’a сиденье ßid’én’je

1	2	3	4	5
О о	o	Sohn Rolle	mit Betonung	пл**о**щадь pl**ó**schtschit’
	a	Absurd	ohne Betonung	**о**становка **a**ßtanófka х**о**р**о**шо ch**a**r**a**schó
П п	p	Park Puder	vor Vokalen **а, о, у, ы, и**	**п**амять **p**ámit’ **п**осле **p**óßli **п**угать **p**ugát’
	p’	Pökel Pipe pünktlich Peter	vor Vokalen **е, ё, ю, я** und **ь**	**п**ять **p**’at’ **п**ена **p**’éna **п**ью **p**’ju **п**юрé **p**’uré
Р р	r	Robot Radio	in allen Stellungen sowie vor Vokalen **а, о, у, ы, и**	**р**вать **r**wat’ **р**аз **r**aß **р**овно **r**ówna **р**усский **r**úßkij

1	2	3	4	5
	r’	Rübe	vor Vokalen **е, ё, ю, я**	**р**епа **r’**éра **р**юмка **r’**úmka **р**ял **r’**at
С с	ß	Bus Straße ist	1) in Verbindung mit stimmlosen Konsonanten 2) vor Vokalen	**с**казать **ß**kasát’ **с**такан **ß**takán **с**едло **ß**idló
	s	sehen besichtigen	vor stimmhaften Konsonanten	**с**зади **s**sádi **с** горы **s** garý
	sh	Etage	in Verbindung mit **ж**	**с**жать **sh**shat’
	sch	Scheibe	in Verbindung mit **ш**	**с**шить **sch**schit’
	schtsch	—	in Verbindung mit **ч**	**с**частье **schtsch**áßt’je
	ß’	Mission	vor **ь** vor Vokalen **е, ё, ю, я**	гу**сь** gu**ß’** **се**мь **ß’**em’

1	2	3	4	5
Т т	t	Tante Tunnel toben	vor Vokalen **а, о, у, ы, и**	**т**оварищ **t**awá- rischtsch **т**рамвай **t**ramwáj **т**уннель **t**unél
	t’	Tüte töten	vor Vokalen **е, ё, ю, я**	**т**ётя **t’**ót’a **т**юльпан **t’**ul’pán зна**ть** zna**t’**
	d		vor stimmhaften Konsonanten	о**т**дельно a**d**d’él’na
У у	u	Ufer Zug Zucker	in allen Stellungen	пожал**у**йста pashál**u**ßta
Ф ф	f	Fahne Futurum	vor Vokalen **а, о, у, ы, и**	**ф**онарь **f**anár’
	f’	Föhn Feder	vor Vokalen **е, ё, ю, я**	тю**ф**як t’u**f’**ák **Ф**ёдор **f’**odar

1	2	3	4	5
Х х	ch ch	haben Chemie ich	1) in allen Stellungen sowie vor Vokalen **а, о, у** 2) vor Vokalen **е, и**	**х**орошо **ch**araschó **х**удой **ch**udój ти**х**ий tí**ch**ij **х**имия **ch**ímija
Ц ц	z	sitzen Zimmer	in allen Stellungen inklus. in Verbindungen **дц** **тс** **тьс**	гостини**ц**а gaßtíni**z**a **ц**ена **z**ená два**дц**ать dwá**z**at' сове**тс**кий ßaw'é**z**kij учи**тс**я útschi**z**a учи**тьс**я utschí**z**a
Ч ч	tsch	deutsch	in allen Stellungen	**ч**увство **tsch**úßtwa
Ш ш	sch	Schuhe entscheiden	in allen Stellungen	**ш**уба **sch**úba
Щ щ	schtsch	—	—	**щ**и **schtsch**i бор**щ** bor**schtsch**

1	2	3	4	5
Ь ь	’ weiches Zeichen	—	im Wortinneren oder in Endstellung	**коньки** ka**n’**kí со**ль** ßo**l’** факу**ль**тет faku**l’**tét
Ъ	hartes Zeichen	—	—	—
Ы	Y	Tisch Zimmer	nach harten Konsonanten	с**ы**н syn оп**ы**т ópyt
Э э	e	Englisch Etappe	mit und ohne Betonung	это, эта éta этап etáp
Ю ю	ju	Jutta bejubeln	in Anfangsstellung nach Vokalen und **ь**	**Ю**ля **jú**l’a **ю**г **ju**k вь**ю**га w’**jú**ga
	u	dünn	nach Konsonanten	мен**ю** min’**ú**

1	2	3	4	5
Я я	ja	ja Jachta	in Anfangsstellung nach Vokalen	**я** **ja**
	ji	jiddisch	in Anfangsstellung und nach Vokalen ohne Betonung	язык jisýk
	a	Katja	nach Konsonanten mit Betonung	меня min'**á**
	i		nach Konsonanten ohne Betonung	р**я**бой r**i**bój

Nach Meinung der Autoren ist die vorliegende Tabelle der praktischen Transkription eine der Möglichkeiten, sich in der Aussprache russischer Wörter zu orientieren.

BEKANNTSCHAFT — ЗНАКОМСТВО

▲ INFORMATION
● PHRASEN
■ WÖRTER

▲ INFORMATION

In der UdSSR leben über 100 Nationalitäten, Völkerschaften und ethnische Gruppen, die sich, was ihre Bezeichnung und die nationalen Traditionen betrifft, sehr voneinander unterscheiden. Es gibt Völker, deren Angehörigen bis vor relativ kurzer Zeit Familien- und Vatersnamen unbekannt waren, die eine altersgebundene Namensänderung praktizierten oder den richtigen Namen der Angehörigen verheimlichten und sie anders anredeten. Solche zum Teil überlieferten Traditionen trifft man noch heute in einzelnen Familien an. Im Rahmen des einheitlichen Staates gilt jedoch für den offiziellen Umgang eine einfache Formel, nach der Namen gegeben werden.

In unserem Land besteht eine einfache und einheitliche Formel der offiziellen (Paß-) Namensgebung: Vorname — Vatersname — Familienname, beispielsweise, Jewgenij Petrowitsch Sedow, Anna Nikolajewna Sisowa. Bei den Russen gehört zum Namen unbedingt der Vatersname.

Von russischen und nicht russischen Namen abgeleitete Vatersnamen trifft man schon in uralten russischen Schriften. Seit der Zeit Peters I. ist nun der Vatersname in Ausweisen usw. obligatorisch. In Rußland weist die Anrede mit dem Vor- und Vatersnamen darauf hin, daß der Betreffende besonders geachtet wird, während die Anrede eines wenig bekannten Menschen nur mit dem Vornamen als Verstoß gegen die Etikette gilt.

Unter den Bedingungen der in der Sowjetunion bestehenden Zweisprachigkeit wird der Vatersname auch von den Vornamen der Völker abgeleitet, denen diese Form der Namensgebung sonst nicht eigen ist, z. B. Gintaris Juosowitsch Kalidajtis, Achmet Jusupowitsch Mamedow.

Im Ausweis wird auf der in der nationalen Sprache auszufüllenden Seite «der Sohn von...» oder «die Tochter von...» vermerkt, während auf der anderen Seite in russischer Sprache der Vatersname in der Form, wie es im Russischen oder in gemischten national-russischen Kollektiven üblich ist, eingetragen wird.

Die Eintragungen in der Geburtsurkunde und im Ausweis hindern jedoch niemanden daran, einen Menschen im Alltagsleben und inoffiziell so anzureden, wie es im Milieu üblich ist, in dem er aufgewachsen ist, z. B. Wanja, Anja, Petrowitsch, Michailowna, Algis, Suchra-chanum, Suchra-apa.

PHRASEN

Gestatten/Erlauben Sie, daß ich mich (wir uns) vorstelle(n)	**Разрешите/Позвольте** представиться	**rasrischýti/paswól'ti** priztáwiza
Machen wir uns bekannt	Будем знакомы	búdim snakómy
Ich möchte gern mit Ihnen Bekanntschaft schließen	**Я хотел(а)* бы/Мне хотелось бы** с вами познакомиться	**ja chat'él(a) * by/mn'e chat'élaß' by** ß wámi pasnakómiza
Ich heiße...	Меня зовут...	min'á sawút...
Irina	Ирина	irína
Katja	Катя	kát'a
Alexander	Александр	alikßándr
Kurt	Курт	kurt
Galina Petrowna	Галина Петровна	galína pitrówna
Jelena Sergejewna	Елена Сергеевна	jil'éna ßirg'éjiwna
Alexander Iwanowitsch	Александр Иванович	alikßándr iwánawitsch
Mein Name ist...	Моя фамилия...	majá família...
Ich heiße...	Я...	ja...
Sidorow(a) *	Сидоров (Сидорова) *	ßídaraf (ßídarawa) *
Petrow(a) *	Петров (Петрова) *	pitróf (pitrówa) *
Wie ist Ihr Name?	Как ваша фамилия?	kak wáscha famílija?
Wie heißen Sie (heißt du)?	Как вас (тебя) зовут?	kak waß (tib'á) sawút?

BEKANNTSCHAFT
ЗНАКОМСТВО

Wie ist Ihr Vor- und Vatersname?	Как ваше имя и отчество?	kak wásche ím'a i óttschißtwa?
Wie ist Ihr (dein) Vorname?	Как ваше (твоё) имя?	kak wásche (twajó) ím'a?
Machen Sie sich bitte bekannt!	Познакомьтесь, пожалуйста!	pasnakóm'tiß', pa-shálußta!
Das sind meine Freunde (meine Kollegen)	Это мои друзья (мои коллеги)	éta maí drus'já (maí kal'égi)
Machen Sie sich bekannt!	Знакомьтесь!	snakom'tiß'!
Das ist Irina	Это Ирина	éta irína
Das ist Genosse Petrow	Это товарищ Петров	éta tawárischtsch pitróf
Das ist Herr Müller	Это господин Мюллер	éta gaßpadín m'úlir
Gestatten Sie, daß ich Sie miteinander bekannt mache	Разрешите вас познакомить	rasrischýti waß pasnakómit'
Gestatten Sie, daß ich Sie mit... bekannt mache	**Позвольте/Разрешите** познакомить вас с...	paswól'ti/rasrischýti pasnakómit' waß s(ß)...
dem Dekan	деканом	dikánam
dem Direktor	директором	dir'éktaram
meinem Kollegen (meiner Kollegin)	моим коллегой (моей коллегой) *	maím kal'égaj (majéj kal'égaj) *
Gestatten Sie, daß ich Ihnen den (einen) neuen Kollegen (meinen Freund) vorstelle	Разрешите вам представить нового коллегу (моего друга)	rasrischýti wam priztáwit' nówawa kal'égu (majiwó drúga)
Er (sie) ist ein liebenswerter Mensch	Прошу любить и жаловать	praschú l'ubíť i shálawať
Sehr angenehm	Очень приятно	ótschin' prijátna
Ich freue mich sehr	Очень рад (рада) *	ótschin' rat (ráda) *

Es war mir sehr angenehm, mit Ihnen Bekanntschaft zu schließen	Мне очень приятно было с вами познакомиться	mn'e ótschin' prijátna býla ß wámi pasnakómiza
Es ist mir sehr angenehm, daß ich mit Ihnen Bekanntschaft geschlossen habe	Мне очень приятно, что я с вами познакомился (познакомилась) *	mn'e ótschin' prijátna, schto ja ß wámi pasnakómilß'a (pasnakómilaß') *
Ich freue mich, Sie kennengelernt zu haben	Я рад (рада) *, что с вами познакомился (познакомилась) *	ja rat (ráda) *, schto ß wámi pasnakómilß'a (pasnakómilaß') *
Ich bin glücklich, Sie kennenzulernen	Я счастлив (счастлива) * с вами познакомиться	ja schtschäßlif (schtschäßliwa) * ß wámi pasnakómiza
Wir sind schon miteinander bekannt	Мы уже знакомы	my ushé snakómy
Wir haben uns schon irgendwo getroffen	Мы уже где-то встречались	my ushé gd'é-ta fßritschálíß'
Ich habe Sie irgendwo gesehen	Я вас где-то видел(а) *	ja waß gd'é-ta wídil(a) *
Ich kenne Sie schon	Я вас уже знаю	ja waß ushé snáju
Ich habe von Ihnen schon gehört	Я о вас уже слышал(а) *	ja a waß ushé ßlýschal(a) *
Erkennen Sie mich (nicht)?	Вы меня (не) узнаёте?	wy min'á (ni) usnajóti?

SPRACHE. NATIONALITÄT. STAATSANGEHÖRIGKEIT | ЯЗЫК. НАЦИОНАЛЬНОСТЬ. ГРАЖДАНСТВО

● PHRASEN

SPRACHE	ЯЗЫК	
Welche Sprachen kennen Sie?	Какие языки вы знаете?	kakíi jisykí wy snáiti?
Ich spreche etwas...	Я говорю немного...	ja gawar'ú nimnóga...
Deutsch	по-немецки	pa-nim'ézki
Russisch	по-русски	pa-rúßki
Englisch	по-английски	pa-anglijßki
Französisch	по-французски	pa-franzúßki
Spanisch	по-испански	pa-ißpánßki
Ich verstehe etwas Russisch, spreche aber nicht Russisch	Я понимаю немного по-русски, но не говорю	ja panimáju nimnóga pa-rúßki, no ni gawar'ú
Ich kann Russisch lesen	Я умею читать по-русски	ja um'éju tschitát' pa-rúßki
Die russische Sprache gefällt mir sehr	Русский язык мне очень нравится	rúßkij jisýk mn'e ótschin' nráwiza
Ich möchte gern Russisch lernen	Я хотел(а) * бы изучать русский язык	ja chat'él(a) * by isutschát' rúßkij jisýk
Ich will Russisch... lernen	Я хочу научиться... по-русски	ja chatschú nautschíza... pa-rúßki
lesen	читать	tschitát'
sprechen	говорить	gawarít'
schreiben	писать	pißát'
Wiederholen Sie [es] bitte, ich habe Sie nicht verstanden	Повторите, пожалуйста, я не понял (поняла) * вас	paftaríti, pashálußta, ja ni pónil (panilá) * waß

Sprechen Sie bitte langsamer	Говорите, пожалуйста, медленнее	gawarít'i, pashálußta, m'édlinije
Was haben Sie gesagt?	Что вы сказали?	schto wy ßkasáli?
Was bedeutet dieses Wort?	Что значит это слово?	schto snátschit éta ßlówa?
Wie kann man das anders sagen (bezeichnen)?	Как это можно сказать (назвать) по-другому?	kak éta móshna ßkasát' (naswát') pa-drugómu?
Bitte, erklären Sie mir das mit anderen Worten	Пожалуйста, объясните мне это другими словами	pashálußta, abjißníti mn'e éta drugími ßlawámi
Ich habe (nicht) verstanden	Я (не) понял (поняла) *	ja (ni) pónil (panilá) *
Zeigen Sie mir dieses Wort im Wörterbuch (Sprachführer)	Покажите мне это слово в словаре (в разговорнике)	pakashýti mn'e éta ßlówa f ßlawar'é (w rasgawórniki)
Schreiben Sie mir das bitte auf	Напишите мне это, пожалуйста	napischýti mn'e éta, pashálußta

NATIONALITÄT. STAATSANGEHÖRIGKEIT — НАЦИОНАЛЬНОСТЬ. ГРАЖДАНСТВО

Welcher Nationalität sind Sie (bist du)?	Кто вы (ты) по национальности?	kto wy (ty) pa nazianál'naßti?
Ich bin...	Я...	ja...
Deutscher (Deutsche)	немец (немка) *	n'émiz (n'émka) *
Österreicher (Österreicherin)	австриец (австрийка) *	afßtríiz (afßtríjka) *
Schweizer (Schweizerin)	швейцарец (швейцарка) *	schwijzáriz (schwijzárka) *
Russe (Russin)	русский (русская) *	rúßkij (rúßkaja) *

PHRASEN

Sind Sie (Bist du)...?	Вы (Ты)...?	wy (ty)...?
Russe (Russin)	русский (русская) *	rúßkij (rúßkaja) *
Deutscher (Deutsche)	немец (немка) *	n'émiz (n'émka) *
Ja, ich bin...	Да, я...	da, ja...
Russe (Russin)	русский (русская) *	rúßkij (rúßkaja) *
Deutscher (Deutsche)	немец (немка) *	n'émiz (n'émka) *
Von wo kommen Sie?	Откуда вы приехали?	atkúda wy prijéchali?
Ich bin (Wir sind) aus...	Я (Мы)...	ja (my)...
der DDR	из ГДР	is ge-de-ér
der BRD	из ФРГ	iß fe-er-gé
Österreich	из Австрии	is áfßtrii
der Schweiz	из Швейцарии	iß schwijzárii
Luxemburg	из Люксембурга	is lukßimbúrga

FAMILIE. ALTER / СЕМЬЯ. ВОЗРАСТ

PHRASEN

Sind sie verheiratet?	Вы женаты (замужем) *?	wy shynáty (sámushym) *?
Ich bin...	Я...	ja...
verheiratet	женат (замужем) *	shynát (sámushym) *
ledig	холост (не замужем) *	chólaßt (ni sámushym) *
geschieden	разведён (разведена) *	raswid'ón (raswidiná) *
Witwer (Witwe)	вдовец (вдова) *	wdaw'éz (wdawá) *
Haben Sie...?	У вас есть...?	u waß jeßt'...?
Kinder	дети	d'éti
einen Bruder	брат	brat
eine Schwester	сестра	ßißtrá
Vater und Mutter	отец и мать	at'éz i mat'
eine Großmutter	бабушка	bábuschka
einen Großvater	дедушка	d'éduschka
Ich habe...	У меня...	u min'á...
einen Sohn (eine Tochter)	сын (дочь)	ßyn (dotsch)
zwei (drei) Kinder	двое (трое) детей	dwóje (tróje) dit'éj
einen Bruder (eine Schwester, Vater und Mutter)	есть брат (сестра, отец и мать)	jeßt' brat (ßißtrá, at'éz i mat')
Ich habe keine Kinder	У меня нет детей	u min'á n'et dit'éj
Mein Bruder ist älter (jünger) als ich	Мой брат старше (младше) меня	moj brat ßtárschy (mlátschy) min'á

33 FAMILIE. ALTER
СЕМЬЯ. ВОЗРАСТ

Wir sind gleichaltrig	Мы одного возраста	my adnawó wósraßta
Meine Schwester ist älter (jünger) als ich	Моя сестра старше (младше) меня	majá ßißtrá ßtárschy (mlátschy) min'á
Wir sind Zwillinge	Мы близнецы	my blisnizý
Wie alt sind Sie?	Сколько вам лет?	ßkól'ka wam l'et?
Ich bin... Jahre alt	Мне... лет	mn'e... l'et
achtzehn	восемнадцать	waßimnatzat'
zwanzig	двадцать	dwátzat'
dreißig	тридцать	trítzat'
Ich bin im Jahre 1950 geboren	Я родился (родилась) * в тысяча девятьсот пятидесятом году	ja radílß'a (radiláß') * f týßitscha diwizót pitidiß'átam gadú
Sie sind jung	Вы молоды	Wy mólady
Sie sind jünger als ich	Вы моложе меня	Wy malóshy min'á
Wie alt ist Ihr Sohn (Ihre Tochter)?	Сколько лет вашему сыну (вашей дочери)?	ßkól'ka l'et wáschymu ßýnu (wáschyj dótschiri)?
Er (Sie) ist...	Ему (Ей)...	jimú (jej)...
ein Jahr alt	один год	adín got
zwei (drei) Jahre alt	два (три) года	dwa (tri) góda
fünf (sechs) Jahre alt	пять (шесть) лет	p'at' (scheßt') l'et
Ich wohne mit den Eltern zusammen	Я живу с родителями	ja shywú ß radítil'ami
Ich wohne mit der Mutter zusammen	Я живу с мамой	ja shywú ß mámaj

Wir wohnen getrennt von den Eltern	Мы живём отдельно от родителей	my shyw'om ad-d'él'na at radítilij
Mein Vater ist gestorben (Meine Mutter ist gestorben)	Мой отец умер (Моя мать умерла)	moj at'éz úmir (majá mat' umirlá)
Meine Mutter ist in Rente	Моя мать на пенсии	majá mat' na p'én-ßii

BERUF. BERUFLICHE UND GESELLSCHAFTLICHE TÄTIGKEIT

ПРОФЕССИЯ. ПРОИЗВОДСТВЕННАЯ И ОБЩЕСТВЕННАЯ ДЕЯТЕЛЬНОСТЬ

● PHRASEN

Arbeiten (lernen, studieren) Sie?	Вы работаете (учитесь)?	wy rabótaiti (útschitiß’)?
Ich arbeite (lerne, studiere)	Я работаю (учусь)	ja rabótaju (utschúß’)
Ich bin Student(in)	Я студент(ка) *	ja ßtud’ént(ka) *
Wo arbeiten (lernen, studieren) Sie?	Где вы работаете (учитесь)?	gd’e wy rabótaiti (útschitiß’)?
Ich studiere an der Universität	Я учусь в университете	ja utschúß’ w uniwirßit’éti
Ich arbeite...	Я работаю...	ja rabótaju...
im Werk	на заводе	na sawódi
in der Fabrik	на фабрике	na fábriki

im Verkehrswesen	на транспорте	na tránßparti
bei der Eisenbahn	на железной дороге	na shyl'ésnaj darógi
im Ministerium	в министерстве	w minißt'érßtwi
im Krankenhaus	в больнице	w bal'nízy
in der Bank	в банке	w bánki
Was sind Sie von Beruf?	Кто вы по профессии?	kto wy pa praf'éßßii?
Was haben Sie für einen Beruf?	Какая у вас специальность?	kakája u waß ßpizyál'naßt'?
Ich bin...	Я...	ja...
Ingenieur	инженер	inshyn'ér
Arbeiter(in)	рабочий (рабочая) *	rabótschij (rabótschija) *
Angestellter (Angestellte)	служащий (служащая) *	ßlúshaschtschij (ßlúshaschtschija) *
Lehrer(in) (*Schule*)	учитель(ница) *	utschítil'(niza) *
Hochschullehrer(in)	преподаватель(ница) *	pripadawátil'(niza) *
Arzt	врач	wratsch
Musiker	музыкант	musykánt
Schauspieler(in)	актёр (актриса) *	akt'ór (aktríßa) *
Journalist(in)	журналист(ка) *	shurnalíßt(ka) *
wissenschaftlicher Mitarbeiter	научный работник	naútschnyj rabótnik
Ich bin...	Я...	ja...
Historiker(in)	историк	ißtórik
Philologe (Philologin)	филолог	filólak
Sprachwissenschaftler(in)	языковед	jizykaw'ét
Literaturwissenschaftler(in)	литературовед	litiraturaw'ét

Archäologe (Archäologin)	археолог	archiólak
Ist Ihre Arbeit interessant?	У Вас интересная работа?	u waß intir'éßnaja rabóta?
Meine Arbeit gefällt mir (nicht)	Моя работа мне (не) нравится	majá rabóta mn'e (ni) nráwiza
Welcher Partei (Organisation) gehören Sie an?	К какой партии (организации) вы принадлежите?	k kakój pártii (arganisázyi) wy prinadlishýti?
Ich bin Mitglied der...	Я член...	ja tschl'en...
SED (Sozialistischen Einheitspartei Deutschlands)	СЕПГ (Социалистической единой партии Германии)	eß-je-pe-gé (ßazyalißtítschißkaj jidínaj pártii girmánii)
FDJ (Freien Deutschen Jugend)	ССНМ (Союза свободной немецкой молодёжи)	eß-eß-en-ém (ßajúsa ßwabódnaj nim'ézkaj malad'óshy)
Ich bin parteilos	Я беспартийный (беспартийная) *	ja bißpartíjnyj (bißpartíjnaja) *
Sind Sie in der Gewerkschaft?	Вы состоите в профсоюзе?	wy ßaßtaíti f prafßajúsi?
Ich bin in der Gewerkschaft...	Я член профсоюза...	ja tschl'en prafßajúsa...
Gehören Sie irgendwelchen gesellschaftlichen Organisationen an?	Вы состоите в каких-нибудь общественных организациях?	wy ßaßtaíti f kakích-nibut' apschtschéßtwinnych arganisázyjach?
Ich bin Mitglied...	Я член...	ja tschl'en...
der Gesellschaft für Deutsch-Sowjetische Freundschaft	Общества германо-советской дружбы	ópschtschißtwa girmána-ßaw'ézkaj drúshby

der Gesellschaft «Österreich — UdSSR»	общества «Австрия — СССР»	ópschtschißtwa áfßtrija — eß-eß-eß-ér
der Arbeitsgemeinschaft der Gesellschaften «BRD — UdSSR»	объединения обществ «ФРГ — СССР»	abjidin'énija ópschtschißtf fe-er-gé — eß-eß-eß-ér
eines Sportklubs	спортивного клуба	spartíwnawa klúba

IM HOTEL В ГОСТИНИЦЕ

● PHRASEN
■ WÖRTER

ANKUNFT ПРИЕЗД

● PHRASEN

Ich bin Ausländer(in)	Я иностранец (иностранка) *	ja inaßtrániz (inaßtránka) *
Ich bin Tourist(in) aus der DDR (aus Österreich, aus der BRD)	Я турист(ка) * из ГДР (из Австрии, из ФРГ)	ja turíßt(ka) *is gede-ér (is áfßtrii, iß fe-er-gé)
Wir sind eine Touristengruppe aus...	Мы группа туристов из...	my grúppa tyríßtaf iß...
Uns soll ein Vertreter von «Intourist» abholen	Нас должен встретить представитель «Интуриста»	naß dolshyn fßtr'étit' priztawítil' inturíßta
Sagen Sie bitte, in welchem Hotel ich wohnen werde?	Скажите, пожалуйста, в какой гостинице я буду жить?	ßkashýti, pashálußta, f kakój gaßtínizy ja búdu shyt'?
Wir werden im Hotel «Intourist» («Kosmos», «Rossija») wohnen	Мы будем жить в гостинице «Интурист» («Космос», «Россия»)	my búdim shyt' w gaßtínizy inturíßt (kóßmaß, raßíja)
Ist für mich ein Hotelzimmer reserviert?	Для меня забронирован номер?	dl'a min'a sabranírawan nómir?
Bitte, reservieren Sie zwei (fünf) Hotelzimmer für eine Delegation aus...	Пожалуйста, забронируйте два номера (пять номеров) для делегации из...	pashalußta, sabranírujti dwa nómira (p'at' namiróf) dl'a diligázyi iß...
Wir wollen in einem Hotel in der Nähe... wohnen	Нам нужна гостиница недалеко от...	nam nushná gaßtíniza nidalekó at...
der Ausstellung (der Messe)	выставки (ярмарки)	wýßtafki (jármarki)

des Stadtzentrums	центра города	zéntra góroda
der internationalen Messe	международной ярмарки	mishdunaródnaj jármarki
der Universität	университета	uniwirßit'éta
Wo ist unser Hotel?	Где находится наша гостиница?	gd'e nachódiza nácha gaßtíniza?
Wie kommt man zum Hotel...?	Как проехать в гостиницу...?	kak prajéchat' w gaßtínizu...?
«Ukraina»	«Украина»	ukraína
«Saljut»	«Салют»	ßal'út
«Metropol»	«Метрополь»	mitrapól'
Ich möchte ein...	Мне нужен... номер	mn'e núshyn... nómir
Einbettzimmer	одноместный	adnam'éßnyj
Zweibettzimmer	двухместный	dwuchm'éßnyj
Ich möchte ein Zimmer der Luxusklasse	Мне нужен номер люкс	mn'e núshyn nómir l'ukß
Ich brauche ein Zimmer...	Мне нужен номер на...	mn'e núshyn nómir na...
im vierten Stock	пятом этаже	p'átam etashé
auf der Sonnenseite	солнечной стороне	ßólnitschnaj ßtaran'e
Ich möchte ein Zimmer...	Я хотел(а) * бы номер с окнами на...	ja chat'él(a) * by nómir ß óknami na...
auf der Straßenseite	улицу	úlizu
nach der stillen Seite hinaus	тихую сторону	tíchuju ßtóranu
Ich habe ein Zimmer... bestellt	Я забронировал(а) * нóмер...	ja sabranírawal(a) * nómir
per Telex	по телексу	pa t'élikßu
telegraphisch	телеграммой	tiligrámaj
brieflich	письмом	piß'móm

telefonisch	по телефону	pa tilifónu
Hier ist die Bestätigung	Вот подтверждение	wot pattwirshd'énije
Hier ist mein Paß	Вот мой паспорт	wot moj páßpart
Helfen Sie mir bitte beim Ausfüllen des Formulars	Помогите мне, пожалуйста, заполнить бланк	pamagíti mn'e, pashálußta, sapólnit' blank
Wann kann ich meinen Paß zurückbekommen?	Когда я смогу получить свой паспорт обратно?	kagdá ja ßmagú palutschít' ßwoj páßpart abrátna?
Hat das Zimmer...?	В номере есть...?	w nómiri jeßt'...?
ein Bad	ванная	wánnaja
einen Fernseher	телевизор	tiliwísar
ein Telefon	телефон	tilifón
eine Klimaanlage	кондиционер	kandizyan'ér
einen Kühlschrank	холодильник	chaladíl'nik
Kann man sich das Zimmer ansehen?	Можно посмотреть этот номер?	móshna paßmatr'ét' état nómir?
Hier ist es zu...	Здесь слишком...	sd'eß' ßlíschkam...
heiß	жарко	shárka
dunkel	темно	timnó
kalt	холодно	chóladna
laut	шумно	schúmna
Dieses Zimmer sagt mir (nicht) zu	Этот номер мне (не) подходит	état nómir mn'e (ni) patchódit
Haben Sie kein... Zimmer?	Нет ли у вас номера...?	n'et li u waß nómira...?
billigeres	подешевле	padischéwli
besseres	получше	palútschschy
kleineres	поменьше	pam'én'schy
Wieviel kostet dieses Zimmer?	Сколько стоит этот номер?	ßkól'ka ßtóit état nómir?

Wann kann man in Ihrem Hotel die Rechnung begleichen?	Когда в вашей гостинице расчётный час?	kagdá w wáschyj gaßtínizy raschtschótnyj tschaß?
Ist im voraus zu bezahlen oder bei der Abreise?	Оплата вперёд или при отъезде?	apláta fpir'ót ili pri atjésdi?
Wie lange wollen Sie bei uns (im Hotel) bleiben?	На какое время вы у нас остановитесь?	na kakóje wr'ém'a wy u naß astanówitiß'?
Ich denke, wir bleiben...	Я думаю остановиться на...	ja dúmaju aßtanawíza na...
drei Tage	три дня	tri dn'a
eine Woche	неделю	nid'él'u
einen Monat	месяц	m'éßiz
Ich brauche ein Zimmer für einen Tag	Мне нужен номер на сутки	mn'e núshyn nómir na ßútki
Ich bleibe hier...	Я пробуду здесь...	ja prabúdu sd'eß'...
fünf Tage	пять дней	p'at' dn'ej
eine Woche	неделю	nid'él'u
zwei Wochen	две недели	dw'e nid'éli
einen Monat	месяц	m'éßiz
Vom... bis zum...	С... по... число	ß... pa... tschißló
Geben Sie bitte den Schlüssel von meinem Zimmer	Дайте, пожалуйста, ключ от моего номера	dájti, pashálußta, kl'utsch at maiwó nómira
Sagen Sie bitte, wo ist...?	Скажите, пожалуйста, где...?	ßkashýti, pashálußta, gd'e...?
der Fahrstuhl	лифт	lift
der Friseur	парикмахерская	parikmáchirßkaja
das Restaurant	ресторан	rißtarán
Bringen Sie bitte	Отнесите, пожа-	atnißíti, pashálußta,

meine Sachen (mein Gepäck)...	луйста, мои вещи (мой багаж)...	maí w'éschtschi (moj bagásch)...
ins Zimmer	в номер	w nómir
in die Hotelhalle	в вестибюль	w wißtib'úl'
in die Gepäckaufbewahrung	в камеру хранения	f kámiru chran'enija

AUFENTHALT IM HOTEL / ПРЕБЫВАНИЕ В ГОСТИНИЦЕ

Gibt es im Hotel...?	В гостинице есть...?	w gaßtínizy jeßt'...?
einen Friseur	парикмахерская	parikmáchirßkaja
ein Restaurant	ресторан	rißtarán
eine Poststelle	почта	pótschta
ein Telefon	телефон	tilifón
einen Zeitungskiosk	газетный киоск	gas'étnyj kióßk
Wo ist...?	Где...?	gd'e...?
das Servicebüro	бюро обслуживания	b'uró apßlúshywanija
die Bank	банк	bank
der Flugkarten-(Fahrkarten-)verkauf	авиа- (железнодорожная) касса	awia- (shyl'esnadaróshnaja) káßßa
Rufen Sie bitte...	Вызовите, пожалуйста,...	wýsawiti, pashálußta,...
das Zimmermädchen	горничную	górnitschnuju
einen Kellner	официанта	afizyánta
den Portier	портье	part'jé
Ich möchte... reinigen lassen	Я хотел(а) * бы отдать в чистку...	ja chat'él(a) * by addát' f tschíßtku...
eine Hose	брюки	br'úki

eine Jacke	пиджак	pidshák
einen Anzug	костюм	kaßt'úm
Ich möchte... waschen lassen	Я хочу отдать в стирку...	ja chatschú addát' f ßtírku...
Wäsche	бельё	bil'jó
Hemden	рубашки	rubáschki
Socken	носки	naßkí
Ich möchte...	Я хочу...	ja chatschú...
dies bügeln	погладить это	pagládit' éta
die Schuhe putzen	почистить ботинки	patschíßtit' batínki
Wo soll ich die Wäsche zum Waschen hinlegen?	Куда положить бельё для стирки?	kudá palashýt' bil'jó dl'a ßtírki?
Wann ist es fertig?	Когда будет готово?	kagdá búdit gatówa?
Was bin ich schuldig?	Сколько я должен (должна) *?	ßkól'ka ja dólshyn (dalshná) *?
Bringen Sie mir bitte... aufs Zimmer	Принесите, пожалуйста, мне в номер...	prinißíti, pashálußta, mn'e w nómir...
das Frühstück	завтрак	sáftrak
das Mittagessen	обед	ab'ét
das Abendessen, das Abendbrot	ужин	úshyn
In meinem Zimmer...	В моём номере...	w majóm nómiri...
ist das Telefon kaputt	испорчен телефон	ißpórtschin tilifón
ist der Warmwasser- (Kaltwasser)-hahn kaputt	не работает кран с горячей (холодной) водой	ni rabótait kran s gar'átschij (chalódnaj) wadój
läßt sich das Fenster nicht öffnen (schließen)	не открывается (закрывается) окно	ni atkrywáiza (sakrywáiza) aknó

ist der Fernseher defekt	не работает телевизор	ni rabótait tiliwísar
ist es heiß (kalt)	жарко (холодно)	shárka (chóladna)
ist die Glühbirne durchgebrannt	перегорела лампочка	pirigar'éla lámpatschka
ist die Toilette verstopft	засорился туалет	saßarílß'a tual'ét
Wechseln Sie bitte die Glühbirne aus	Замените, пожалуйста, лампочку	saminíti, pashálußta, lámpatschku
Kann man hier den elektrischen Rasierapparat benutzen?	Здесь можно пользоваться электробритвой?	sd'eß' móshna pól'sawaza el'ektrabrítwaj?
Wo ist hier die Steckdose?	Где здесь розетка?	gd'e sd'eß' ras'étka?
Wecken Sie mich bitte um fünf (acht) Uhr	Разбудите меня, пожалуйста, в пять (в восемь) часов	rasbudíti min'á, pashálußta, f p'at' (w wóßim') tschißóf
Bringen Sie bitte noch...	Принесите, пожалуйста, ещё...	prinißíti, pashálußta, jischtschó...
eine Decke	одно одеяло	adnó adijála
ein Handtuch	полотенце	palat'énze
ein Kissen	одну подушку	adnú padúschku
Ich erwarte jemanden	Ко мне должны прийти	ka mn'e dalshný prijtí
Wenn man nach mir fragt, sagen Sie bitte, daß ich...	Если меня будут спрашивать, скажите, пожалуйста, что я...	jeßli min'á búdut ßpráschywat', ßkashýti, pashálußta, schto ja...
nach acht Uhr abends da sein werde	буду после восьми вечера	budu póßli waß'mí w'étschira
um dreizehn Uhr zurückkommen werde	вернусь в час дня	wirnuß' f tschaß dn'a
Hier ist meine Visitenkarte	Вот моя визитка	wot majá wisítka

Ich habe den Schlüssel im Zimmer vergessen	Я забыл(а)* ключ в номере	ja sabýl(a)* kl'utsch w nómiri
Hat jemand nach mir gefragt?	Меня кто-нибудь спрашивал?	min'á któ-nibut' ßpráschywal?
Ist für mich Post (eine Einladung) da?	Есть ли для меня почта (приглашение)?	jeßt' li dl'a min'á pótschta (priglaschénije)?
In welchem Zimmer wohnt Herr... ?	В каком номере живёт господин... ?	f kakóm nómiri shyw'ót gaspadín... ?

ABREISE — **ОТЪЕЗД**

Ich fahre ... ab	Я уезжаю...	ja ujishsháju...
heute am Tage	сегодня днём	ßiwódn'a dn'om
morgen früh (nach dem Mittagessen)	завтра утром (после обеда)	sáftra útram (póßli ab'éda)
in zwei Stunden	через два часа	tschiriß dwá tschißá
17.00	в семнадцать часов	f ßimnátzat' tschißóf
Machen Sie bitte die Rechnung fertig	Приготовьте, пожалуйста, счёт	prigatóf'ti, pashálußta, schtschot
Fährt vom Hotel ein Bus bis zum Bahnhof?	От гостиницы идёт автобус до вокзала?	ad gastínizy id'ot aftóbuß da wagsála?
Wann fährt der Bus zum...	Когда отходит автобус... ?	kagdá atchódit aftóbuß... ?
Flughafen	в аэропорт	w aeraport
Bahnhof	на вокзал	na wagsál
Seien Sie so liebenswürdig und bestellen Sie für sechs Uhr morgens (abends) ein Taxi	Будьте любезны, вызовите такси к шести часам утра (вечера)	bút'ti l'ub'ésny, wýsawiti takßí k schyßtí tschißám utrá (w'étschira)

Ich möchte die Rechnung jetzt begleichen	Я хочу оплатить счёт сейчас	ja chatschú aplatít' schtschot ßitscháß
Schicken Sie bitte einen Gepäckträger	Пришлите, пожалуйста, носильщика	prischlíti, pashálußta, naßíl'schtschika
Bringen Sie bitte mein Gepäck...	Отнесите, пожалуйста, мой багаж...	atnißíti, pashálußta, moj bagásch...
nach unten	вниз	wniß
ins Taxi	в такси	f takßi
in den Bus	в автобус	w aftóbuß
Senden Sie bitte meine Post nach...	Перешлите, пожалуйста, мою почту в...	pirischlíti, pashálußta, majú pótschtu w...
Ich fahre für ein paar Tage weg	Я уезжаю на несколько дней	ja ujishsháju na n'éßkal'ka dn'ej
Kann man bei Ihnen die Sachen bis zu meiner Rückkehr lassen?	Можно ли у вас оставить вещи до моего возвращения?	móshna li u waß aßtáwit' w'éschtschi da majiwó waswraschtschénija?
das Abendessen	ужин	úshyn
die Abreise	отъезд	atjéßt
die Adresse	адрес	ádriß
der Angestellte	служащий	ßlúshaschtschij
der Aschenbecher	пепельница	p'épil'niza
das Auskunftsbüro	справочное бюро	ßpráwatschnaje b'uró
das Bad	ванная	wánnaja
die Bedienung	обслуживание	apßlúshywanije
das Bett	кровать	krawát'
das Doppelbett	двуспальная ~	dwußpál'naja ~
die Bettwäsche	постельное бельё	paßt'él'naje bil'jó

PHRASEN

der Bezug	пододеяльник	padadijál'nik
das Bügeleisen	утюг	ut'úk
die Decke	одеяло	adijála
die Dusche	душ	dusch
der Empfangschef	администратор	adminißtrátar
die Empfangshalle	вестибюль	wißtib'úl'
die Etage	этаж	etásch
der Fahrstuhl	лифт	lift
das Fenster	окно	aknó
der Fernschreiber	телетайп	tilitájp
der Fernseher	телевизор	tiliwísar
der Friseursalon	парикмахерская	parikmáchirskaja
das Gepäck	багаж	bagásch
die Glühbirne	лампочка	lámpatschka
das Handtuch	полотенце	palat'énze
die Heizung	отопление	atapl'énije
der Hotelgast	гость	goßt'
das Hotelzimmer	номер	nómir
das Einbettzimmer	одноместный ~	adnam'éßnyj ~
Das Doppelbettzimmer	двухместный ~	dwuchm'eßnyi ~
das Luxuszimmer	~ люкс	~ l'ukß
das Kissen	подушка	padúschka
die Klimaanlage	кондиционер	kandizyan'ér
der Klingelknopf	кнопка	knópka
der Kopfkissenbezug	наволочка	náwalatschka
das Laken	простыня	praßtyn'á
der Nachname	фамилия	famílija

der Paß	паспорт	páßpart
die Post, die Korrespondenz	почта	pótschta
die Rechnung	счёт	schtschot
der Rundfunkempfänger	радио	rádio
der Schlüssel	ключ	kl'utsch
der Schrank	шкаф	schkaf
das Servicebüro	бюро обслуживания	b'uró apßlúshiwanija
der Sessel	кресло	kr'éßla
der Souvenirstand	сувенирный киоск	ßuwinírnyj kióßk
das Telefon	телефон	tilifón
der Telefonanruf	телефонный звонок	tilifónnyj swanók
das Telegraphenamt	телеграф	tiligráf
der Telex[anschluß]	телекс	t'élikß
die Tischlampe	настольная лампа	naßtól'naja lámpa
die Toilette	туалет	tual'ét
die Damentoilette	женский ~	shénßkij ~
die Herrentoilette	мужской ~	muschßkój ~
die Tür	дверь	dw'er'
der Vorname	имя	ím'a
das Wasser	вода	wadá
warmes Wasser	горячая ~	gar'átschija ~
kaltes Wasser	холодная ~	chalódnaja ~
der Wasserhahn	кран	kran
die Zeitschrift	журнал	shurnál
die Zeitung	газета	gas'éta
der Zeitungskiosk	газетный киоск	gas'étnyj kióßk

das Zimmermädchen	горничная	górnitschnaja
ein Hotelzimmer bestellen	бронировать номер	branírawat' nómir
die Rechnung begleichen	оплачивать счёт	aplátschiwat' schtschot
anrufen, telefonieren	звонить, позвонить	swanít', paswanít'
abfahren	уехать	ujéchat'
bügeln	гладить	gládit'
kommen	приехать	prijéchat'
reparieren	ремонтировать	rimantírawat'
rufen	вызывать	wysywát'
wecken	будить, разбудить	budít', rasbudít'
waschen	стирать, постирать	ßtirát', paßtirát'

SCHILDER IM HOTEL — НАДПИСИ И ВЫВЕСКИ В ГОСТИНИЦЕ

АДМИНИСТРАТОР	**EMPFANGSCHEF**
БАНК	**BANK**
БАР	**BAR**
БАССЕЙН	**SCHWIMMBAD**
ПАРИКМАХЕРСКАЯ	**FRISEURSALON**
дамский зал	**Damenfriseur**
мужской зал	**Herrenfriseur**
ПОЧТА	**POST**
РЕСТОРАН	**RESTAURANT**
САУНА	**SAUNA**
СПРАВОЧНОЕ БЮРО	**INFORMATION, AUSKUNFTSBÜRO**
СУВЕНИРЫ	**SOUVENIRS**

GELDUMTAUSCH — ОБМЕН ДЕНЕГ

● PHRASEN

■ WÖRTER

● PHRASEN

Wo ist...?	Где находится...?	gd'e nachódiza...?
die Bank	банк	bank
die Geldumtauschstelle	обменный пункт	abm'énnyj punkt
Wann ist... geöffnet?	В какие часы работает...?	f kakíi tschißý rabótait...?
die Bank	банк	bank
die Geldumtauschstelle	обменный пункт	abm'énnyj punkt
Wo kann man... umtauschen?	Где можно обменять...?	gd'e móshna abmin'át'...?
Marken der DDR	марки ГДР	márki ge-de-ér
D-Marken	марки ФРГ	márki fe-er-gé
österreichische Schillinge	австрийские шиллинги	afstríjßkii schýlingi
Schweizer Franken	швейцарские франки	schwijzárßkii fránki
Wie ist der Umtauschkurs...?	Какой курс обмена...?	kakój kurß abm'éna...?
der Mark der DDR	марки ГДР	márki ge-de-ér
der D-Mark	марки ФРГ	márki fe-er-gé
des österreichischen Schilling	австрийского шиллинга	afßtríjßkawa schýlinga
des Schweizer Franken	швейцарского франка	schwijzárßkawa fránka
Wie hoch ist die Provisionssumme?	Каков размер комиссионных?	kakóf rasm'ér kamißiónnych?
Hier ist...	Вот...	wot...
der Reisepaß	паспорт	páßpart

die Zollerklärung	таможенная декларация	tamóshynnaja diklarázyja
Wo soll ich unterschreiben?	Где мне расписаться?	gd’e mn’e raßpißáza?
Machen Sie bitte einen Vermerk über den Devisenumtausch	Сделайте, пожалуйста, отметку об обмене валюты	sd’élajti, pashálußta, atm’étku ab abm’éni wal’úty
Können Sie... wechseln?	Вы можете разменять...?	wy móshyti rasmin’át’...?
hundert Mark	100 марок	ßto márak

ГОСУДАРСТВЕННЫЙ КАЗНАЧЕЙСКИЙ БИЛЕТ
СССР
3
са 1821161
ТРИ РУБЛЯ
1961
3

ГОСУДАРСТВЕННЫЙ КАЗНАЧЕЙСКИЙ БИЛЕТ СССР
5
ПЯТЬ РУБЛЕЙ
1961
5
5

Билет Государственного Банка СССР
10
ДЕСЯТЬ РУБЛЕЙ
10
10
1961

WÖRTER

die Bank	банк	bank
eine DDR-Mark, eine Mark der DDR	марка ГДР	márka ge-de-ér
eine Deutsche Mark, eine D-Mark	марка ФРГ	márka fe-er-gé
die Devisen	валюта	wal'úta
der Frank	швейцарский франк	schwijzárßkij frank
das Geld	деньги	d'én'gi
die Geldumtausch-stelle	обменный пункт	abm'énnyj punkt
das Kleingeld	мелочь	m'élatsch
die Provisionssum-me	комиссионный сбор	kamißiónnyj sbor
die Münze	монета	man'éta
der Rubel	рубль	rubl'
die Kopeke	копейка	kap'éjka
der Schilling (*Öster-reich*)	австрийский шил-линг	afßríjßkij schýlink
die Zollerklärung	таможенная декла-рация	tamóshynnaja dikla-rázyja

POST. TELEGRAFENAMT. TELEFON

ПОЧТА. ТЕЛЕГРАФ. ТЕЛЕФОН

● PHRASEN
■ WÖRTER

POST. TELEGRAFENAMT — ПОЧТА. ТЕЛЕГРАФ

● PHRASEN

Wo ist die Post (das Telegrafenamt)?	Где находится почта (телеграф)?	gd'e nachódiza pótschta (tiligráf)?
Wo werden... angenommen?	Где принимают...?	gd'e prinimájut...?
Einschreibebriefe	заказные письма	sakasnýi píß'ma
Telegramme	телеграммы	tiligrámy
Pakete	посылки	paßýlki
Päckchen	бандероли	bandiróli
Wo kann man Briefmarken (Umschläge) kaufen?	Где можно купить марки (конверты)?	gd'e móshna kupít' márki (kanw'érty)?
Wie hoch ist das Porto für einen Brief in die DDR (in die BRD, nach Österreich, in die Schweiz)?	Сколько стоит марка для письма в ГДР (в ФРГ, в Австрию, в Швейцарию)?	ßkól'ka ßtóit márka dl'a piß'ma w gede-ér (f fe-er-gé, w áfßtriju, f schwijzáriju)?
Geben Sie bitte...	Дайте, пожалуйста, ...	dájti, pashálußta,...
Briefpapier	почтовую бумагу	patschtówuju bumágu
einen Umschlag	конверт	kanw'ért
eine Briefmarke	марку	márku
Wo kann man Auslandstelegramme aufgeben?	Где принимают международные телеграммы?	gd'e prinimájut mishdunaródnyi tiligrámy?
Wo liegen die For-	Где можно взять	gd'e móshna ws'at'

mulare für Auslandstelegramme?	бланк для международной телеграммы?	blank dl'a mishdunaródnaj tiligrámy?
Was kostet ein Wort?	Сколько стоит одно слово?	ßkól'ka ßtóit adnó slówa?
Wann kommt das Telegramm an?	Когда придёт телеграмма?	kagdá prid'ót tiligráma?

TELEFON / ТЕЛЕФОН

Wo ist hier ein Telefon (Telefonzelle)?	Где здесь телефон (телефон-автомат)?	gd'e sd'eß' tilifón (tilifón-aftamát)?
Geben Sie mir bitte Münzen für den Fernsprechapparat	Разменяйте, пожалуйста, мелочь для телефона	rasmin'ájti, pashálußta, m'élatsch dl'a tilifóna
Darf ich anrufen?	Разрешите позвонить?	rasrischýti paswanít'?
Wie ist die Vorwahl von Berlin?	Какой код Берлина?	kakój kot birlína?

PHRASEN

POST. TELEGRAFENAMT. TELEFON
ПОЧТА. ТЕЛЕГРАФ. ТЕЛЕФОН

Darf ich von Ihnen aus anrufen?	Разрешите позвонить по вашему телефону?	rasrischýti paswaníť pa wáschymu tilifónu?
Kann ich Ihren Apparat benutzen?	Можно воспользоваться вашим телефоном?	móshna waßpól'sawaza wáschym tilifónam?
Ich möchte die Botschaft... anrufen	Я хочу позвонить в посольство...	ja chatschú paswaníť f paßól'ßtwa...
der DDR	ГДР	ge-de-ér
der BRD	ФРГ	fe-er-gé
Österreichs	Австрии	áfßtrii
der Schweiz	Швейцарии	schwijzárii
Ist es das Fernsprechamt?	Это междугородная станция?	éta mishdugaródnaja ßtánzyja?
Ich möchte ein Gespräch nach Berlin (Bonn, Wien, Genf) für... bestellen	Я хочу заказать разговор с Берлином (с Бонном, с Веной, с Женевой) на...	ja chatschú sakasáť rasgawór s birlínam (s bónam, ß w'énaj, s shyn'éwaj) na...
sieben Uhr früh	семь часов утра	ß'em' tschißóf utrá
dreizehn Uhr	час дня	tschaß dn'a
zweiundzwanzig Uhr	двадцать два часа	dwázat' dwa tschißá
Was kostet eine Minute?	Сколько стоит одна минута?	ßkól'ka ßtóit adná minúta?
Wie ist Ihre Telefonnummer?	Скажите ваш номер телефона	ßkashýti wasch nómir tilifóna
Verbinden Sie mich mit der Nummer...	Соедините меня с номером...	ßajidiníti min'á ß nómiram...
Bleiben Sie am Apparat	Подождите у телефона	padashdíti u tilifóna
Ich verbinde	Соединяю	ßajidin'áju
Es meldet sich niemand	Номер не отвечает	nómir ni atwitscháit

Sprechen Sie!	Говорите!	gawaríṭi!
Hallo!	Алло!	aló!
Hallo, wer ist am Apparat?	Алло, кто говорит?	aló, kto gawarít?
Ich höre Sie (dich) schlecht	Я вас (тебя) плохо слышу	ja waß (tib'á) plócha ßlýschu
Rufen Sie (rufe) bitte noch einmal an	Перезвоните (перезвони), пожалуйста	piriswaníti (piriswaní), pashálußta
Seien Sie so liebenswürdig und rufen Sie... an	Будьте **любезны/добры**, позовите...	bút'ti **l'ub'ésny/dabrý**, pasawíti...
Herrn...	господина...	gaßpadína...
Frau...	госпожу...	gaßpashú...
Genossen...	товарища...	tawárischtscha...
Entschuldigen Sie, er (sie) ist jetzt nicht da	Извините, его (её) * сейчас нет	iswiníti, jiwó (jijó) * ßitschäß n'et
Was soll ich ausrichten?	Что передать?	schto piridát'?
Ich rufe später noch mal an	Я перезвоню позже	ja piriswan'ú póshshe
Notieren Sie sich meine Telefonnummer	Запишите мой телефон	sapischýti moj tilifón
Ist das Ihre dienstliche Telefonnummer?	Это ваш служебный телефон?	éta wasch ßlushébnyi tilifón?
Ist das Ihre Privatnummer?	Это ваш домашний телефон?	éta wasch damáschnij tilifón?
Sie werden ans Telefon gebeten	Вас просят к телефону	waß próß'at k tilifónu
Entschuldigen Sie, wer ist am Apparat?	Простите, кто у телефона?	praßtíti, kto u tilifóna?
Entschuldigen Sie, mit wem spreche ich?	Простите, с кем я говорю?	praßtíti, ß k'em ja gawar'ú?

Sie (er) soll mich... anrufen	Пусть она (он) позвонит мне...	pußt' aná (on) paswanít mn'e...
nach dem Mittagessen	после обеда	póßli ab'éda
heute abend	сегодня вечером	ßiwódn'a w'étschiram
morgen früh	завтра утром	sáftra útram
Gut, ich richte es ihm (ihr) aus	Хорошо, я ему (ей) * передам	charaschó, ja jimú (jej) * piridám
Einen Augenblick, bitte	Одну минутку, пожалуйста	adnú minútku, pashálusta
Wir sind getrennt worden	Нас разъединили	naß rasjidiníli
Seien Sie so liebenswürdig und wiederholen Sie	Будьте любезны, повторите	bút'ti l'ub'ésny, paftaríti
Sie haben falsch gewählt	Вы ошиблись номером	wy aschýbliß' nómiram
Ich höre nichts	Ничего не слышно	nitschiwó ni ßlýschna
Sie sind falsch verbunden	Вы не туда попали	wy ni tudá papáli
Ich bekomme keinen Anschluß	Не могу дозвониться	ni magú daswaníza
Es ist dauernd besetzt	Всё время занято	fß'o wr'ém'a sánita
Der Apparat ist kaputt	Телефон не работает	tilifón ni rabótait
Entschuldigen Sie, ich habe falsch gewählt	Извините, я ошибся (ошиблась) * номером	iswiníti, ja aschýpß'a (aschýblaß') * nómiram
Er (Sie) hat kein Telefon	У него (неё) * нет телефона	u niwó (nijó) * n'et tilifóna
Vielen Dank, daß Sie angerufen haben	Спасибо, что позвонили	ßpaßíba, schto paswaníli

der Absender	отправитель	atprawítil’
die Anschrift	адрес	ádriß
der Brief	письмо	piß’mó
ein einfacher Brief	простое ~	praßtóje ~
ein Wertbrief	ценное ~	zénnaje ~
ein Einschreibebrief	заказное ~	sakasnóje ~
ein postlagernder Brief	~ до востребования	~ da waßtr’ébawanija
der Briefkasten	почтовый ящик	patschtówyi jáschtschik
die Briefmarke	марка	márka
das Briefpapier	почтовая бумага	patschtówaja bumága
der Briefumschlag	конверт	kanw’ért
das Fernamt	междугородная телефонная станция	mishdugaródnaja tilifónnaja ßtánzyja
der Fernschreiber	телетайп	tilitájp
der Fernsprechteilnehmer	абонент	aban’ént
das Formular	бланк	blank
die Zahlkarte	~ перевода	~ piriwóda
das Paket	посылка	paßýlka
die Post	почта	pótschta
das Postamt	почтамт	patschtámt
Das Auslandspostamt	международный ~	mishdunaródnyj ~
die Postkarte	открытка	atkrýtka
die Glückwunschkarte	поздравительная ~	pasdrawítil’naja ~
das Päckchen	бандероль	bandiról’
ein einfaches Päckchen	простая ~	praßtája ~

ein Wertpäckchen	ценная ~	zénnaja ~
die Quittung	квитанция	kwitánzyja
das Telefon, der Telefonapparat	телефон	tilifón
das Haustelefon	внутренний ~	wnútrinnij ~
der Dienstapparat, die Telefonnummer im Betrieb	служебный ~	ßlushébnyj ~
die Privatnummer	домашний ~	damáschnij ~
das Telefongespräch	разговор по телефону	rasgawór pa tilifónu
das Telegramm	телеграмма	tiligráma
das Eiltelegramm	срочная ~	ßrótschnaja ~
das Glückwunschtelegramm	поздравительная ~	pasdrawítil'naja ~
die Unterschrift	подпись	pótpiß'
die Vermittlung	коммутатор	kamutátr
ein Gespräch anmelden	заказать разговор	sakasát' rasgawór
ein Telefongespräch führen	говорить по телефону	gawarít' pa tilifónu

DIENSTLEISTUNGEN — БЫТОВОЕ ОБСЛУЖИВАНИЕ

● PHRASEN
■ WÖRTER

FRISIERSALON — ПАРИКМАХЕРСКАЯ

● PHRASEN

Gibt es im Hotel einen Friseur?	В гостинице есть парикмахерская?	w gaßtínizy jeßt' parikmáchirßkaja?
Wo ist hier in der Nähe ein Friseur?	Где здесь поблизости парикмахерская?	gd'e sd'eß' pablíßaßti parikmáchirßkaja?
Wer ist der Letzte?	Кто последний?	kto paßl'édnij?
Jetzt bin ich (sind Sie) an der Reihe	Сейчас моя (ваша) очередь	ßijtscháß majá (wáscha) ótschirit'
Ich möchte mir die Haare schneiden lassen	Мне надо подстричься	mn'e náda paßtrítschß'a
Wieviel wird das kosten?	Сколько это будет стоить?	ßkól'ka éta búdit ßtóit'?
Danke	Спасибо	ßpaßíba

BEIM DAMENFRISEUR — В ДАМСКОМ ЗАЛЕ

● PHRASEN

Ich möchte mich am Mittwoch frisieren lassen	Я хочу записаться на среду	ja chatschú sapißáza na ßr'édu
Ich möchte mich von... frisieren lassen	Я хочу записаться к мастеру...	ja chatschú sapißáza k máßtiru...
Geben Sie mir einen Termin, bitte	Запишите меня, пожалуйста	sapischýti min'á, pashálußta
Wann kann ich kommen?	Когда я могу прийти?	kagdá ja magú prittí?
Ich möchte mir das	Я хочу покрасить	ja chatschú pa-

Haar... färben lassen	волосы в... цвет	kráßit' wólaßy f... zw'et
schwarz	чёрный	tschórnyj
aschblond	пепельный	p'épil'nyj
goldgetönt	золотистый	salatíßtyj
Ich möchte mir...	Я хочу...	ja chatschú...
die Haare legen lassen	сделать укладку	sd'élat' uklátku
eine Lockwelle machen lassen	уложить волосы феном	ulashýt' wólaßy f'énam
die Haare waschen lassen	вымыть голову	wýmyt' gólawu
einen Modeschnitt machen lassen	сделать стрижку	sd'élat' ßtríschku
eine andere Frisur zulegen	изменить прическу	isminít' pritschóßku
eine Kaltwelle machen lassen	сделать химическую завивку	sd'élat' chimítschißkuju sawífku
Ich möchte mir einen Modeschnitt machen lassen	я хочу сделать модную стрижку	ja chatschú sd'élat' módnuju ßtríschku
Bitte,...	Пожалуйста,...	pashálußta,...
schneiden Sie an der Seite und vorn etwas kürzer	подстригите сбоку и спереди покороче	paßtrigíti sbóku i ßp'éridi pakarótschi
schneiden Sie hinten nur gerade	сзади только подровняйте	ssádi tól'ka padrawn'ájti
Ich möchte, daß die Ohren frei (bedeckt) sind	Я хочу, чтобы уши были открыты (закрыты)	ja chatschú, schtóby úschy býli atkrýty (sakrýty)
Haben Sie ein [gutes] Haarwasser?	У вас есть [хорошее] средство для укрепления волос?	u was jeßt' [charóschyje] ßr'éztwa dl'a ukripl'énija walóß?
Kämmen Sie mir das Haar, bitte...	Расчешите мне волосы...	raßtschischýti mn'ė wólaßy...

ohne Scheitel	без пробора	biß prabóra
mit dem Scheitel links (rechts)	с пробором слева (справа)	ß prabóram ßl'éwa (správwa)
Bleichen Sie mir bitte die Haare	Обесцветьте мне, пожалуйста, волосы	abißzw'ét'ti mn'e, pashálußta, wólaßy

Das Wasser (Die Trockenhaube) ist...	Вода (Сушилка)...	wadá (ßuschýlka)...
sehr heiß	очень горячая	ótschin' gar'átschija
sehr kalt	очень холодная	ótschin' chalódnaja
Ein bißchen Haarlack, bitte	Покройте волосы лаком	pakrójti wólaßy lákam
Keinen Haarlack, bitte	Лак не нужен	lak ni núshyn
Danke	Спасибо	ßpaßíba

IM KOSMETIKSALON
В КОСМЕТИЧЕСКОМ КАБИНЕТЕ

Wo ist der Kosmetiksalon?	Где косметический кабинет?	gd'e kasmitítschißkij kabin'ét?
Machen Sie mir bitte...	Сделайте мне, пожалуйста,...	sd'élajti mn'e, pashálußta,...
eine Gesichtsmassage (Hals-, Kopfmassage)	массаж лица (шеи, головы)	maßásch lizá (schéi, galawý)
eine Teintmaske	маску	máßku
eine Gesichtsreinigung	чистку лица	tschíßtku lizá
ein Make-up	макияж	makijásch
Ich möchte mir die Brauen (Wimpern) färben lassen	Я хочу покрасить брови (ресницы)	ja chatschú pakráßit' brówi (rißnízy)
Formen Sie mir bitte die Augenbrauen	Подправьте, пожалуйста, брови	patpráf'ti, pashálußta, brówi

MANIKÜRE. PEDIKÜRE	**МАНИКЮР. ПЕДИКЮР**	
Machen Sie mir bitte eine Maniküre (Pediküre)	Сделайте, пожалуйста, маникюр (педикюр)	sd'élajti, pashálußta, manik'úr (pidik'úr)
Schneiden Sie mir bitte die Nägel	Ногти, пожалуйста,...	nókti, pashálußta,...
	укоротите	ukaratíti
... nicht zu kurz	оставьте подлиннее	aßtáf'ti padlinn'éje
Lackieren Sie bitte die Nägel...	Покройте ногти... лаком, пожалуйста	pakrójti nókti... lákam, pashálußta
farblos	бесцветным	bißzw'étnym
hell (dunkel)	светлым (тёмным)	ßw'étlym (t'ómnym)
perlmutt	перламутровым	pirlamútrawym
mit diesem Lack	вот этим	wot étim
Entfernen Sie bitte den Nagellack	Снимите, пожалуйста, лак	ßnimíti, pashálußta, lak
Was bin ich schuldig?	Сколько с меня?	ßkól'ka ß min'á?
Danke	Спасибо	ßpaßíba
BEIM HERRENFRISEUR	**В МУЖСКОМ ЗАЛЕ**	
Ich möchte...	Я хотел бы...	ja chat'él by...
mich rasieren lassen	побриться	pabríza
mir die Haare schneiden lassen	постричься	paßtrítschß'a
Schneiden Sie mir die Haare...	Подстригите меня...	paßtrigíti min'a...
etwas kürzer	покороче	pakarótschi
(nicht zu) kurz	(не слишком) коротко	(ni ßlíschkam) kóratka

Muß ich lange warten?	Долго придётся ждать?	dólga prid'óza shdat'?
Bitte kürzer...	Пожалуйста, покороче...	pashálußta, pakarótschi...
an den Seiten	с боков	s bakóf
hinten	сзади	ssádi
vorn	спереди	ßp'éridi
Nehmen Sie nicht zu viel weg	Много не снимайте	mnóga ni ßnimájti
Schneiden Sie mir bitte die Koteletten...	Сделайте виски...	sd'élajti wißki...
gerade (schräg)	прямые (косые)	primýi (kaßýi)
kürzer	покороче	pakarótschi
bis zum Ohrläppchen	на уровне мочек	na úrawni mótschik
Ziehen Sie bitte einen... Scheitel...	Сделайте, пожалуйста,... пробор	sd'élajti, pashálußta,... prabór
schrägen	косой	kaßój
geraden	прямой	primój
Bitte einen Scheitel...	Пожалуйста, пробор...	pashálußta, prabór...
links	слева	ßl'éwa
rechts	справа	ßpráwa
Ich trage die Haare nach hinten gekämmt	Я ношу волосы назад	ja naschú wólaßy nasát
Waschen Sie mir bitte die Haare	Пожалуйста, вымойте мне голову	pashálußta, wýmajti mn'e gólawu
Stutzen Sie den Schnurrbart (Bart, die Koteletten)	Подправьте усы (бороду, бакенбарды)	patpráf'ti ußý (bóradu, bakinbárdy)
Rasieren Sie mich bitte	Побрейте, пожалуйста	pabr'éjti, pashálußta

Machen Sie bitte...	Сделайте, пожалуйста, мне...	sd'élajti, pashálußta, mn'e...
eine heiße Kompresse	горячий компресс	gar'átschij kampr'és
eine Gesichtsmassage	массаж лица	maßásch lizá
Bitte etwas...	Пожалуйста, немного...	pashálußta, nimnóga...
Kölnisch Wasser	одеколона	adikalóna
Rasierwasser	лосьона	laß'jóna

WÖRTER

die Augenbrauen	брови	brówi
der Bart	борода	baradá
die Creme	крем	kr'em
die Rasiercreme	~ для бритья	~ dl'a brit'já
der Damenfriseur	дамский мастер	dámßkij máßtir
die Finger-(Fuß-)nägel	ногти	nókti
der Fön	фен	f'en
die Frisur	причёска	pritschóßka
die Haarbürste	щётка для волос	schtschótka dl'a walóß
die Haare	волосы	wólaßy
das Haarfärben	окраска волос	akráßka walóß
der Haarlack	лак для волос	lak dl'a walóß
die Haarnadel	шпилька	schpíl'ka
das Haarnetz	сетка для волос	ß'étka dl'a walóß
der Haarschnitt	стрижка	ßtríschka
das Haarwaschmittel	шампунь	schampún'
der Herrenfriseur, die Herrenfriseuse	мужской мастер	muschßkój máßtir

der Kamm	расчёска	raschtschóßka
das Kölnisch Wasser	одеколон	adikalón
die Koteletten	бакенбарды	bakinbárdy
die Lockenwickler	бигуди	bigudí
die Lockwelle	укладка	uklátka
die Maniküre	маникюр	manik'úr
der Nagellack	лак для ногтей	lak dl'a nakt'éj
die Pediküre	педикюр	pidik'úr
der Puder	пудра	púdra
der Rasierapparat	бритва	brítwa
die Rasierklinge	лезвие	l'éswije
das Rasierwasser	лосьон	laß'jón
die Schere	ножницы	nóshnizy
der Scheitel	пробор	prabór
die Schläfe	висок	wißók
der Schnurrbart	усы	ußý
die Trockenhaube	сушилка для волос	ßuschýlka dl'a walóß
die Wimpern	ресницы	rißnízy
geradeschneiden	подровнять	padrawn'át'
rasieren	побрить	pabrít'
sich rasieren	бриться	bríza
sich beim Friseur anmelden	записаться к мастеру	sapißáza k máßtiru
[sich] die Haare legen [lassen]	сделать укладку	sd'élat' uklátku
[sich] die Haare schneiden [lassen]	подстричь волосы	paßtrítsch wólaßy
den Kopf waschen	мытьё головы	myt'jó galawý

WÄSCHEREI. CHEMISCHE REINIGUNG — ПРАЧЕЧНАЯ. ХИМЧИСТКА

Wo ist hier eine Wäscherei (chemische Reinigung)?	Где здесь прачечная (химчистка)?	gd'e sd'eß' prátschitschnaja (chimtschíßtka)?
Ich möchte...	Я хочу...	ja chatschú...
ein Hemd waschen lassen	сдать в стирку сорочку	sdat' f ßtírku ßarótschku
einen Mantel reinigen lassen	почистить пальто	patschíßtit' pal'tó
eine Hose bügeln lassen	отутюжить брюки	atut'úshyt' br'úki
Nicht stärken	Крахмалить не надо	krachmálit' ni náda
Bitte stärken	С крахмалом, пожалуйста	ß krachmálam, pashálußta
Reinigen Sie bitte...	Почистите, пожалуйста,...	patschíßtiti, pashálußta,...
dieses Kleid	это платье	éta plát'je
diesen Rock	эту юбку	étu júpku
diesen Anzug (dieses Kostüm)	этот костюм	état kaßt'úm
Was kostet das Reinigen eines Übergangsmantels?	Сколько стоит почистить плащ?	ßkól'ka ßtóit patschíßtit' plaschtsch?
Bügeln Sie bitte diese Jacke (diesen Anzug, dieses Kostüm)	Пожалуйста, отутюжьте этот пиджак (костюм)	pashálußta, atut'úschti état pidshák (kaßt'úm)
Entfernen Sie bitte diesen Fleck (diese Flecke)	Выведите, пожалуйста, это пятно (эти пятна)	wýwiditi, pashálußta, éta pitnó (éti p'átna)
Ich brauche es dringend	Мне нужно срочно	mn'e núshna ßrótschna

-МЯГКИЕ ИГРУШКИ:
-КОВРОВЫЕ ИЗДЕЛИЯ:
-ВАТНЫЕ ОДЕЯЛА:
-ПОКРЫВАЛА С КИСТЯМИ:
-Х/Б И СИНТЕТИЧЕСКИЕ ВЕЩИ;
6
5
BÖWE
P 308

Wann wird es fertig sein?	Когда будет готово?	kagdá búdit gatówa?

■ WÖRTER

Danke	Спасибо	ßpaßíba
das Bügeln	утюжка	ut'úschka
das Reinigen	чистка	tschíßtka
das Waschen	стирка	ßtírka
die Wäscherei	прачечная	prátschitschnaja
die chemische Reinigung	химчистка	chimtschíßtka
bügeln	гладить	gládit'
reinigen	чистить	tschíßtit'
stärken	крахмалить	krachmálit'
waschen	стирать	ßtirát'
Flecken entfernen	выводить пятна	wywadít' p'átna

SCHUHREPARATUREN — РЕМОНТ ОБУВИ

● PHRASEN

Wo ist die nächste Schuhreparaturwerkstatt?	Где ближайшая мастерская по ремонту обуви?	gd'e blishájschaja maßtirßkája pa rimóntu óbuwi?
Können Sie mir... reparieren?	Можете ли вы починить мне...?	móshyti li wy patschinít' mn'e...?
Damenschuhe	туфли	túfli
Stiefel	сапоги	ßapagí
Herrenschuhe	ботинки	batínki
Mir ist der Absatz abgebrochen	Я сломала каблук	ja ßlamála kablúk
Der Reißverschluß am Stiefel ist kaputtgegangen	У меня сломалась молния на сапоге	u min'á ßlamálaß' mólnija na ßapag'é
Ein Nagel kommt durch	Мешает гвоздь	mischáit gwoßt'

Nageln Sie bitte den Absatz an	Прибейте, пожалуйста, каблук	prib'éjti, pashálußta, kablúk
Bitte nähen Sie den Schuh an dieser Stelle	Зашейте, пожалуйста, вот здесь	saschéjti, pashálußta, wot sd'eß'
Kann man das gleich jetzt machen?	Это можно сделать при мне?	éta móshna sd'élat' pri mn'e?
Wann ist es fertig?	Когда будет готово?	kagdá búdit gatówa?
Was bekommen Sie?	Сколько с меня?	ßkól'ka ß min'á?
Bitte,...	Пожалуйста,...	pashálußta,...
reparieren Sie die Absätze	поставьте набойки	paßtáf'ti nabójki
machen Sie mir einen neuen Absatz	замените каблук	saminíti kablúk
Kann ich darauf warten?	Вы можете это сделать при мне?	wy móshyti éta sd'élat' pri mn'e?
Wann kann ich kommen?	Когда мне зайти?	kagdá mn'e sajtí?

WÖRTER

der Absatz	каблук	kablúk
der Absatzfleck	набойка	nabójka
die Herrenschuhe	ботинки	batínki
der Reißverschluß	[замок-]молния	[samók-]mólnija
die Sandalen	босоножки	baßanóschki
die Schuhe, das Schuhwerk	обувь	óbuf'
das Schuheisen	подковка	patkófka
die Schuhreparaturwerkstatt	обувная мастерская	abuwnája myßtirßkája
die Schuhspitze	носок	naßók
der Schuster	сапожник	ßapóshnik

die Stiefel	сапоги	sapagí
ankleben	приклеивать	prikl'éiwat'
annageln	прибивать	pribiwát'
annähen	пришивать	prischywát'
erneuern	заменять	samin'át'
reparieren	чинить	tschinít'

UHRENREPARATUREN / РЕМОНТ ЧАСОВ

Wo ist hier in der Nähe ein Uhrmacher?	Где здесь поблизости часовая мастерская?	gd'e sd'eß' pablísaßti tschißawája maßtirßkája?
Meine Uhr ist stehengeblieben	У меня остановились часы	u min'á aßtanawíliß' tschißý
Sie hat einen Schlag abbekommen	Я их ударил(а) *	ja ich udáril(a) *
Ich habe sie fallen lassen	Я их уронил(а) *	ja ich uraníl(a) *
Die Uhr bleibt öfter stehen	Часы то останавливаются, то идут	tschißý to aßtanáwliwajuza, to idút
Meine Uhr geht... Minuten am Tag vor (nach)	Мои часы спешат (отстают) на... минут в сутки	maí tschißý ßpischát (aztajút) na... minút f ßútki
Das Glas ist kaputt (angelaufen)	Разбилось (Запотело) стекло	rasbílaß' (sapat'éla) ßtikló
Der Bügel ist abgegangen	Отскочило ушко	atßkatschíla úschka
Die Datumsangabe ist nicht in Ordnung	Неисправен календарь	niißpráwin kalindár'

PHRASEN

REPARATUR VON FOTOAPPARATEN	**РЕМОНТ ФОТОАППАРАТОВ**	
Wo ist hier die nächste Fotowerkstatt?	Где здесь ближайшая мастерская по ремонту фотоаппаратов?	gd'e sd'eß' blishájschaja maßtirßkája pa rimóntu fotaaparátaf?
Können Sie meinen Fotoapparat reparieren?	Вы можете починить мне фотоаппарат?	wy móshyti patschinít' mn'e fotaparát?
Ich habe ihn fallenlassen	Я его уронил(а) *	ja jiwó uraníl(a) *
Der Auslöser hat sich verklemmt	Запала кнопка спуска	sapála knópka ßpúßka
Der Verschluß klemmt	Заедает затвор	sajidáit satwór
Das Objektiv läßt sich nicht herausdrehen	Заедает объектив	sajidáit abjiktíf
Die Filmspule läßt sich nicht weiterdrehen	Заедает кассета	sajidáit kaß'éta
Der Film reißt (läßt sich nicht zurückspulen)	Пленка рвётся (не перематывается)	pl'ónka rw'óza (ni pirimátywaiza)
Die Schärfe läßt sich nicht einstellen	Не заводится фокус	ni sawódiza fókuß
Die Belichtungszeit läßt sich nicht einstellen (wird falsch eingestellt)	Выдержка не устанавливается (устанавливается неправильно)	wýdirschka ni ußtanáwliwaiza (ußtanáwliwaiza nipráwil'na)
Das Blitzlicht funktioniert nicht	Не включается вспышка	ni fkl'utscháiza fspýschka
Bitte wechseln Sie die Batterie aus	Прошу вас заменить батарейку	praschú was saminít' batar'éjku

FOTOATELIER ФОТОГРАФИЯ

PHRASEN

Wo ist hier ein Fotoatelier?	Где здесь фотоателье?	gd'e sd'eß' fotatel'jé?
Entwickeln Sie bitte diese Filme	Проявите мне эти плёнки, пожалуйста	prajiwíti mn'e éti pl'ónki, pashálußta
Ist das ein Schwarz-Weiß-(Bunt-, Dia-) Film?	Это чёрно-белая (цветная, обратимая) плёнка?	éta tschórna-b'élaja (zwitnája, abratímaja) pl'ónka?
Machen Sie bitte Abzüge von diesen Negativen	Отпечатайте мне фотографии с этих негативов	atpitschátajti mn'e fatagráfii ß étich nigatíwaf
Bitte sechs Paßfotos	Пожалуйста, шесть фотокарточек для документа	pashálußta, scheßt' fatakártatschik dl'a dakum'énta
Wann sind sie fertig?	Когда они будут готовы?	kagdá aní búdut gatówy?

WÖRTER

der Abzug	фотоснимок	fotaßnímak
die Belichtungszeit	выдержка	wýdirschka
die Bildschärfe	фокус	fókuß
das Blitzlicht	вспышка	fßpýschka
der Bügel (*bei Uhren*)	ушко у часов	úschka u tschißóf
die Datumsangabe	календарь	kalindár'
der Film	плёнка	pl'ónka
der Farbfilm	цветная ~	zwitnája ~
der Film für Dias	обратимая ~	abratímaja ~
die Filmspule	кассета	kaß'éta
das Fotoatelier	фотоателье	fotaatel'jé
das Glas	стекло	ßtikló
die Krone	головка (у часов)	galófka (u tschißóf)

die Negative	негативы	nigatíwy
das Objektiv	объектив	abjiktíf
der Verschluß	затвор	satwór
die Werkstatt	мастерская	maßtirßkája
die Uhrmacherwerkstatt	часовая ~	tschißawája ~
die Fotoapparatereparatur	~ по ремонту фотоаппаратов	~ pa rimóntu fotaaparátaf
fallenlassen	уронить	uranít'
kaputtgehen	сломаться	ßlamáza
reparieren	починить	patschinít'
stoßen	ударить	udárit'
die Uhr geht vor (nach, bleibt stehen)	часы спешат (отстают, останавливаются)	tschißý ßpischát (aztajút, aßtanáwliwajuza)

RESTAURANT РЕСТОРАН

▲ INFORMATION
● PHRASEN
■ WÖRTER

Die russische Küche ist durch die Vielfalt schmackhafter Sakuski, d. h. Vorspeisen, Suppen und Hauptgerichte allgemein anerkannt. Keine Küche der Welt weist so viele Fisch-, Fleisch- und Gemüsevorspeisen, Salate und kalte Gerichte auf. Das russische Wort «Sakuska» hat sogar in den Sprachgebrauch einiger ausländischer Küchen Einzug gehalten. Schon in alten Zeiten gab es dieses ungeheuer reiche, die Ausländer immer wieder in Erstaunen versetzende Sortiment von ersten Gängen, vor allem von Suppen wie Borschtsch, Schtschi, Rassolnik, Soljanka usw. Allein an Schtschi-Suppen gibt es in der russischen Küche über sechzig. Für die russische Küche sind auch die verschiedensten Backwaren typisch, so alle nur möglichen Piroggen und Piroshki, Pasteten, Hefekuchen, Fladen, Plinsen usw. An Süßspeisen und Getränken sind Fruchtsäfte, Kisseli, d. h. gallertartige Fruchtsäfte, Kompott, Kwaß und anderes mehr verbreitet.

Während Ihres Aufenthalts in unserem Land werden Sie sicher Gelegenheit haben, außer der russischen Küche auch die Küchen anderer Unionsrepubliken kennenzulernen, beispielsweise bei einem Besuch der Moskauer Restaurants «Ukraina», «Minsk», «Usbekistan», «Baku», «Kasachstan»...

Es ist üblich, daß die Touristen in den Restaurants ihres Hotels essen. Die Restaurants sind bis Mitternacht geöffnet, die Bars bis 2 oder 3 Uhr. In vielen Restaurants können Gäste, die es eilig haben, beispielsweise solche, die in der Mittagspause gut und besonders preiswert essen wollen, ein aus mehreren Gängen bestehendes Gedeck bestellen. Man kann selbstverständlich auch Speisen bestellen, die erst abends gereicht werden.

SPEISEKARTE **МЕНЮ**

Закуски	**Vorspeisen**	
салат столичный	ßalát ßtalítschnyj	Hauptstädtischer Salat
салат из крабов	ßalat iß krábaf	Krabbensalat

салат из свежих помидоров и огурцов	ßalat iß ßw'éshych pamidóraf i agurzóf	Salat aus frischen Tomaten und Gurken
винегрет	winigr'ét	Gemüsesalat «Vinegret»
грибы	gribý	Pilze
сельдь	ß'el't'	Hering
икра красная	ikrá kráßnaja	roter Kaviar
икра чёрная	ikrá tschórnaja	schwarzer Kaviar
рыба заливная	rýba saliwnája	Fisch in Aspik
рыба под маринадом	rýba pad mariná-dam	Fisch unter Marinade
осетрина	aßitrína	Störfleisch
кета	kitá	Ketalachs
студень	ßtúdin'	Sülze
язык заливной	jisýk salivnój	Zunge in Aspik
ветчина	vitschiná	Schinken
колбаса	kalbaßá	Wurst
масло	máßla	Butter
сыр	syr	Käse
паштет	pascht'ét	Pastete
Супы	**Suppen**	
щи	schtschi	Kohlsuppe
~ из свежей капусты	~ iß ßw'éshej kapúßty	~ aus Weißkraut
~ суточные	~ ßútatschnyi	~ vom Vortag
борщ	borschtsch	Borschtsch
солянка мясная сборная	ßal'ánka mißnája sbórnaja	Fleischsoljanka
рассольник	raßól'nik	Rassolnik (Fleischsuppe mit saueren Gurken)

окрошка	akróschka	Fleischokroschka (Kwaßsuppe)
уха	uchá	Fischsuppe auf Fischerart
свекольник холодный	ßwikol'nik chalódnyj	Kalte Betensuppe
суп картофельный	ßup kartófil'nyj	Kartoffelsuppe
суп гороховый	ßup garóchawyj	Erbsensuppe
суп-лапша	ßup-lapschá	Nudelsuppe
бульон	bul'jon	Brühe, Bouillon
~ с яйцом	~ ß jijzóm	Bouillon mit Ei
~ с гренками	~ s grénkami	Bouillon mit Toasts
~ с пирожком	~ s piraschkóm	Bouillon mit Pirogge
Мясные блюда	**Fleischgerichte**	
пельмени	pil'm'éni	Pelmeni
котлеты отбивные	katl'éty adbiwnýi	Koteletts
говядина тушёная	gaw'ádina tuschónaja	Rinderschmorfleisch
гуляш	gul'ásch	Gulasch
зразы	srásy	Fleischklopse mit Grützefüllung
печёнка в сметане	pitschónka f ßmitáni	Leber in sauer Sahne
почки	pótschki	Rindernieren
голубцы мясные	galupzý mißnýi	Kohlrouladen mit Fleischfüllung
ромштекс	ramschtékß	Rumsteak
бефстроганов	bifßtróganaf	Beef Stroganow
телятина	til'átina	Kalbsbraten
шницель	schnízyl'	Schnitzel

свинина	ßwinína	Schweinebraten
тефтели	tift'éli	Fleischklöße
Рыбные блюда	**Fischgerichte**	
треска, тушённая с овощами	trißká, tuschónaja ß awaschtschámi	Gedünsteter Dorsch mit Gemüse
судак в белом вине	ßudák w b'élam win'é	Zander in Weißwein
карп в сметане	karp f ßmitáni	Karpfen in Sahne
щука фаршированная	schtschúka farschirówanaja	gefüllter Hecht
Птица и дичь	**Geflügel und Wild**	
утка	útka	Ente
гусь	guß'	Gans
индейка	ind'éjka	Pute
курица	kúriza	Huhn
рябчик	r'áptschik	Haselhuhn
Молочные блюда	**Milchspeisen**	
молоко	malakó	Milch
кефир	kifir	Kefir
сметана	ßmitána	saure Sahne
сливки	ßlífki	Sahne
творог	twarok	Quark
Десерт	**Nachspeise, Dessert**	
пирожное	piroshnaje	Kuchen
мороженое	maróshnaje	Speiseeis
фрукты	frúkty	Obst
кисель	kiß'él'	Kissel, Mehlbrei
компот	kampót	Kompott
джем	dshem	Marmelade
взбитые сливки	wsbítyje ßlífki	Schlagsahne

WÖRTER

БЛЮДА НАЦИОНАЛЬНОЙ КУХНИ	**NATIONALSPEISEN**	
пельмени	pil'm'éni	Teigtaschen mit Fleischfüllung (*Russische Küche*)
кулебяка	kulib'áka	Hefekuchen mit Fleisch-, Fisch- oder Geflügelfüllung (*Russische Küche*)
блины с икрой	bliný ß ikrój	Plinsen mit Kaviar (*Russische Küche*)

борщ украинский	borschtsch ukraínßkij	Ukrainischer Borschtsch
кулеш пшённый	kul'ésch pschónnyj	Hirsebrei (*Ukrainische Küche*)
вареники	war'éniki	Teigtaschen mit Quarkfüllung (*Ukrainische Küche*)
драники	drániki	Draniki (*Belorussische Küche*)
харчо	chartschó	Chartscho (*Georgische Küche*)
шашлык	schaschlýk	Schaschlyk (*Georgische Küche*)
форель с ореховым соусом	farel' ß ar'échawym ßóußam	Forelle mit Nußsauce (*Armenische Küche*)
далма	dalma	Fleischrouladen mit Weinblättern (*Aserbaidshanische Küche*)
плов	plof	Plow (*Mittelasiatische Küche*)

IM RESTAURANT — В РЕСТОРАНЕ

Können Sie mir ein gutes Restaurant empfehlen?	Вы можете порекомендовать мне хороший ресторан?	wy móshyti parikamindawát' mn'e charóschyj ristarán?
Wo kann man...?	Где можно...?	gd'e móshna...?
schnell etwas essen	быстро перекусить	býßtra pirikußít'
billig essen	недорого поесть	nidóroga pajéßt'
Brause (Saft, Bier) trinken	выпить воды (сока, пива)	wýpit' wadý (ßóka, píwa)
Wo ist...?	Где находится...?	gd'e nachódiza...?
eine Imbißstube	закусочная	sakúßatschnaja

PHRASEN

eine Bar	бар	bar
eine Imbißstube, ein Café	кафе	kafé
Entschuldigen Sie, ist hier besetzt?	Простите, здесь не занято?	praßtíti, sd'eß' ni sánita?
Ist dieser Tisch frei?	Этот стол свободный?	état ßtol swabódnyj?
Ist ein Tisch frei?	Есть свободный стол?	jeßt' swabódnyj ßtol?
Bringen Sie bitte die Speisekarte	Принесите, пожалуйста, меню	prinißíti, pashálußta, min'ú
Bringen Sie bitte noch...	Принесите, пожалуйста, ещё...	prinißíti, pashálußta, jischtschó...
einen Stuhl	один стул	adín ßtul
einen Aschenbecher	одну пепельницу *	adnú pépil'nizu *
ein Sektglas	один фужер	adín fushér
ein Glas	одну рюмку *	adnú r'úmku *
eine Serviette	одну салфетку *	adnú ßalf'étku *
einen Löffel	одну ложку *	adnú lóschku *
Was können Sie mir an... empfehlen?	Что Вы можете порекомендовать...?	schto wy móshyti parikamindawát'...?
kalten (warmen) Speisen	из холодных (горячих) закусок	iß chalódnych (gar'atschich) sakúsak
Fleisch(Fisch)-gerichten	из мясных (рыбных) блюд	is mißných (rýbnych) bl'ut
zum Nachtisch	на десерт	na diß'ért
Welche... haben Sie?	Какие у вас...?	kakii u waß...?
Spezialitäten des Hauses (Nationalgerichte)	фирменные (национальные) блюда	firminnyi (nazyanál'nyi) bl'úda
Salate	салаты	ßaláty

Was möchten Sie bestellen?	Что вы хотите заказать?	schto wy chatíti sakását'?
Nach Ihrem (deinem) Gutdünken	На ваше (твоё) усмотрение	na wásche (twajó) ußmatr'énije
Ich ziehe... vor	Я предпочитаю...	ja pritpatschitáju...
Fleisch	мясо	m'áßa
Fisch	рыбу	rýbu
Wild	дичь	ditsch
Ich esse nichts Gebratenes (Scharfes, Fettes)	Я не ем жареного (острого, жирного)	ja ni jem shárinawa (óßtrawa, shýrnawa)
Was raten Sie zu bestellen?	Что вы посоветуете заказать?	schto wy paßaw'étuiti sakasát'?
Bringen Sie bitte die Spezialität Ihres Hauses	Принесите, пожалуйста, ваше фирменное блюдо	prinißíti, pashálußta, wásche firminnaje bl'úda

Guten Appetit!	Приятного аппетита!	prijátnawa apitíta!
Auf Ihr Wohl!	За ваше здоровье!	sa wásche sdarów'je!
Schmeckt es?	Вкусно?	fkúßna?
Es schmeckt sehr gut!	Очень вкусно!	ótschin' fkúßna!
Ich trinke keinen Wein	Я не пью вина	ja ni p'ju winá
Ich halte Diät ein	Я на диете	ja na dijéti
Ich habe keinen Appetit	У меня нет аппетита	u min'á n'et apitíta
Können Sie mir etwas anderes bringen?	Это можно заменить?	éta móshna saminít'?
Bitten Sie bitte den Ober (Restaurantleiter) her	Попросите, пожалуйста, официанта (метрдотеля)	papraßíti, pashálußta, afizyánta (metrdatél'a)
Mir gefällt Ihre Küche	Мне нравится ваша кухня	mn'e nráwiza wáscha kúchn'a
Es hat sehr gut geschmeckt	Было очень вкусно	býla ótschin' fkúßna
Was bestellen Sie zum Nachtisch?	Что закажете на десерт?	schto sakáshyti na dißért?
Zum Nachtisch hätte ich gern...	На десерт я хотел(а) * бы...	na dißért ja chat'él(a) * by...
Obst	фрукты	frúkty
irgend etwas Süßes	что-нибудь сладкое	schtó-nibut' ßlátkaje
ein Stück Kuchen	пирожное	piróshnaje
Eis	мороженое	maróshynaje
Schlagsahne	взбитые сливки	wsbítyi ßlífki

Bringen Sie bitte...	Принесите, пожалуйста,...	prinißiti, pashálußta,...
Mineralwasser	минеральной воды	minirál'naj wadý
Saft	сок	ßok
Wein	вино	winó
Eis	мороженое	maróshynaje
Bitte sehr...	Пожалуйста,...	pashálußta,...
Kaffee schwarz	чёрный кофе	tschórnyj kóf'e
Kaffee mit Milch	кофе с молоком	kóf'e ß malakóm
Kaffee mit Sahne	кофе со сливками	kóf'e ßa ßlífkami
Bier	пиво	píwa
Limonade	лимонад	limanát
Ich möchte zahlen	Счёт, пожалуйста!	schtschót, pashálußta!
Danke	Спасибо	ßpaßíba

WÖRTER

MAHLZEITEN	ПРИЁМ ПИЩИ	
das Essen	еда	jidá
das Frühstück	завтрак	sáftrak
das Mittagessen	обед	ab'ét
das Abendbrot	ужин	úshyn
essen	есть	jeßt'
frühstücken	завтракать	sáftrakat'
Mittag essen	обедать	ab'édat'
Abendbrot essen	ужинать	úshynat'
probieren	пробовать	próbawat'
trinken	пить	pit'

WÖRTER

BEDIENUNG	ОБСЛУЖИВА-НИЕ	
die Bedienung	обслуживание	apßlúshywanije
die Kasse	касса	káßßa
der (die) Kellner(in)	официант(ка) *	afizyánt(ka) *
der Preis	цена	zená
die Rechnung	счёт	schtschot
die Speisekarte	меню	min'ú
bedienen	обслужить	apßlushýt'
bringen	принести	prinißtí
zahlen	платить	platít'

WÖRTER

TISCHGESCHIRR	ПРЕДМЕТЫ СЕРВИРОВКИ	
die Gabel	вилка	wílka
das Gedeck	столовый прибор	ßtalówyj pribór
das Glas (*für Wein*)	рюмка	r'úmka

das Glas (*für Wasser und Saft*)	стакан	ßtakán
die Kaffeekanne	кофейник	kafʼéjnik
der Löffel	ложка	lóschka

der Eßlöffel	столовая ~	ßtalówaja ~
der Teelöffel	чайная ~	tschájnaja ~
der Kaffeelöffel	кофейная ~	kaf'éjnaja ~
das Messer	нож	nosch
die Milchkanne	молочник	malótschnik
das Sektglas	фужер	fushér
die Serviette	салфетка	ßalf'étka
die Tasse	чашка	tscháschka
die Teekanne	чайник	tschájnik
der Teller	тарелка	tar'élka
der Suppenteller	глубокая ~ 1)	glubókaja ~
der Frühstücksteller	десертная ~	diß'értnaja ~
der flache Teller	мелкая ~ 2)	m'élkaja ~
die Tischdecke	скатерть	ßkátirt'
die Untertasse	блюдце	bl'útze
die Zuckerdose	сахарница	ßácharniza

GESCHMACKS-EIGENSCHAFTEN DES ESSENS — ВКУСОВЫЕ КАЧЕСТВА ПИЩИ

bitter	горький	gór'kij
heiß	горячий	gar'átschij
kalt	холодный	chalódnyj
salzig	солёный 3)	ßal'ónyj
sauer	кислый	kíßlyj
scharf	острый	óßtryj
schmackhaft	вкусный	fkúßnyj
süß	сладкий	ßlátkij
ohne Geschmack	безвкусный	bißfkúßnyj

1) глубокий – tief
2) мелкий, ая – seicht, flach
3) соль – Salz

WÖRTER

GEWÜRZE	ПРИПРАВЫ	
der Essig	уксус	úkßuß
der Pfeffer	перец	p'ériz
das Salz	соль	ßol'
die Sauce	соус	ßóuß
der Senf	горчица,	gartschíza
Knoblauch	чеснок	

WÖRTER

ALKOHOLFREIE GETRÄNKE	БЕЗАЛКОГОЛЬНЫЕ НАПИТКИ	
Coca-Cola	кока-кола	kóka-kóla
Kakao	какао	kakáo
Kaffee	кофе	kóf'e
~ schwarz	чёрный ~	tschórnyj ~
~ mit Eis	~ с мороженым	~ ß maróshynym
~ auf orientalische Art	~ по восточному	~ pa-waßtótschnamu
~ mit Milch	~ с молоком	~ ß malakóm
~ mit Sahne	~ со сливками	~ ßa ßlífkami
~ komplett	~ со сливками и сахаром	~ ßa ßlífkami i ßácharam
Mineralwasser	минеральная вода	minirál'naja wadá
Pepsi-Cola	пепси-кола	pépßi-kóla
Saft	сок	ßok
Apfelsaft	яблочный ~	jáblatschnyj ~
Aprikosensaft	абрикосовый ~	abrikóßawyj ~
Kirschsaft	вишнёвый ~	wischn'ówyj ~
Mandarinensaft	мандариновый ~	mandarínawyj ~
Orangensaft	апельсиновый ~	apil'ßínawyj ~
Pflaumensaft	сливовый ~	ßlíwawyj ~
Tomatensaft	томатный ~	tamátnyj ~
Weintraubensaft	виноградный ~	winagrádnyj ~

Schokolade	шоколад	schykalát
Tee mit Zitrone	чай с лимоном	tschaj ß limónam
ALKOHOLISCHE GETRÄNKE	СПИРТНЫЕ НАПИТКИ	
Bier	пиво	píwa
Kognak	коньяк	kan'ják
Sekt	шампанское	schampánßkaje
Wein	вино	winó
Weißwein	белое ~	b'élaje ~
Rotwein	красное ~	kráßnaje ~
Wodka	водка	wótka

STADTVERKEHR — ГОРОДСКОЙ ТРАНСПОРТ

▲ INFORMATION
● PHRASEN
■ WÖRTER

▲ INFORMATION

In Moskau und in den anderen Großstädten der UdSSR kostet eine Fahrt mit dem Bus, dem Obus, der Straßenbahn und der U-Bahn unabhängig von der Länge der Fahrstrecke in einer Richtung 5 Kopeken. Für Kinder bis zu sieben Jahren wird kein Fahrgeld erhoben. Die Fahrgäste können an den U-Bahnschaltern und bei den Bus-, Obus- und Straßenbahnfahrern Monatskarten und Fahrscheinhefte für jeweils zehn Fahrten für alle Verkehrsmittel erwerben.

Beim Fahrtantritt ist der Fahrgast verpflichtet, den Fahrschein zu lochen. Betritt man eine U-Bahnstation, zeigt man dem Kontrolleur die Monatskarte oder steckt eine 5-Kopekenmünze in den Geldschlitz der Durchlaßautomaten. Sollten Sie keine passende Münze haben, dann bedienen Sie sich der Wechselautomaten, die in jeder U-Bahnstation vorhanden sind.

Die U-Bahnstationen sind von 6 Uhr morgens bis 1 Uhr nachts geöffnet. Die Leuchttafeln in den Stationen helfen den Fahrgästen, sich in dieser unterirdischen Stadt zurechtzufinden. In jedem U-Bahnwagen kann man sich anhand der Streckenschemen leicht orientieren. Die Umsteigestationen sind besonders gekennzeichnet. Im Wagen befindet sich an der Wand ein Knopf, auf den man drückt, wenn man im Notfall eine Sprechverbindung mit dem Fahrer herstellen muß. In jeder U-Bahnstation gibt es eine Erste-Hilfe-Stelle.

Im Jahr befördert die Moskauer Metro «W. I. Lenin», die erste U-Bahn in unserem Lande, mehr als 2,5 Milliarden Fahrgäste. Der regelmäßige Verkehr der unterirdischen Elektrozüge wurde am 15. Mai 1935 aufgenommen. Die erste Linie der Moskauer Metro — von der Station «Sokolniki» bis «Park Kultury» — war 11,6 Kilometer lang. Längst hat das Moskauer U-Bahnliniennetz eine Länge von über 200 Kilometern erreicht. Jedes Jahr kommen neue Stationen hinzu. Selbst in den Jahren des Großen Vaterländischen Krieges wurden mehr als 30 Kilometer neuer Strecken und sieben Stationen fertiggestellt.

Heute zählt die Moskauer Metro über 130 Stationen, die sämtlich originell gestaltet und mit Mosaiken, Granit, Marmor und Buntglas geschmückt sind.

U-Bahnen gibt es außer Moskau in Leningrad (seit 1955), Kiew (1960), Tbilissi (1966), Baku (1967), Charkow (1972), Taschkent (1977), Jerewan (1981), Minsk (1984) und Nowosibirsk (1986). U-Bahnlinien sind in Gorki, Kuibyschew und Swerdlowsk im Bau, geplant sind welche in Alma-Ata, Dnepropetrowsk, Omsk, Perm, Riga, Rostow am Don und Tscheljabinsk.

Ein sehr bequemes Verkehrsmittel ist das Taxi. Die Fahrkosten betragen je Kilometer 20 Kopeken. Taxistellen sind an vielen Stellen der Stadt.

In vielen Städten sind feststehende Taxilinien eingerichtet worden, auf denen Kleinbusse (für 11 Fahrgäste) im Einsatz sind. Der Fahrgast zahlt 15 Kopeken. Er kann praktisch überall aussteigen.

BUS. OBUS. STRAßENBAHN	**АВТОБУС. ТРОЛЛЕЙБУС. ТРАМВАЙ**	
Sagen Sie bitte, mit welchem Verkehrsmittel kommt man am besten...?	Скажите, пожалуйста, каким видом транспорта лучше доехать...?	ßkashýti, pashálußta, kakím wídam tránßparta lútschschy dajéchat'...?

zum Zentrum	до центра	da zéntra
zum Bolshoi-Theater	до Большого театра	da bal'schówa tiátra
zum Alexander-Puschkin-Museum der bildenden Künste	до Музея изобразительных искусств имени А. С. Пушкина	da mus'éja isabrasítil'nych iskústf ímini púschkina
Sagen Sie bitte, wie komme (fahre) ich am besten zum Puschkin-Platz?	Скажите, пожалуйста, как мне лучше добраться (доехать) до Пушкинской площади?	ßkashýti, pashálußta, kak mn'e lútschschy dabráza (dajéchat') da púschkinßkaj plóschtschidi?
Fährt dieser Bus (diese Straßenbahn, dieser Obus) bis...?	Этот автобус (трамвай, троллейбус) идёт до...?	état aftóbuß (tramwáj, tral'éjbuß) id'ót da...?
Wo ist die nächste Haltestelle der Buslinie 3 (der Straßen-	Где ближайшая остановка 3-го автобуса (15 трам-	gd'e blishájschaja aßtanófka trét'jiwa aftóbußa (pitnázata-

bahnlinie 15, der Obuslinie 40)?	вая, 40-го троллейбуса)?	wa tramwája, ßarakawówa tral'éjbußa)?
Können Sie mir sagen, wohin dieser Bus fährt?	Вы не знаете, куда идёт этот автобус?	wy ni snáiti, kudá id'ót état aftóbuß?
Sagen Sie bitte, komme ich mit diesem Obus bis zum Kinderkaufhaus?	Скажите, пожалуйста, я доеду на этом троллейбусе до магазина «Детский мир»?	skashýti, pashálußta, ja dajédu na étam tral'éjbußi da magasína d'ézkij mir?
Steigen Sie die nächste Haltestelle aus?	Вы выходите на следующей остановке?	wy wychóditi na ßl'édujuschtschij aßtanófki?
Steigen Sie jetzt aus?	Вы сейчас выходите?	wy ßitscháß wychóditi?
Darf ich vorbei (durch)	Разрешите пройти	rasrischýti prajtí

U-BAHN	МЕТРО	
Sagen Sie bitte, komme ich hier zur U-Bahn?	Скажите, пожалуйста, я правильно иду к метро?	ßkashýti, pashálußta, ja práwil'na idú k mitró?
Sagen Sie bitte, wo ist die nächste U-Bahnstation?	Скажите, пожалуйста, где ближайшая станция метро?	skashýti, pashálußta, gd'e blishájschaja ßtánzyja mitró?
Wie fährt man am	Как доехать до	kak dajéchat' da

besten bis zur Station «Sokolniki» («Tretjakowskaja», «Universität»)?	станции «Сокольники» («Третьяковская», «Университет»)?	ßtánzyi ßakól'niki (trit'jikófßkaja, uniwirßit'ét)?
Auf welcher Station muß man umsteigen?	На какой станции нужно сделать пересадку?	na kakój ßtánzyi núshna sd'élat' piríßátku?
Auf welcher Station muß ich aussteigen?	На какой станции мне выходить?	na kakój ßtánzyi mn'e wychadít'?
Entschuldigen Sie, kommt die Station «Poleshajewskaja» bald?	Простите, скоро будет станция «Полежаевская»?	praßtíti, ßkóra búdit ßtánzyja palisháifßkaja?
Die wievielte Station ist die «Majakowskaja»?	Через сколько остановок «Маяковская»?	tschiriß ßkól'ka aßtanówak majikófßkaja?

TAXI — ТАКСИ

Können Sie mir sagen, wo der nächste Taxistand ist?	Вы не скажете, где ближайшая стоянка такси?	wy ni ßkáshyti, gd'e blishájschaja ßtajánka takßí?

Ist hier in der Nähe ein Taxistand?	Есть ли поблизости стоянка такси?	jeßt' li pablísaßti ßtajánka takßí?
Wo kann man sich (hier) ein Taxi nehmen?	Где можно взять такси?	gd'e móshna ws'át' takßí?
Halten Sie bitte ein (das) Taxi an	Остановите, пожалуйста, такси	aßtanawíti, pashálußta, takßí
Taxi!	Такси!	takßí!
Sind Sie frei?	Свободно?	ßwabódna?
Steigen Sie bitte ein	Садитесь, пожалуйста	ßadítiß', pashálußta
Wo wollen Sie hin?	Вам куда?	wam kudá?
Ich will zum Roten Platz (zum Bahnhof, ins Hotel)	Мне к Красной площади (на вокзал, в гостиницу)	mn'e k kráßnaj plóschtschidi (na wagsál, w gaßtínizu)
Fahren Sie mich bitte zum Flughafen «Scheremetjewo-2»	Отвезите, пожалуйста, меня в аэропорт «Шереметьево-2»	atwisíti, pashálußta, min'á w aerapórt schyrim'ét'jiwa-dwa
Ich möchte in der Stadt umherfahren	Я хочу поездить по городу	ja chatschú pajésdit' pa góradu
Bitte etwas schneller, ich habe es sehr eilig	Пожалуйста, поскорее, я очень спешу	pashálußta, paßkar'éje, ja ótschin' ßpischú
Wieviel Minuten fährt man bis zum Bahnhof?	Сколько минут ехать до вокзала?	ßkól'ka minút jéchat' da wagsála?
Bitte etwas langsamer	Пожалуйста, помедленнее	pashálußta, pam'édlinnije
Halten Sie hier bitte an	Пожалуйста, остановите здесь	pashálußta, aßtanawíti sd'eß'
Fahren Sie mich bitte bis zur U-Bahn	Пожалуйста, довезите меня до метро	pashálußta, dawisíti min'á da mitró

Bitte, warten Sie hier auf mich, ich bin gleich wieder da	Пожалуйста, подождите меня здесь, я сейчас вернусь	pashálußta, padashdíti min'á sd'eß', ja ßitscháß wirnúß'
Fahren wir weiter	Поехали дальше	pajéchali dál'schy
Was bin ich Ihnen schuldig?	Сколько я вам должен (должна)*?	ßkól'ka ja wam dólshyn (dalshná)*?
Was zeigt das Taxameter an?	Сколько на счётчике?	ßkól'ka na schtschóttschiki?

WÖRTER

BEKANNTMACHUNGEN UND SCHILDER	**ОБЪЯВЛЕНИЯ И НАДПИСИ**
ВХОД	**EINGANG**
НЕТ ВХОДА	**KEIN EINGANG**
ВЫХОД В ГОРОД	**AUSGANG IN DIE (ZUR) STADT**
ПЕРЕХОД	**ÜBERGANG**
НЕ ПРИСЛОНЯТЬСЯ	**NICHT ANLEHNEN** (*an den Scheiben im Wagen*)
МЕСТА ДЛЯ ПАССАЖИРОВ С ДЕТЬМИ И ИНВАЛИДОВ	**FÜR FAHRGÄSTE MIT KINDERN UND SCHWERBESCHÄDIGTE**
СВЯЗЬ С МАШИНИСТОМ	**SPRECHVERBINDUNG MIT DEM ZUGFAHRER**
ПЕРЕСАДКА ПРЕКРАЩАЕТСЯ В 1 ЧАС НОЧИ	**ÜBERGANG WIRD UM 1 UHR NACHTS GESPERRT**

PHRASEN

Находясь на эскалаторе, стойте справа, проходите слева	Auf der Rolltreppe rechts stehen, links vorbeigehen
Находясь на эскалаторе, держитесь за поручни	Auf der Rolltreppe am Geländer festhalten

Осторожно, двери закрываются. Следующая станция...	Vorsicht, die Türen werden geschlossen, die nächste Station...
Станция Ждановская, конечная. Поезд дальше не пойдёт. Просьба освободить вагоны	Station «Shdanowskaja», Endstation. Der Zug endet hier, bitte alle aussteigen

WÖRTER

der Bus	автобус	aftóbuß
die Bushaltestelle	остановка автобуса	aßtanófka aftóbußa
der Durchlaßautomat	турникет	turnik'ét
der Elektrozug, E-Zug	электропоезд	el'ektrapóißt
die Endhaltestelle (nächste, folgende Haltestelle)	конечная (ближайшая, следующая) остановка	kan'étschnaja (blishájschaja, ßlédujuschtschija) aßtanófka
der E-Zugfahrer	машинист электропоезда	maschyníßt el'ektrapóisda
der Fahrer, Chauffeur	водитель	wadítil'
der Fahrpreis	стоимость проезда	stóimaßt' prajésda
der Kontrolleur	контролёр	kantral'ór
die U-Bahn-Linie	линия метро	línija mitró
das Linientaxi	маршрутное такси	marschrútnaje takßí
der Obus	троллейбус	tral'éjbuß
die Obushaltestelle	остановка троллейбуса	aßtanófka tral'éjbußa
der Platz	место	m'éßta
die Rolltreppe	эскалатор	eßkalátar
die Route	маршрут	marschrút
der Salon	салон	ßalón

der Schaffner	кондуктор	kandúktar
die Hauptverkehrszeit	час пик	tschäß pik
die Straßenbahn	трамвай	tramwáj
die Straßenbahnhaltestelle	остановка трамвая	aßtanófka tramwája
das Taxi	такси	takßí
ein Taxi bestellen	заказать такси	sakasát' takßí
ein Taxi heran-, herbeirufen	вызывать такси	wysywát' takßí
Taxifahrer	шофёр [такси]	schaf'ór [takßí]
der Taxistand	стоянка такси	ßtajánka takßí
die U-Bahn, Metro	метро	mitró
die U-Bahnlinienplan	схема линий метро	ßch'éma línij mitró
die U-Bahnstation	станция метро	ßtánzyja mitró

der Überweg, Übergang, die Unterführung	переход	pirichót
das Umsteigen	пересадка	pirißátka
der Wagen	вагон	wagón
das Wechselgeld	разменная монета	rasm'énnaja man'éta
die Zeitkarte, Monatskarte	проездной билет	praisnój bil'ét
die Zeitkarte (*für alle Nahverkehrsmittel*)	единый билет	jidínyj bil'ét
das Zentrum	центр	zentr
zum/in Richtung Zentrum	к центру	k zéntru
vom Zentrum her, aus Richtung Zentrum	от центра	at zéntra

STADT ГОРОД

● PHRASEN
■ WÖRTER

STADTBESICHTIGUNG	**ЭКСКУРСИЯ ПО ГОРОДУ**	
Ich möchte mir (Wir wollen uns) gern die Stadt ansehen	Я хотел(а) * (Мы хотели) бы осмотреть город	ja chat'él(a) * (my chat'éli) by aßmatr'ét' górat
Ich bin (Wir sind) das erste Mal in dieser Stadt	Я (Мы) впервые в этом городе	ja (my) fpirwýi w étam góradi
Ich bin (Wir sind) aus... gekommen	Я приехал(а) * (Мы приехали)...	ja prijéchal(a) * (my prijéchali)...
der DDR	из ГДР	is ge-de-ér
der BRD	из ФРГ	iß fe-er-gé
Österreich	из Австрии	is áfßtrii
der Schweiz	из Швейцарии	iß schwijzárii
Luxemburg	из Люксембурга	is l'ukßimbúrga
Ich (Wir) brauche(n) einen Dolmetscher (Stadtführer)	Мне (Нам) нужен переводчик (гид)	mn'e (nam) núshyn piriwóttschik (git)
Wo kann man... kaufen?	Где можно купить...?	gd'e móshna kupít'...?
einen Reiseführer	путеводитель	putiwadítil'
einen Stadtplan	туристскую схему города	turíßkuju ßch'ému górada
Ansichtskarten der Stadt	открытки с видами города	atkrýtki ß wídami górada
Womit sollte man die Stadtbesichtigung beginnen?	С чего лучше начать осмотр города?	ß tschiwó lútschschy natschát' aßmótr górada?
Was raten Sie in der Stadt zu besichtigen?	Что вы советуете посмотреть в городе?	schto wy ßaw'étuiti paßmatr'ét' w góradi?

Wir wollen... besichtigen	Мы хотим осмотреть...	my chatím aßmatr'ét'...
das Stadtzentrum	центр города	zentr górada
moderne Stadtbezirke	современные районы	ßawrim'énnyi rajóny
Ich (Wir) interessiere(n) mich (uns) für...	Меня (Нас) интересуют...	min'á (naß) intirißújut...
historische Stätten	исторические места	ißtarítschißkii mißtá
Architekturdenkmäler	памятники архитектуры	pámitniki architiktúry
Denkmäler	памятники	pámitniki
Kirchen	церкви	zérkwi
Wie lange dauert die Stadtbesichtigung?	Сколько времени займет экскурсия?	ßkól'ka wr'émini sajm'ót ekßkúrßija?
Gehen wir zu Fuß oder fahren wir mit dem Bus?	Мы пойдем пешком или поедем на автобусе?	my pajd'óm pischkóm ili pajédim na aftóbußi?

Wann kommen wir zurück?	Когда мы возвращаемся обратно?	kagdá my waswraschtscháimß'a abrátna?
Wann und wo treffen wir uns?	Когда и где мы встречаемся?	kagdá i gd'e my fßtritscháimß'a?
Wie heißt...?	Как называется...?	kak nasywáiza...?
die Hauptstraße	главная улица	gláwnaja úliza
der zentrale Platz	центральная площадь	zyntrál'naja plóschtschit'
dieser Platz	эта площадь	éta plóschtschit'
diese Straße	эта улица	éta úliza
Was ist das für ein Gebäude (Denkmal, eine Skulptur)?	Что это за здание (памятник, скульптура)?	schto éta sa sdánije (pámitnik, ßkul'ptúra)?
In welchem Jahrhundert (Wann) wurde... erbaut?	В каком веке (Когда) построен(а) *...?	f kakóm w'éki (kagdá) paßtróin(a) *...?
diese Kirche	эта церковь *	éta zérkaf' *
diese Kathedrale	этот собор	état ßabór
diese Moschee	эта мечеть *	éta mitschét' *
dieses Kloster	этот монастырь	état manaßtýr'
Wer ist der Architekt?	Кто архитектор?	kto archit'éktar?
Wer ist der Bildhauer?	Кто скульптор?	kto ßkúl'ptar?
In welchem Stil ist... erbaut?	В каком стиле построен(а) *...?	f kakóm ßtíli paßtróin(a) *...?
dieses Gotteshaus	этот храм	état chram
dieser Turm	эта башня *	éta báschn'a *
diese Kirche	эта церковь *	éta zérkaf' *
Ich (Wir) möchte(n) mir (uns) gern... ansehen	Мне (Нам) бы хотелось посмотреть...	mn'e (nam) by chat'élaß' paßmatr'ét'...

den Olympischen Sportkomplex	Олимпийский спортивный комплекс	alimpíjßkij ßpartíwnyj kómplikß
den Ruderkanal in Krylatskoje	гребной канал в Крылатском	gribnój kanál f krylázkam
den Pferdesportkomplex in Bitza	конно-спортивный комплекс в Битце	kónna-ßpartíwnyj kómplikß w bízy
Welch... Bauwerk!	Какое... сооружение!	kakóje... ßaarushénije!
imposantes	величественное	wilítschißtwinnaje
interessantes	интересное	intir'éßnaje
schönes	красивое	kraßíwaje
Was bedeutet diese Aufschrift?	Что означает эта надпись?	schto asnatscháit éta nátpiß'?
Mir (Uns) hat... sehr gefallen	Мне (Нам) очень понравился (понравилась) *...	mn'e (nam) ótschin' panráwilß'a (panráwilaß') *...
der Kreml	Кремль	kr'eml
die Gorkistraße	улица * Горького	úliza * gór'kawa
der Arbat	Арбат	arbát

WÖRTER

die Architektur	архитектура	architiktúra
die Aussichtsplattform	смотровая площадка	ßmatrawája plaschtschátka
das Bauwerk	сооружение	ßaarushénije
das Denkmal	памятник	pámitnik
die Epoche	эпоха	epócha
die Exkursion	экскурсия	ekßkúrßija
der Fluß	река	riká
der Friedhof	кладбище	kládbischtsche
die Gasse	переулок	piriúlak
das Gebäude	здание	sdánije

das Gutsmuseum	музей-усадьба	mus'éj-ußád'ba
das Jahrhundert	век	w'ek
die Kathedrale	собор	ßabór
die Kirche	церковь	zérkaf'
das Kloster	монастырь	manaßtýr'
der Komplex	комплекс	kómplikß
der Sportkomplex	спортивный ~	ßpartíwnyj ~
die Neubauten	новостройки	nawaßtrójki
der Park	парк	park
der Platz	площадь	plóschtschit'
das Schloßmuseum	дворец-музей	dwar'éz-mus'éj
die Skulptur	скульптура	ßkul'ptúra
die Stadt	город	górat
der Stadtbezirk	район	rajón
der Stadtplan	план города, туристская схема города	plan górada, turíßkaja ßch'éma górada

der Stadt- (Reise-) führer	путеводитель	putiwadítil’
der Stil	стиль	ßtil’
der gotische Stil	готический ~	gatítschißkij ~
der klassische Stil	классический ~	klaßítschißkij ~
der Barockstil	~ барокко	~ baroka
die Moderne	~ модерн	~ modérn
der Konstruktivismus	~ конструктивизм	~ kanßtruktivísm
die Straße	улица	úliza
der Wohnbezirk	жилой район	shylój rajón
sich begegnen	встречаться	fßtritscháza
FUNDBÜRO	**БЮРО НАХОДОК**	
Wo ist das Fundbüro?	Где бюро находок?	gd’e b’uró nachódak?
Ich habe meine(n) Tasche (Regenschirm)... liegengelassen	Я забыл(а) * сумку (зонт)...	ja sabýl(a) * ßúmku (sont)...
im Taxi	в такси	f takßí
in der Metro	в метро	w mitró
im Bus	в автобусе	w aftóbußi
auf dem Bahnhof	на вокзале	na wagsáli
Ich habe meinen Fotoapparat (meine Uhr) verloren	Я потерял(а) * фотоаппарат (часы)	ja patir’ál(a) * fotaaparát (tschißý)
Ein Fotoapparat vom Typ ...	Фотоаппарат марки...	fotaaparát márki...
Hier ist meine Adresse und meine Telefonnummer	Вот мой адрес и телефон	wot moj ádriß i tilifón
Gehört das Ihnen?	Это ваше?	éta wásche?

PHRASEN

Ja, das gehört mir. Danke	Да, это мое. Спасибо	da, éta majó, ßpaßíba

WENN SIE SICH VERLAUFEN HABEN	ЕСЛИ ВЫ ЗАБЛУДИЛИСЬ	
Ich bin Ausländer (-in)	Я иностранец (иностранка) *	ja inaßtrániz (inaßtránka) *
Ich habe mich verlaufen (verirrt)	Я заблудился (заблудилась) *	ja sabludílß'a (sabludílaß') *
Ich muß ins Hotel...	Мне нужно в гостиницу...	mn'e núshna w gaßtínizu...
Ich suche das Haus Nummer...	Я ищу дом номер...	ja ischtschú dom nómir...
Entschuldigen Sie, ich verstehe nicht	Простите, я не понимаю	praßtíti, ja ni panimáju
Zeigen Sie mir bitte auf dem Stadtplan, wo ich mich befinde	Покажите, пожалуйста, на схеме место, где я нахожусь	pakashýti, pashálußta, na ßch'émi m'éßta, gd'e ja nachashúß'
Zeichnen Sie mir bitte den Weg auf	Нарисуйте, пожалуйста, путь	narißújti, pashálußta, put'
Ich habe meine Gruppe verloren	Я отстал(а) * от группы	ja aztál(a) * ad grúpy
Wie kann ich nach... anrufen?	Как мне позвонить в...?	kak mn'e paswanít' f...?
die Botschaft	посольство	paßól'ßtwa
das Konsulat	консульство	kónßul'ßtwa
Gehen Sie geradeaus	Идите прямо	idíti pr'áma
Gehen Sie zurück	Вернитесь назад	wirnítiß' nasát
Biegen Sie...	Поверните...	pawirníti...
nach rechts ab	направо	napráwa
nach links ab	налево	nal'éwa

PHRASEN

Biegen Sie um die Ecke	Сверните за угол	ßwirníti sá ugal
IM ZOO	**В ЗООПАРКЕ**	
Sagen Sie bitte, wo befindet sich der Zoo?	Скажите, пожалуйста, где находится зоопарк?	ßkashýti, pashálußta, gd'e nachódiza saapárk?
Wann ist der Zoo geöffnet?	В какие часы открыт зоопарк?	f kakíi tschißý atkrýt saapárk?
Von wo beginnt man am besten die Besichtigung?	Откуда лучше начать осмотр?	atkúda lútschschy natschát' aßmótr?
Wo ist der Übersichtsplan des Zoos?	Где план зоопарка?	gd'e plan saapárka?
Gibt es im Zoo...?	Есть ли в зоопарке...?	jeßt' li w saapárki...?
Eisbären	белые медведи	b'élyi midw'édi
Delphine	дельфины	dil'finy
Nashörner	носороги	naßarógi
Nilpferde	бегемоты	bigimóty
Schlangen	змеи	sm'éi
Wie heißt...?	Как называется...?	kak nasywáiza...?
dieses Tier	это животное	éta shywótnaje
dieses Raubtier	этот хищный зверь	état chíschtschnyj sw'er'
dieser Vogel	эта птица	éta ptíza
Ist das...?	Это животное...?	éta shywótnaje...?
eine Amphibie	земноводное	simnawódnaje
ein Säugetier	млекопитающее	ml'ekapitájuschtschije
ein Fleischfresser	плотоядное	platajádnaje
ein Reptil	пресмыкающееся	prißmykájuschtschiiß'a
ein Grasfresser	травоядное	trawajádnaje

Was fressen...?	Чем питаются...?	tschem pitájuza...?
diese Tiere	эти животные	éti shywótnyi
diese Pelztiere	эти пушные звери	éti puschnýi sw'éri
diese Vögel	эти птицы	éti ptizy
Sind das...?	Это... птицы?	éta... ptizy?
Wasservögel	водоплавающие	wadapláwajuschtschii
Singvögel	певчие	p'éftschii
Raubvögel	хищные	chischtschnyi

WÖRTER

der Adler	орёл	ar'ól
der Affe	обезьяна	abis'jána
die Antilope	антилопа	antilópa
der Bär	медведь	midw'ét'
der Biber	бобр	bobr
der Delphin	дельфин	dil'fin
der Flamingo	фламинго	flamínga
der Fuchs	лисица	lißíza
die Gemse	серна	ß'érna
die Giraffe	жираф	shyráf
das Kamel	верблюд	wirbl'út
das Känguruh	кенгуру	kingurú
das Krokodil	крокодил	krakadíl
der Löwe	лев	l'ef
das Nashorn	носорог	naßarók
das Nilpferd	бегемот	bigimót
der Otter	выдра	wýdra
der Panther	пантера	pantéra
der Pfau	павлин	pawlín
die Robbe	тюлень	t'ul'én'

die Schildkröte	черепаха	tschiripácha
der Strauß	страус	ßtráuß
das Tier	животное	shywótnaje
der Tiger	тигр	tigr
der Vogel	птица	ptíza
das Walroß	морж	morsch
der Wolf	волк	wolk
das Zebra	зебра	s'ébra
das wilde Tier	зверь	sw'er'

IM BOTANISCHEN GARTEN / В БОТАНИЧЕСКОМ САДУ

PHRASEN

Sagen Sie bitte, wie fährt man am besten zum Botanischen Garten?	Скажите, пожалуйста, как доехать до Ботанического сада?	ßkashýti, pashálußta, kak dajéchat' da batanítschißkawa ßáda?
Wann wurde der Botanische Garten gegründet?	Когда был заложен Ботанический сад?	kagdá byl salóshyn batanítschißkij ßat?
Wie groß ist der Botanische Garten?	Какую площадь занимает Ботанический сад?	kakúju plóschtschit' sanimáit batanítschißkij ßat?
Welche Flora überwiegt im europäischen (asiatischen) Teil der UdSSR?	Какая растительность преобладает на Европейской (Азиатской) части СССР?	kakája raßtítil'naßt' priabladáit na jiwrap'éjßkaj (asiázkaj) tscháßti eß-eß-eß-ér?
Welche Baumarten sind für die UdSSR charakteristisch?	Какие породы деревьев распространены в СССР?	kakíi paródy dir'éw'jif raßpraßtraniný w eß-eß-eß-ér?
Welche... sind hier vertreten?	Какие... деревьев здесь представлены?	kakíi... dir'éw'jif sd'eß' priztáwliny?

immergrünen Bäume	из вечнозелёных	is w'etschnasil'ónych
Laubbäume	из лиственных	is lißtwinnych
Obstbäume	из фруктовых	iß fruktówych
Nadelbäume	из хвойных	iß chwójnych
Zitrusbäume	из цитрусовых	iß zýtrußawych
breitblättrigen Bäume	из широколиственных	iß schyrakalíßnych
Gibt es hier...?	Здесь есть...?	sd'eß' jeßt'...?
Eukalyptusbäume	эвкалипты	efkalípty
Zedern/Zirbelkiefern	кедры	k'édry
Kastanienbäume	каштаны	kaschtány
Was ist das für...?	Что это за...?	schto éta sa...?
ein Baum	дерево	d'ériwa
ein Strauch	кустарник	kußtárnik
ein Gewächs	растение	raßt'énije
eine Blume	цветок	zwitók
Wo ist die Heimat dieser Pflanze?	Где родина этого растения?	gd'e ródina étawa raßt'énija?
Wie hoch ist dieser Baum?	Какая высота этого дерева?	kakája wyßatá étawa d'ériwa?
Welchen Umfang hat der Baumstamm?	Какой охват ствола дерева?	kakój achwát ßtwalá d'ériwa?
Wie alt ist dieser Baum?	Сколько лет этому дереву?	skól'ka l'et étamu d'ériwu?

■ WÖRTER

der Baum	дерево	d'ériwa
der immergrüne Baum	вечнозелёное ~	w'etschnasil'ónaje ~
der Laubbaum	лиственное ~	lißtwinnaje ~
der Nadelbaum	хвойное ~	chwójnaje ~
der breitblättrige Baum	широколистное ~	schyrakalíßnaje ~
der Zitrusbaum	цитрусовое ~	zýtrußawaje ~

die Baumart	порода дерева	paróda d'ériwa
die Blume	цветок	zwitók
der Garten	сад	ßat
der botanische Garten	ботанический ~	batanítschißkij ~
die Kastanie	каштан	kaschtán
die Pflanze	растение	raßt'énije
der Strauch, das Gesträuch	кустарник	kußtárnik
die Vegetation	растительность	raßtítil'naßt'
die Zirbelkiefer/Zeder	кедр	k'edr

THEATER. KONZERT. ZIRKUS. KINO — ТЕАТР. КОНЦЕРТ. ЦИРК. КИНО

▲ INFORMATION
● PHRASEN
■ WÖRTER

▲ INFORMATION

Während Ihres Aufenthalts in der UdSSR sollten Sie unbedingt eine Theatervorstellung oder einen Auftritt eines der vielzähligen Musik- oder Tanzkollektive besuchen. Weltbekannt sind die Operntruppen des Staatlichen Akademischen Bolschoi-Theaters der UdSSR, des Leningrader Theaters für Oper und Ballett «S. M. Kirow», die Truppen der Opern- und Ballett-Theater der Unionsrepubliken sowie das Staatliche Volkstanzensemble unter Leitung von Igor Moissejew, das Staatliche Tanzensemble «Berjoska», der Russische Pjatnizki-Volkschor und andere Ensembles. Zu einem unvergeßlichen Erlebnis kann für Sie auch ein Besuch des Zirkus auf den Leninbergen und des Puppentheaters unter der Leitung von Sergej Obraszow werden.

Karten für das Theater oder andere Kulturveranstaltungen kann man im Servicebüro Ihres Hotels bestellen oder an den Kassen der Theater und Konzertsäle wie auch in den Theaterkassen-Kiosken in oder neben den Metrostationen und in der Stadt kaufen.

An den Wochenenden und an Fest- und Feiertagen finden in den Theatern und Konzertsälen außer den Abend- auch Tagesvorstellungen statt. Die Zeit des Beginns der Vorstellungen ist auf der Rückseite der Eintrittskarten angegeben. Gewöhnlich beginnen die Theatervorstellungen in Moskau um 19.00 und in Leningrad um 19.30 Uhr. Die Konzerte beginnen um 19.30 Uhr.

Im Foyer der Theater oder Konzertsäle kann man vor Beginn der Veranstaltung Programme erwerben. Nach dem dritten Klingelzeichen ist der Eintritt untersagt. Wer sich verspätet, kann bis zur ersten Pause auf den Rängen Einlaß finden. In der Garderobe kann man ein Opernglas für ein Entgelt von 30 bis 35 Kopeken ausleihen.

● PHRASEN

THEATER. KONZERT. ZIRKUS — ТЕАТР. КОНЦЕРТ. ЦИРК

Ich will (Wir wollen)... gehen	Я хочу (Мы хотим) пойти...	ja chatschú (my chatím) pajtí...
ins Theater	в театр	f tiátr

in die Oper	в оперу	w ópiru
in den Zirkus	в цирк	f zyrk
ins Ballett	на балет	na bal'ét
ins Konzert	на концерт	na kanzért
Wo kann man sich einen Theaterspielplan ansehen?	Где можно посмотреть репертуар театров?	gd'e móshna paßmatr'ét' ripirtuár tiátraf?
Welchen Film (welches Theaterstück) empfehlen Sie mir?	Какой фильм (спектакль) вы советуете посмотреть?	kakój fil'm (ßpiktákl') wy ßaw'étuiti paßmatr'ét'?
Was wird heute im Theater gespielt?	Что идет сегодня в театре?	schto id'ót ßiwódn'a f tiátri?
Wo ist die Kasse?	Где касса?	gd'e káßßa?
Gibt es Karten...?	Есть ли билеты...?	jeßt' li bil'éty...?
für heute	на сегодня	na ßiwódn'a
für heute abend	сегодня на вечер	ßiwódn'a na w'étschir
für morgen	на завтра	na sáftra

Geben Sie mir bitte ein Programm!	Дайте, пожалуйста, программку!	dajti, pashálußta, pragrámku!
Wie lange dauert die Pause?	Сколько продлится антракт?	ßkól'ka pradlíza antrákt?
Von wem ist das Stück?	Кто автор пьесы?	kto áftar p'jéßy?

Wer singt (tanzt) die Partie?	Кто исполняет партию?	kto ißpaln'áit pártiju?
Wer ist der Solist?	Кто солист?	kto ßalíßt?
Wer ist Ihr...?	Кто ваш любимый...?	kto wasch l'ubímyj...?
Lieblingskomponist	композитор	kampasítar
Lieblingspianist	пианист	pianíßt
Mir gefällt...	Мне нравится...	mn'e nráwiza...
dieser Schauspieler	этот актёр	état akt'ór
dieser Sänger (diese Sängerin)	этот певец (эта певица)	état piw'éz (éta piwíza)
Wer...?	Кто...?	kto...?
dirigiert	дирижирует	dirishýruit
begleitet	аккомпанирует	akampaníruit
Hat Ihnen... gefallen?	Вам понравился (понравилась) *...?	wam panráwilß'a (panráwilaß') *...?
das Stück	спектакль	spiktákl'
das Konzert	концерт	kanzért
der Sänger (die Sängerin)	певец (певица) *	piw'éz (piwíza) *
der Schauspieler (die Schauspielerin)	актёр (актриса) *	akt'ór (aktríßa) *
Das ist eine... Aufführung	Это... спектакль	éta... ßpiktákl'
[sehr] gute	[очень] хороший	[ótschin'] charóschyj
interessante	интересный	intir'éßnyj
moderne	современный	ßawrim'énnyj
lustige	весёлый	wiß'ólyj
schlechte	плохой	plachój
Wieviel kostet eine Eintrittskarte?	Сколько стоит билет?	ßkól'ka ßtóit bil'ét?

Geben Sie mir zwei (fünf) Eintrittskarten für heute (morgen)... Uhr	Дайте мне два (пять) билета (билетов) на сегодня (завтра) на... часов	dájti mn'e dwa (p'at') bil'éta (bil'étaf) na ßiwódn'a (sáftra) na... tschißóf
Geben Sie mir eine Karte...	Дайте мне билет...	dájti mn'e bil'et...
für das Parkett	в партер	f partér
ziemlich weit vorn	поближе к сцене	pablíshy k ßzéni
für die Loge	в ложу	w lóshu
Wo ist...?	Где...?	gd'e...?
die Garderobe	гардероб	gardiróp
die Toilette	туалет	tual'ét
Wo kann man rauchen?	Где место для курения?	gd'e m'éßta dl'a kur'énija?
Wo sind unsere Plätze?	Где наши места?	gd'e náschy mißtá?
Wie kommt man...?	Как пройти...?	kak prajtí...?
ins Parkett	в партер	f partér
in die Loge	в ложу	w lóshu
auf den Rang	на балкон	na balkón
Zeigen Sie uns bitte unsere Plätze	Покажите, пожалуйста, наши места	pakashýti, pashálußta, náschy mißtá
Welche ausländischen... sind gegenwärtig in der UdSSR auf den Gastspielen?	Какие зарубежные... выступают в СССР сейчас?	kakíi sarub'éshnyi... wyßtupájut w eß-eß-eß-ér ßitscháß?
Ensembles	ансамбли	anßámbli
Musiker	музыканты	musykánty
Theater	театры	tiátry

WÖRTER

der Anschlag	афиша	afischa
die Arie	ария	árija
die Aufführung	представление	priztawl'énije
der Balkon	балкон	balkón
die Ballerina, die Ballettänzerin	балерина	baliréna
die Ballettgruppe	кордебалет	kardebal'ét
der Ballettmeister	балетмейстер	balitm'éjßtir
der Bariton	баритон	baritón
der Baß	бас	baß
die Begleitung	аккомпанемент	akampanim'ént
der Beifall	аплодисменты	apladißm'énty
die Bühne	сцена	ßzéna
der Chor	хор	chor
der Chorleiter	хормейстер	charm'éjßtir
der Clown	клоун	klóun
die Dekoration	декорация	dikarázyja
der Dirigent	дирижёр	dirishór
das Drama	драма	dráma
der Dramatiker	драматург	dramatúrk
das Duett	дуэт	duét
die Handlung	действие	d'éjßtwije
~ des Stücks	~ пьесы	~ p'jéßy
die Hauptrolle	главная роль	gláwnaja rol'
der Jongleur	жонглёр	shangl'ór
das Klingelzeichen	звонок	swanók
der Komponist	композитор	kampasítar
der Kontraalt	контральто	kantrál'ta

das Konservatorium	консерватория	kanßirwatórija
das Konzert	концерт	kanzért
die Kulissen	кулисы	kulísy
das Lied	песня	p'éßn'a
die Loge	ложа	lósha
das Lustspiel	комедия	kam'édija
die Massenszene	массовые сцены	máßßawyi ßzény
der Mezzosopran	меццо-сопрано	m'éza-ßapránа
die Musik	музыка	músyka
die Volksmusik	народная ~	narodnaja ~
die klassische Musik	классическая ~	klaßitschißkaja ~
die sinfonische Musik	симфоническая ~	ßimfanítschißkaja ~
die Jazzmusik	джазовая ~	dshásawaja ~
die Unterhaltungsmusik	эстрадная ~	eßtrádnaja ~
die moderne Musik	современная ~	ßawrim'énnaja ~
die Rockmusik	рок-~	rok-~
~ im ländlichen Stil	~ в стиле кантри	~ f stíli kántri
der Musiker	музыкант	musykánt
die Obergalerie	галёрка	gal'órka
die Oper	опера	ópira
die Operette	оперетта	apir'éta
das Opernglas	бинокль	binókl'
das Opern- (Operetten-)textbuch	либретто	libr'éta
das Orchester	оркестр	ark'éßtr
die Overtüre	увертюра	uwirt'úra

das Parkett	партер	partér
die Parkettloge	бенуар	binuár
die Pause	антракт	antrákt
der (die) Pianist(in)	пианист(ка) *	pianíst(ka) *
die Premiere	премьера	prim'jéra
der Rang	ярус	járuß
der erste Rang	бельэтаж	bilitásch
das Repertoire	репертуар	ripirtuár
die Rolle	роль	rol'
der Saal	зал	sal
der Konzertsaal	концертный ~	kanzértnyj ~
der Sänger (die Sängerin)	певец (певица) *	piw'éz (piwíza) *
der Schauspieler	актёр	akt'ór
die Schauspielerin	актриса	aktríßa
die Show	шоу	schóu
die Sinfonie	симфония	ßimfónija
der (die) Solist(in)	солист(ка) *	ßalíßt(ka) *
das Solo	соло	ßóla
der Sopran	сопрано	ßaprána
das Spiel	игра	igrá
der Statist	статист	ßtatíßt
der Tanz	танец	tániz
der Tänzer (die Tänzerin)	танцовщик (танцовщица) *	tanzófschtschik (tanzófschtschiza) *
der Tenor	тенор	t'énar
das Theater	театр	tiátr
das Schauspielhaus	драматический ~	dramatítschißkij ~

das Operntheater	оперный ~	ópirnyj ~
das Puppentheater	кукольный ~	kúkal'nyj ~
das Musiktheater	музыкальный ~	musykál'nyj
das Theaterstück	пьеса	p'jéßa
die Truppe	труппа	trúpa
die Vorstellung	спектакль	ßpiktákl'
die Abendvorstellung	вечерний ~	witschérnij ~
die Tages- (Nachmittags-)vorstellung	дневной ~	dniwnój ~
der Zaubertrick	фокус	fókuß
der Zirkus	цирк	zyrk
dirigieren	дирижировать	dirishýrawat'
eine Arie singen	исполнять арию	ißpaln'át' áriju
sich ein Ballett ansehen	смотреть балет (спектакль)	ßmatr'ét' bal'ét (ßpiktákl')
ein Gastspiel geben	гастролировать	gaßtralírawat'
sich eine Oper anhören, ansehen	слушать оперу	ßlúschat' ópiru

KINO / КИНО

● PHRASEN

Ich will (Wir wollen)...	Я хочу (Мы хотим)...	ja chatschú (my chatím)...
ins Kino gehen	пойти в кино	pajtí f kinó
uns einen guten Film ansehen	посмотреть хороший фильм	paßmatr'ét' charóschyj fil'm
Ich würde mir gern... ansehen	Я хотел(а) * бы посмотреть...	ja chat'él(a) * by paßmatr'ét'...
ein Lustspiel	кинокомедию	kinakam'édiju
einen Kriminalfilm	детектив	detektíf

eine Wochenschau	кинохронику	kinachróniku
einen Zeichentrickfilm	мультфильм	mul'tfil'm
In welchem Kino läuft dieser Film?	В каком кинотеатре идёт этот фильм?	f kakóm kínatiátri id'ót état fil'm?
Wie komme (fahre) ich zu diesem Kino?	Как пройти (проехать) к этому кинотеатру?	kak prajtí (prajéchat') k étamu kinatiátru?
Ich möchte mir gern einen Film... ansehen	Я хотел(а) * посмотреть фильм...	ja chat'él(a) * paßmatr'ét' fil'm...
des Regisseurs...	режиссёра...	rishyß'óra...
mit dem Schauspieler (der Schauspielerin)	с участием [актёра (актрисы) *]...	ß utschäßtiim [akt'óra (aktríßy) *]...
Sollte man diesen Film sich ansehen?	Этот фильм стоит посмотреть?	état fil'm ßtóit paßmatr'ét'?
Gehen wir ins Kino!	Пойдёмте в кино!	pajd'ómti f kinó!
Gibt es Karten für diesen Film?	Есть ли билеты на этот фильм?	jeßt' li bil'éty na état fil'm?
Wer hat den Film gedreht?	Кто поставил фильм?	kto paßtáwil fil'm?
In welchem Filmstudio ist dieser Film gedreht worden?	На какой киностудии снят этот фильм?	na kakój kinaßtúdii ßn'at état fil'm?
Von wem ist das Drehbuch?	Чей сценарий?	tschej ßzynárij?
Wer spielt im Film mit?	Кто играет в фильме?	kto igráit f fil'mi?
Wer ist der Kameramann?	Кто оператор?	kto apirátar?

Wer hat die Filmmusik geschrieben?	Кто написал музыку к фильму?	kto napißál músyku k fíl'mu?
Wer ist der...?	Кто...?	kto...?
Produzent	продюсер	prod'úßer
Regisseur	режиссёр	rishyß'ór
Kameramann	оператор	apirátar
Komponist	композитор	kampasítar
Drehbuchautor	сценарист	ßzynaríßt
Hat Ihnen dieser Film gefallen?	Вам понравился этот фильм?	wam panráwilß'a état fil'm?
Dieser Film hat mir (uns) (nicht) gefallen	Этот фильм мне (нам) (не) понравился	état fil'm mn'e (nam) (ni) panráwilß'a
Der Film hat mich (uns) sehr beeindruckt	Фильм произвёл на меня (нас) большое впечатление	fil'm praisw'ól na min'á (naß) bal'schóje fpitschitl'énije
Ich habe viele (wenige) sowjetische Filme gesehen	Я видел(а)* много (мало) советских фильмов	ja wídil(a)* mnóga (mála) ßaw'ézkich fil'maf
Welche DDR-(BRD-)Filme haben Sie gesehen?	Какие фильмы ГДР (ФРГ) вы видели?	kakíi fil'my ge-de-ér (fe-er-gé) wy wídili?
Welche DDR-(BRD-)Filme gefallen Ihnen?	Какие фильмы ГДР (ФРГ) вам нравятся?	kakíi fil'my ge-de-ér (fe-er-gé) wam nráw'aza?

WÖRTER

der Film	фильм	fil'm
der Spielfilm	художественный ~	chudóshyßtwinnyj ~
der Dokumentarfilm	документальный ~	dakumintál'nyj ~
der Zeichentrickfilm	мультипликационный ~	mul'tiplikazyónnyj ~
der populärwissenschaftliche Film	научно-популярный ~	naútsch-na-papul'árnyj ~

der Abenteuerfilm	приключенческий ~	prikl'utschén-tschißkij ~
der synchronisierte Film	дублированный ~	dublirawannyj ~
der Farbfilm	цветной ~	zwitnój ~
der Schwarz-Weiß-Film	чёрно-белый ~	tschórna-b'élyj ~
der Kurzfilm	короткометражный ~	karotkamitráshnyj ~
der abendfüllende Film	полнометражный ~	polnamitráshnyj ~
der mehrteilige Film	многосерийный ~	mnogaßiríj'nyj ~
der Filmregisseur	кинорежиссёр	kinarishyß'ór
der Filmschauspieler(in)	киноактёр (киноактриса) *	kinaakt'ór (kinaaktríßa) *
der Filmstar	кинозвезда	kinaswisdá
das Filmstudio	киностудия	kinaßtúdija
das Filmtheater	кинотеатр	kinatiátr
die Filmvorstellung	киносеанс	kinaßiánß
das Kino	кино	kinó
die Leinwand	экран	ekrán
das Lustspiel	кинокомедия	kinakam'édija
der Teil	серия	ß'érija
die Vorstellung	сеанс	ßiánß
die Abendvorstellung	вечерний ~	witschérnij ~
die Tagesvorstellung	дневной ~	dniwnój ~
die Wochenschau	кинохроника	kinachrónika
verfilmen	экранизировать	ekranisírawat'
vorführen	демонстрировать	dimanßtrírawat'

MUSEUM МУЗЕЙ

▲ INFORMATION
● PHRASEN
■ WÖRTER

▲ INFORMATION

In der UdSSR gibt es viele Museen und Gemäldegalerien, darunter ständige Ausstellungen. Eine ganze Reihe von ihnen ist weltbekannt, so die Tretjakow-Gemäldegalerie und das «A. S. Puschkin»-Museum für Bildende Künste in Moskau, die Ermitage und das Russische Museum in Leningrad. Verdienten Ruhm genießen auch die Gemäldegalerien in den Hauptstädten der Unionsrepubliken. In den meisten Museen gibt es ständige Ausstellungen, die stets erneuert werden. In den Museen und Ausstellungssälen werden personale und thematische, sowie Sonderausstellungen veranstaltet, in denen man Werke aus den berühmtesten Museen der Welt exponiert.

Gewöhnlich sind die Museen in der UdSSR von 10 bzw. 11 Uhr durchgehend bis 18 oder 20 Uhr geöffnet. Die Museen sind an einem, selten an zwei Tagen in der Woche geschlossen (meist am Wochenbeginn).

● PHRASEN

Ich will (Wir wollen)... besichtigen	Я хочу (Мы хотим) осмотреть...	ja chatschú (my chatím) aßmatr'ét'...
das W. I. Lenin-Museum	музей В. И. Ленина	mus'ej wladímira il'jitschá l'énina
die Tretjakow-Galerie	Третьяковскую галерею	trit'jikófßkuju galir'éju
eine Ausstellung für moderne Kunst	выставку современного искусства	wýßtafku ßawrim'énnawa ißkúßtwa
Gibt es bei Ihnen ein...?	У вас есть...?	u waß jeßt'...?
historisches Museum	исторический музей	ißtarítschißkij mys'éj
Museum für bildende Kunst	музей изобразительных искусств	mus'ej isabrasítil'nych ißkúßtf

129 MUSEUM МУЗЕЙ

Sagen Sie bitte, wo ist...	Скажите, пожалуйста, где находится...?	ßkashýti, pashálußta, gd'e nachódiza...?
die Rüstkammer	Оружейная палата	arushéjnaja paláta
das «A. S. Puschkin»-Museum für Bildende Kunst	музей изобразительных искусств им. Пушкина	mus'éj isabrasítil'nych ißkúßtf ímini púschkina
Ich möchte... besichtigen	Я хочу посетить...	ja chatschú paßitít'...

das Lew-Tolstoi-Museum	дом-музей Льва Толстого	dom-mus'éj l'wa talßtówa
die Museumwohnung Puschkins	музей-квартиру Пушкина	mus'éj-kwartíru púschkina
das Tschechow-Museum	дом-музей Чехова	dom-mus'éj tschéchawa
eine Fotoausstellung	фотовыставку	fotawýßtafku
Welche Ausstellungen sind gegenwärtig geöffnet?	Какие сейчас открыты выставки?	kakíi ßitscháß atkrýty wýßtafki?
Wo sind Werke von... ausgestellt?	Где выставлены произведения...?	gd'e wýßtawliny praiswid'énija...?
Ich interessiere mich für...	Меня интересует...	min'á intirißúit...
die sowjetische bildende Kunst	советское изобразительное искусство	ßaw'ézkaje isabrasítil'naje ißkúßtwa
die altrussische Kunst	древнерусское искусство	dr'ewnirúßkaje ißkúßtwa

die russische angewandte Kunst	русское прикладное искусство	rúßkaje prikladnóje ißkúßtwa
Grafik	графика	gráfika
die Bildhauerkunst	скульптура	ßkul'ptúra
die antike Kunst	искусство античности	ißkúßtwa antítschnaßti
die mittelalterliche Kunst	искусство средневековья	ißkúßtwa ßr'edniwików'ja
die Kunst der Renaissance	искусство Возрождения	ißkúßtwa wasrashd'énija
Wieviel kostet...?	Сколько стоит...?	ßkól'ka ßtóit...?
eine Eintrittskarte	входной билет	fchadnój bil'ét
ein Museumsführer	путеводитель по музею	putiwadítil' pa mus'éju
ein Ausstellungskatalog	каталог выставки	katalók wýßtafki
ein Postkartensatz	набор открыток	nabór atkrýtak
Haben Sie einen Museumsführer (einen Katalog, Reproduktionen) in Russisch (Deutsch, Englisch)?	У вас есть путеводитель (каталог, репродукции) на русском (немецком, английском) языке?	u waß jeßt' putiwaditil' (katalók, ripradúkzyi) na rúßkam (nim'ézkam, anglijßkam) jisyk'é?
Wir benötigen einen Museumsführer, der Deutsch spricht	Нам нужен экскурсовод, говорящий по-немецки	nam núshyn ekßkurßawót, gawar'áschtschij panim'ézki
Sagen Sie bitte, darf man hier fotografieren?	Скажите, пожалуйста, можно ли здесь фотографировать?	ßkashýti, pashálußta, móshna li sd'eß' fatagrafírawat'?
Von wem ist...?	Кто автор...?	kto áftar...?
das Gemälde	картины	kartíny
die Skulptur	скульптуры	ßkul'ptúry
Wann hat er gelebt?	Когда он жил?	kagdá on shyl?

Zu welcher Schule gehört er?	К какой школе он принадлежит?	k kakój schkóli on prinadlishýt?
Ist das das Original (eine Kopie)?	Это оригинал (копия)?	éta ariginál (kópija)?
Was ist das Sujet...?	Какой сюжет этой...?	kakój ß'ushét étaj...?
dieses Gemäldes	картины	kartíny
dieser Ikone	иконы	ikóny
dieses Wandgemäldes	фрески	fr'éßki

Mir gefällt...	Мне нравится эта...	mn'e nráwiza éta...
dieses Bild	картина	kartína
diese Plastik	скульптура	ßkul'ptúra
Gibt es im Museum Bilder von...?	Есть ли в музее картины...?	jeßt' li w mus'éi kartíny...?
Rembrandt	Рембрандта	rémbranta
Tizian	Тициана	tizyána
Meistern der Renaissance	мастеров Ренессанса	maßtiróf rinißánßa
den Impressionisten	импрессионистов	imprißianíßtaf
modernen Malern	современных мастеров	ßawrim'énnych maßtiróf
russischen (sowjetischen) Malern	русских (советских) художников	rúßkich (ßaw'ézkich) chudóshnikaf
den Wanderausstellern	передвижников	piridwíshnikaf
Wo ist der Saal der ... Malerei?	Где зал... живописи?	gd'e sal... shýwapißi?
russischen	русской	rúßkaj
sowjetischen	советской	ßaw'ézkaj
französischen	французской	franzúßkaj
holländischen	голландской	galánßkaj
flämischen	фламандской	flamánßkaj
spanischen	испанской	ißpánßkaj
italienischen	итальянской	ital'jánßkaj

WÖRTER

die Abteilung	отдел	add'él
das Aquarell	акварель	akwar'él'
die Ausstellung	выставка	wýßtafka
der Ausstellungssaal	выставочный зал	wýßtawatschnyj sal
das Bild, das Gemälde	картина	kartína

der Bildhauer	скульптор	ßkúl'ptar
die Eintrittskarte	входной билет	fchadnój bil'ét
die Exkursion	экскурсия	ekßkúrßija
der Exkursionsführer	экскурсовод	ekßkurßawót
das Exponat	экспонат	ekßpanát
die Exposition	экспозиция	ekßpasízyja
die Fotokunst	фотоискусство	fotaißkúßtwa
die Gemäldegalerie	галерея	galir'éja

der Gobelin	гобелен	gabil'én
die Grafik	графика	gráfika
die Ikone	икона	ikóna
die Ikonenmalerei	иконопись	íkanapiß'
der Impressionismus	импрессионизм	imprißianísm
die Keramik	керамика	kirámika
die Landschaft, das Landschaftsbild	пейзаж	pijsásch
die Kopie	копия	kópija
die Kunst	искусство	ißkúßtwa
die abstrakte Kunst	абстрактное ~	apßtráktnaje ~
die antike Kunst	античное ~	antítschnaje ~
die altrussische Kunst	древнерусское ~	dr'ewnirúßkaje ~
die westeuropäische Kunst	западноевропейское ~	sapadnajiwrap'éjßkaje ~
die bildende Kunst	изобразительное ~	isabrasítil'naje ~
die angewandte Kunst	прикладное ~	prikladnóje ~
die russische Kunst	русское ~	rúßkaje ~
die sowjetische Kunst	советское ~	ßaw'ézkaje ~
die orientalische Kunst	восточное ~	waßtótschnaje ~
das Kunstblatt, das Estampe	эстамп	eßtámp
der Künstler	художник	chudóshnik
die Malerei	живопись	shýwapiß'
die abstrakte Malerei (Bildhauerei)	абстракционизм	apßtrakzianísm

das Meisterwerk	шедевр	schydéwr
das Museum	музей	mus'éj
das historische Museum	исторический ~	ißtarítschißkij ~
das Memorialmuseum	мемориальный ~	mimariál'nyj ~
das polytechnische Museum	политехнический ~	palitichnítschißkij ~
das Heimatkundemuseum	краеведческий ~	krajiw'éttschißkij ~
das Museum für angewandte Kunst	~ прикладного искусства	~ prikladnówa ißkúßtwa
das Museum für moderne Kunst	~ современного искусства	~ ßawrim'énnawa ißkúßtwa
der Museumsführer	путеводитель по музею	putiwadítil' pa mus'éju
das Original	оригинал	ariginál
das Porzellan	фарфор	farfór
die Privatsammlung	частная коллекция	tscháßnaja kal'ékzyja
der Realismus	реализм	rialísm
die Reproduktion	репродукция	ripradúkzyja
die Sammlung	коллекция	kal'ékzyja
die Schule	школа	schkóla
das Selbstbildnis	автопортрет	aftapartr'ét
die Skulptur	скульптура	ßkul'ptúra
der Stich	гравюра	graw'úra
die Stickerei	вышивка	wýschyfka
das Stilleben	натюрморт	nat'urmórt
der Surrealismus	сюрреализм	ß'urrialísm
die Waffe	оружие	arúshyje

das Wandbild	панно	panó
das Wohnung-Museum	музей-квартира	mus’éj-kwartíra
die Zeichnung	рисунок	rißúnak
malen	заниматься живописью	sanimáza shýwapiß’ju
zeichnen	рисовать	rißawát’
zur Schule gehören	принадлежать к школе	prinadlishát’ k schkóli

EINKÄUFE ПОКУПКИ

▲ INFORMATION
● PHRASEN
■ WÖRTER

INDUSTRIEWARENGESCHÄFTE ПРОМТОВАРНЫЕ МАГАЗИНЫ

Die Kaufhäuser sind von 8 Uhr durchgehend bis 21 Uhr geöffnet. Kleinere Geschäfte haben von 10 oder 11 Uhr bis 19 oder 20 Uhr geöffnet (die Mittagspause dauert von 14 bis 15 Uhr). An Sonn- und Feiertagen bleiben sie geschlossen. Es herrschen überall feste Preise.

In der UdSSR gibt es spezialisierte Geschäfte wie z. B. «Birjusa» oder «Almas» (Juweliergeschäfte), «Malysch» (für die Kleinsten) sowie große Geschäfte und Kaufhäuser der Handelsfirmen «Detski Mir», «Wesna» u. a. Großes Interesse werden bei Ihnen bestimmt vor allem Geschäfte hervorrufen, die Andenken anbieten.

ALLGEMEINES ОБЩАЯ ЧАСТЬ

Wo ist...?	Где находится... магазин?	gd'e nachódiza... magasín?
das Kaufhaus	универсальный	uniwirßál'nyj
ein Industriewarengeschäft	промтоварный	promtawárnyj
Wann öffnet (schließt) das Geschäft?	В котором часу открывается (закрывается) магазин?	f katóram tschißú atkrywáiza (sakrywáiza) magasín?
Wo ist hier die Abteilung für...?	Где здесь отдел...?	gd'e sd'eß' add'él...?
Andenken	сувениров	ßuwiníraf
Rundfunktechnik	радиотоваров	radiatawáraf
Sportwaren	спорттоваров	ßporttawáraf
Wo kann man... kaufen?	Где можно купить..?	gd'e móshna kupít'...?
Ich möchte... kaufen	Я хочу купить...	ja chatschú kupít'...

Ich brauche...	Мне нужно...	mn'e núshna
Zeigen Sie mir bitte...	Покажите, пожалуйста,...	pakashýti, pashálußta,...
Kann ich bitte mal... sehen?	Дайте, пожалуйста, посмотреть...	dájti, pashálußta, paßmatr'ét'...
Was kostet das?	Сколько это стоит?	ßkól'ka éta ßtóit?
Bekommen Sie das Geld, oder muß ich zur Kasse?	Платить вам или в кассу?	platít' wam íli f káßßu?
Wo ist die Kasse?	Где касса?	gd'e káßßa?
Packen Sie das bitte ein. Danke	Упакуйте это, пожалуйста. Спасибо	upakújti éta, pashálußta. ßpaßíba

■ WÖRTER

die Abteilung	отдел	add'él
der Ausgang	выход	wýchat
der Eingang	вход	fchot

die Kasse	касса	káßßa
der Kassenzettel	чек	tschek
der Kassierer	кассир	kaßßír
der Kauf	покупка	pakúpka
der Käufer	покупатель	pakupátil'
das Kaufhaus	универмаг	uniwirmák
der Ladentisch	прилавок	priláwak
der Preis	цена	zená
der Verkäufer	продавец	pradaw'éz
die Verkäuferin	продавщица	pradafschtschíza
die Ware	товар	tawár
bezahlen	платить	platít'
kaufen	купить	kupít'

BEZEICHNUNG DER ABTEILUNGEN IM KAUFHAUS	НАЗВАНИЯ ОТДЕЛОВ В УНИВЕРМАГЕ
ПАРФЮМЕРИЯ	**PARFÜM UND KOSMETIKARTIKEL**
ГРАМПЛАСТИНКИ	**SCHALLPLATTEN**
РАДИО-, КИНО-, ФОТОТОВАРЫ	**RUNDFUNK-, FILM- UND FOTOWAREN**
МЕХА	**PELZWAREN**
ЧАСЫ	**UHREN**
СУВЕНИРЫ	**ANDENKEN**
ОДЕЖДА ДЛЯ ЖЕНЩИН	**DAMENBEKLEIDUNG**
ОДЕЖДА ДЛЯ МУЖЧИН	**HERRENBEKLEIDUNG**
ГОЛОВНЫЕ УБОРЫ	**KOPFBEDECKUNGEN**
ГАЛАНТЕРЕЯ	**KURZWAREN**

КОВРЫ	**TEPPICHE**
ФАРФОР; ХРУСТАЛЬ	**PORZELLAN; KRISTALL**
ТЮЛЬ	**TÜLL**
ПРЯЖА	**GARN**
ЧУЛКИ, НОСКИ	**STRÜMPFE, SOCKEN**
ТКАНИ	**STOFFE**
МУЖСКАЯ ОБУВЬ	**HERRENSCHUHE**
ЖЕНСКАЯ ОБУВЬ	**DAMENSCHUHE**
ПОСТЕЛЬНОЕ БЕЛЬЕ	**BETTWÄSCHE**
ЮВЕЛИРНЫЕ ИЗДЕЛИЯ	**SCHMUCKWAREN**
ЭЛЕКТРОТОВАРЫ	**ELEKTROWAREN**

ANDENKEN СУВЕНИРЫ

▲ INFORMATION

In den Andenkengeschäften gibt es eine große Auswahl von Erzeugnissen verschiedener russischer Kunstgewerbe. Bemalte **Chochloma-Holzerzeugnisse** gab es schon im 17. Jahrhundert im heutigen Gebiet Gorki. Die Bezeichnung rührt vom Dorf Chochloma her, wo hölzerne Gefäße, Löffel und Möbel hergestellt und mit feinen, in roten, schwarzen und goldenen Farbtönen gehaltenen Pflanzenornamenten bemalt wurden.

Die Palech-Miniaturmalerei wird seit dem Jahr 1923 in der Siedlung Palech (Gebiet Iwanowo) gepflegt. Hier handelt es sich um eine russische Miniaturmalerei auf lackierten Gegenständen aus Papiermaché (Kästchen, Schatullen, Puderdosen usw.). Die poetische Märchenhaftigkeit der Palech-Miniaturen geht auf die Traditionen der russischen Ikonenmalerei zurück. Die Palech-Erzeugnisse weisen Sujets aus der Literatur, aus Märchen und Sagen wie aus der Gegenwart auf.

Die Keramik aus Gshel wird in Keramikbetrieben in der Umgebung der Eisenbahnstation Gshel (Gebiet Moskau) hergestellt. Dieses Gewerbe ist in Gshel seit uralten Zeiten bekannt, doch hat es sich erst im 18. Jahrhundert endgültig herausgebildet. Die einfachen Keramikerzeugnisse — originell mehrfarbig bemalte Kwaßkrüge, Teller, Nippsachen usw. — weisen die Farbkombination von Weiß und Blau auf.

Rostower Email wird in Rostow (Gebiet Jaroslawl) seit dem 18. Jahrhundert hergestellt. Das sind Broschen, Anhänger, Ohrringe und Andenken mit dekorativen Darstellungen von Blumen und Landschaften, ausgeführt in durchsichtigen Farben auf emaillebedeckten Kupfergegenständen.

PHRASEN

Zeigen Sie mir bitte... mit Chochloma-Malerei	Покажите, пожалуйста,... с хохломской росписью	pakashýti, pashálußta,... ß chachlamßkój róßpiß'ju
Löffel	ложки	lóschki
Geschirr	посуду	paßúdu
Ich möchte gern... aus Palech	Я хотел(а) * бы палехский (палехскую) *...	ja chat'él(a) * by pálichßkij (pálichßkuju) *...
ein Zigarettenetui	портсигар	partßigár
eine Schatulle	шкатулку *	schkatúlku *
eine Puderdose	пудреницу *	púdrinizu *

Was haben sie an Keramik aus Gshel?	Что вы можете предложить из гжельской керамики?	schto wy móshyti pridlashýt' is gshél'ßkaj kirámiki?
Mir gefällt...	Мне нравится...	mn'e nráwiza...
dieser Samowar	этот самовар	état ßamawár
diese Schüssel	это блюдо	éta bl'úda
dieser Teller	эта тарелка	éta tar'élka
diese Zuckerdose	эта сахарница	éta ßácharniza
Ich möchte gern... aus Rostower Email	Мне хотелось бы... из ростовской финифти	mn'e chat'élaß' by... is raßtófßkaj finífti
eine Brosche	брошь	brosch
einen Anhänger	кулон	kulón
Ohrringe	серьги	ß'ér'gi
Haben Sie Ohrringe zu dieser Brosche?	Есть ли у вас серьги к этой броши?	jeßt' li u waß ß'ér'gi k étaj bróschy?
Sagen Sie bitte, haben Sie... aus Wologdaer Spitze?	Скажите, пожалуйста, есть ли у вас... из вологодских кружев?	ßkashýti, pashálußta, jeßt' li u waß... is walagózkich krúshyf?
einen Kragen	воротник	waratník
Manschetten	манжеты	manshéty
Ich nehme das	Я беру это	ja birú éta
Was macht das?	Сколько это стоит?	ßkól'ka éta ßtóit?
Danke. Auf Wiedersehen	Спасибо. До свидания	ßpaßíba. da ßwidánija

ELEKTROWAREN — ЭЛЕКТРОТОВАРЫ

PHRASEN

Haben Sie...?	У вас есть в продаже...?	u waß jeßt' f pradáshy...?
elektrische Samoware	электросамовары	el'ektraßamawáry
Warmluftventilatoren	тепловентиляторы	t'eplawintil'átary
Ölradiatoren	масляные радиаторы	máßlinyi radiátary
Welche Spannung hat...?	Какое напряжение...?	kakóje naprishénije...?
dieses Bügeleisen	у этого утюга	u étawa ut'ugá
diese Kaffeemühle	у этой кофемолки	u étaj kafimólki
dieser Rasierapparat	у этой электробритвы	u étaj el'ektrabrítwy
Gibt es dazu eine Bedienungsanleitung?	К нему (К ней) * есть руководство по эксплуатации?	k nimú (k n'ej) * jeßt' rukawóztwa pa ekßpluatázyi?
Wieviel kostet das?	Сколько это стоит?	ßkól'ka éta ßtóit?

WÖRTER

die Bohnermaschine	полотёр	palat'ór
der Elektrobohrer	электродрель	el'ektradr'él'
der Elektrokamin	электрокамин	el'ektrakamín
die Elektro-Handhobelmaschine	электрорубанок	el'ektrarubának
die Elektrosäge	электропила	el'ektrapilá
der Entsafter	соковыжималка	ßokawyshymálka
die Kaffeemaschine	кофеварка	kafiwárka
die Kaffeemühle	кофемолка	kafimólka
der Kühlschrank	холодильник	chaladíl'nik
der Staubsauger	пылесос	pylißóß

der elektrische Fleischwolf	электрическая мясорубка	eliktrítschißkaja mißarúpka
die elektrische Heizsonne	рефлектор	rifl'éktar
der elektrische Rasierapparat	электробритва	el'ektrabrítwa
der elektrische Samowar	электросамовар	el'ektraßamawár
SCHALLPLATTEN. FILM-, FOTO- UND RUNDFUNKWAREN	ГРАМПЛАСТИНКИ. КИНО-, ФОТО- И РАДИОТОВАРЫ	
Sagen Sie bitte, haben Sie Schallplatten mit...	Скажите, пожалуйста, у вас есть пластинки с записью...?	ßkashýti, pashálußta, u waß jeßt' plaßtínki s sápiß'ju...?
Konzerten von Tschajkowski	концертов Чайковского	kanzértaf tschijkófßkawa
der Oper «Fürst Igor» von Borodin	оперы Бородина «Князь Игорь»	ópiry baradiná kn'aß' ígar'
moderner sowjetischer Musik	современной советской музыки	ßawrim'énnaj ßaw'ézkaj músyki
sowjetischer Rockmusik	советской рок-музыки	ßaw'ézkaj rok-músyki
Darf man sich diese Schallplatte (Aufnahme) anhören?	Можно прослушать эту пластинку (запись)?	móshna praßlúschat' étu plaßtínku (sápiß')?
Ich suche... mit klassischer Musik, gespielt von Swjatoslaw Richter	Мне нужна... с записью классической музыки в исполнении Святослава Рихтера	mn'e nushná... s sápiß'ju klaßítschißkaj músyki w ißpal-n'énii ßwitasláwa ríchtera
eine Kassette	кассета	kaßß'éta

PHRASEN

eine Schallplatte	пластинка	plaßtínka
Ich suche...	Мне нужен...	mn'e núshyn...
ein Tonbandgerät	магнитофон	magnitafón
ein Kofferradio	транзистор	transíßtar
einen Plattenspieler	проигрыватель	praígrywatil'
einen Autokassettenrecorder	автомобильный магнитофон	aftamabíl'nyj magnitafón
Kann ich mal hören, wie er (es) spielt?	Можно прослушать, как он работает?	móshna praßlúschat', kak on rabótait?
Was kostet...?	Сколько стоит...?	ßkól'ka ßtóit...?
die Deka-Anlage	дека	déka
der Verstärker	усилитель	ußilítil'
das Mikrophon	микрофон	mikrafón
Ich möchte gern... kaufen	Я хотел(а) * бы купить...	ja chat'él(a) * by kupít'...
einen Fotoapparat	фотоаппарат	fotaaparát
ein Radiogerät	радиоприёмник	radiaprijómnik
Von welchem Typ ist dieser Fotoapparat?	Какой марки этот фотоаппарат?	kakój márki état fotaaparát?
Wo ist er hergestellt?	Чьё это производство?	tschjo éta praiswóztwa?
Erklären Sie mir bitte, wie... funktioniert	Объясните, пожалуйста, как работает...	abjißníti, pashálußta, kak rabótait...
der Fotoapparat	фотоаппарат	fotaaparát
das Tonbandgerät	магнитофон	magnitafón
der Rundfunkempfänger	радиоприёмник	radiaprijómnik

WÖRTER

die Antenne	антенна	anténa
die Batterie	батарейка	batar'éjka

der Belichtungsmesser	экспонометр	ekßpanómitr
das Blitzlicht	вспышка	fßpýschka
die Deka-Anlage	дека	déka
das Diapositiv	слайд	ßlajt
der Film	фотоплёнка	fotapl'ónka
der Negativfilm	необратимая ~	niabratímaja ~
der Umkehr-(Dia-)film	обратимая ~	abratímaja ~
der Farbfilm	цветная ~	zwitnája ~
der Schwarz-Weiß-Film	чёрно-белая ~	tschórna-b'élaja ~
das Format	формат	farmát
das Fotopapier	фотобумага	fotabumága
die Kassette	кассета	kaßß'éta
der Lautsprecher	динамик	dinámik
die LP	диск-гигант	disk-gigánt
der Quadro-Plattenspieler	квадрофонический проигрыватель	kwadrafanítschißkij praígrywatil'
der Rundfunkempfänger	радиоприёмник	radiaprijómnik
die Schallplatte	пластинка	plaßtínka
die Singleplatte	миньон	min'jón
der Stereorecorder	стереомагнитофон	ßt'eriamagnitafón
der (Stereo-) Plattenspieler	стереопроигрыватель	ßt'eriapraígrywatil'
der Ton	звук	swuk
das Tonband	магнитофонная лента	magnitafónnaja l'énta
das Tonbandgerät	магнитофон	magnitafón
der Kassettenrecorder	кассетный ~	kaßß'étnyj ~

das Mehrspurrecorder	многодорожечный ~	mnogadaróshytschnyi ~
der Tonkopf	головка	galófka
der Transistorempfänger	транзистор	transíßtar
das Vergrößerungsgerät	увеличитель	uwilitschítil'
der Verstärker	усилитель	usilítil'
die Wellen	волны	wólny
die Mittelwellen	средние ~	ßr'édnii ~
die Langwellen	длинные ~	dlínnyi ~
die Kurzwellen	короткие ~	karótkii ~
die Ultrakurzwellen	ультракороткие ~	ultrakarótkii ~

SCHMUCKWAREN — ЮВЕЛИРНЫЕ ИЗДЕЛИЯ

Zeigen Sie mir bitte...	Покажите, пожалуйста, мне...	pakashýti, pashálußta, mn'e...
diesen Ring	это кольцо	éta kal'zó
dieses Kettchen	эту цепочку	étu zypótschku
diese Manschettenknöpfe	эти запонки	éti sápanki
diesen Armreifen	этот браслет	état braßl'ét
Ich möchte... kaufen	Я хочу купить...	ja chatschú kupít'...
einen Ring mit einem Türkis	кольцо с бирюзой	kal'zó s bir'usój
eine Granatkette	гранатовые бусы	granátawyi búßy
einen Halsschmuck aus Bernstein	ожерелье из янтаря	ashyr'él'je is jintar'á
Was können Sie als Geschenk für eine	Что вы можете предложить для	schto wy móshyti pridlashýt' dl'a pa-

Dame (einen Herrn) empfehlen?	подарка женщине (мужчине)?	dárka shénschtschini (muschtschíni)?
Wieviel Feingehalt hat das Gold (das Silber)?	Какой пробы золото (серебро)?	kakój próby sólata (ßiribró)?
Was kostet das?	Сколько это стоит?	ßkól'ka éta ßtóit?

WÖRTER

der Achat	агат	agát
der Amethyst	аметист	amitíßt
der Anhänger	кулон	kulón
der Aquamarin	аквамарин	akwamarín
das Armband	браслет	braßl'ét
der Brillant	бриллиант	briliánt
die Brosche	брошь	brosch
der Edelstein	драгоценный камень	dragazénnyj kámin'
der Feingehalt [bei Gold, Silber]	проба [золота, серебра]	próba [sólata, ßiribrá]
das Filigran	филигрань	filigrán'
der Fingerring	перстень	p'érßtin'
das Gold	золото	sólata
das weiße Gold	белое ~	b'élaje ~
der Granat	гранат	granát
die Halskette	бусы	búßy
der Halsschmuck	ожерелье	ashyr'él'je
das Karat	карат	karát
das Kettchen	цепочка	zypótschka
das Kollier	колье	kal'jé
der Nephrit	нефрит	nifrít
das Neusilber	мельхиор	mil'chiór

die Ohrringe	серьги	ß'ér'gi
der Opal	опал	apál
die Perle, die Perlen	жемчужина, жемчуг	shymtschúshyna, shémtschuk
das Platin	платина	plátina
der Ring	кольцо	kal'zó
der Rubin	рубин	rubín
der Saphir	сапфир	ßapfír
das Silber	серебро	ßiribró
der Smaragd	изумруд	isumrút
die Stulpenknöpfe	запонки	sápanki
der Topas	топаз	tapáß
der Türkis	бирюза	bir'usá

LEBENSMITTELGESCHÄFTE / ПРОДОВОЛЬСТВЕННЫЕ МАГАЗИНЫ

▲ INFORMATION

Lebensmittel können Sie in den Kaufhallen und Lebensmittelgeschäften kaufen. Erstere sind von 9 bis 21 Uhr, letztere von 8 bis 20 Uhr geöffnet. Die Mittagspause ist in allen Lebensmittelgeschäften von 13 bis 14 Uhr. Es gibt auch genossenschaftliche Geschäfte, die Fleisch und Fleischwaren, Wild, Beeren u. a. m. führen.

In Moskau wurde eine Reihe von Geschäften eröffnet, die Lebensmittel aus den einzelnen Unionsrepubliken anbieten, beispielsweise «Grusia», «Armenia», «Viru» (Estland), «Kodry» (Moldawien), «Polessje» (Belorußland) usw.

● PHRASEN

ALLGEMEINES / ОБЩАЯ ЧАСТЬ

Wo ist das nächste Lebensmittelgeschäft?	Где находится ближайший продовольственный магазин?	gd'e nachódiza blishájschyj pradawól'ßtwinnyj magasín?

Geben sie mir bitte...	Дайте мне, пожалуйста,...	dájti mn'e, pashálußta,...
ein Weißbrot	батон белого хлеба	batón b'élawa chl'éba
ein Schwarzbrot	буханку чёрного	buchánku tschórnawa
ein halbes (ein Viertel) Brot	половинку (четверть) буханки	palawínku (tschétwirt') buchánki
ein Päckchen Kaffee (Tee)	пачку кофе (чая)	pátschku kóf'e (tschája)
300 Gramm Käse	300 граммов сыра	trißta grámaf ßýra
250 Gramm Kochschinken	250 граммов ветчины	dw'éßti piddiß'át grámaf wittschiný
zehn Eier	десяток яиц	diß'átak jiíz

Wiegen Sie bitte ein Kilo... ab	Взвесьте, пожалуйста, килограмм...	wsw'éß'ti, pashálußta, kilagrám...
Äpfel	яблок	jáblak
Weintrauben	винограда	winagráda
Zitronen	лимонов	limónaf
Apfelsinen	апельсинов	apil'ßínaf
Mandarinen	мандаринов	mandarínaf
Haben Sie...?	У вас есть...?	u waß jeßt'...?
Bitte, eine Flasche...	Пожалуйста, бутылку...	pashálußta, butýlku...
Milch	молока	malaká
Saft	сока	ßóka
herben Wein	сухого вина	ßuchówa winá
Mineralwasser (Limonade)	минеральной (фруктовой) воды	minirál'naj (fruktówaj) wadý

FLEISCH- UND WURSTWAREN

МЯСНЫЕ И КОЛБАСНЫЕ ИЗДЕЛИЯ

WÖRTER

der Bauchspeck	корейка	kar'éjka
die Bockwürste	сардельки	ßardél'ki
das Bruststück	грудинка	grudínka
Gehacktes	фарш	farsch
das Hammelfleisch	баранина	baránina
das Kalbfleisch	телятина	til'átina
das Kochschinken	ветчина	wittschiná
die Leber	печень	p'étschin'
die Leberpastete	паштет из печени	pascht'ét iß p'étschini
die Nieren	почки	pótschki
das Rindfleisch	говядина	gaw'ádina

die Salami	салями	ßal'ámi
der Schinken	окорок	ókarak
das Schweinefleisch	свинина	ßwinína
der Speck	сало	ßála
die Wildpastete	паштет из дичи	pascht'ét is dítschi
die Wurst	колбаса	kalbaßá
die Kochwurst	варёная ~	war'ónaja ~
die angeräucherte Wurst	полукопчёная ~	polukaptschónaja ~
die geräucherte Wurst	сырокопчёная ~	ßyrakaptschónaja ~
die Leberwurst	ливерная ~	líwirnaja ~
die Würstchen	сосиски	ßaßíßki
die Zervelatwurst	сервелат	ßirwilát
die Zunge	язык	jisýk
GEFLÜGEL	ДОМАШНЯЯ ПТИЦА	
die Ente	утка	útka
die Gans	гусь	guß'
das Huhn	курица	kúriza
das Kücken	цыплёнок	zypl'ónak
die Pute	индейка	ind'éjka
WILD	ДИЧЬ	
der Hase	заяц	sájiz
das Haselhuhn	рябчик	r'áptschik
das Rebhuhn	куропатка	kurapátka
die Wachtel	перепел	p'éripil
das Wildschwein	кабан	kabán

■ WÖRTER

■ WÖRTER

FISCH	РЫБА	
der Aal	угорь	úgar'
der Buckellachs	горбуша	garbúscha
der Dorsch	треска	trißká
die Flunder	камбала	kámbala
die Forelle	форель	farél'
der Hecht	щука	schtschúka
der Karpfen	карп	karp
der Lachs	лосось	laßóß'
der Sibirische Lachs	сёмга	ß'ómga
der Silberhecht	хек	chek
der Sternhausen	севрюга	ßiwr'úga
der Stör	осетрина	aßitrína
der Thunfisch	тунец	tun'éz
der Wels	сом	ßom
der Kaviar	икра	ikrá
der rote Kaviar	красная ~	kráßnaja ~
der schwarze Kaviar	чёрная ~	tschórnaja ~
die Fischkonserven	рыбные консервы	rýbnyi kanß'érwy
Lachs im eigenen Saft	лосось в собственном соку	laßóß' f ßópßtwinam ßakú
die Sardinen	сардины	ßardíny
die Sprotten	шпроты	schpróty
die Garnelen	креветки	kriw'étki
der Kalmar, der Tintenfisch	кальмар	kal'már
die Krabben	крабы	kráby

■ WÖRTER

MILCHWAREN. EIER	МОЛОЧНЫЕ ПРОДУКТЫ. ЯЙЦА	
die Azidophilus-milch	ацидофилин	azydafilín
die Butter	масло	máßla
der Käse	сыр	ßyr
Russischer ~	российский ~	raßijßkij ~
Holländischer ~	голландский ~	galánßkij ~
Schweizer ~	швейцарский ~	schwijzárßkij ~
Poschechoner ~	пошехонский ~	paschychónßkij ~
Bukowiner ~	буковинский ~	bukawínßkij ~
Litauischer ~	литовский ~	litófßkij ~
Schmelzkäse	плавленый ~	pláwlinyj ~
Cheddarkäse	~ чеддер	~ tschéder
der Kefir	кефир	kifír
die Mayonnaise	майонез	majanéß
die Milch	молоко	malakó
der Quark	творог	twarók
die gedämpfte Sauermilch	ряженка	r'áshynka
die saure Milch	простокваша	praßtakwáscha
die saure Sahne	сметана	ßmitána
die Eier	яйца	jájza
Hühnereier	куриные ~	kurínyi ~
Wachteleier	перепелиные ~	piripilínyi ~

■ WÖRTER

GEMÜSE. GRÜNZEUG	ОВОЩИ. ЗЕЛЕНЬ	
die Auberginen	баклажаны	baklashány
die Bohnen	бобы	babý

Erbsen (*grüne*)	зелёный горошек	sil'ónyj garóschyk
die Gurken	огурцы	agurzý
Kartoffeln	картофель	kartófil'
der Knoblauch	чеснок	tschißnók
der Kohl	капуста	kapúßta
der Blumenkohl	цветная ~	zwitnája ~
der Rotkohl	краснокочанная ~	kraßnaka-tschánnaja ~
der Kopfkohl	кочанная ~	katschánnaja ~
der Rosenkohl	брюссельская ~	br'ußél'ßkaja ~
der Kürbis	тыква	týkwa
der Melonenkürbis	кабачок	kabatschók
die Mohrrübe	морковь	markóf'
die Paprikaschote	перец	p'ériz
scharfer Paprika	острый ~	óßtryj ~
süßer Paprika	сладкий ~	ßlátkij ~
die Petersilie	петрушка	pitrúschka
das Radieschen	редиска	ridíßka
der Rettich	редька	r'ét'ka
die Rübe (*rote*)	свёкла	ßw'ókla
die Rübe	репа	r'épa
der Salat	салат	ßalát
der Sauerampfer	щавель	schtschiw'él'
die Schnittbohnen	фасоль	faßól'
der Sellerie	сельдерей	ßil'dir'éj
der Spinat	шпинат	schpinát
die Tomaten	помидоры	pamidóry

WÖRTER

OBST. BEEREN	ФРУКТЫ. ЯГОДЫ	
die Ananas	ананас	ananáß
der Apfel	яблоко	jáblaka
die Apfelsine	апельсин	apil'ßín
die Aprikose	абрикос	abrikóß
die Banane	банан	banán
die Birne	груша	grúscha
die Erdbeere	клубника	klubníka
die Himbeere	малина	malína
Johannisbeeren	смородина	ßmaródina
rote ~	красная ~	kráßnaja ~
schwarze ~	чёрная ~	tschórnaja ~
die Mandarine	мандарин	mandarín
der Pfirsich	персик	p'érßik
die Pflaume	слива	ßlíwa
die Quitte	айва	ajwá
die Sauerkirsche	вишня	wíschn'a
die Süßkirsche	черешня	tschir'éschn'a
die Weintrauben	виноград	winagrát
die Zitrone	лимон	limón
die Wassermelone	арбуз	arbúß
die Zuckermelone	дыня	dýn'a

WÖRTER

DÖRROBST	СУХОФРУКТЫ	
Backpflaumen	чернослив	tschirnaßlíf
Feigen	инжир	inshýr
Rosinen	изюм	is'úm
gedörrte Aprikosen	курага	kuragá

BROT. SÜßIGKEITEN — ХЛЕБ. СЛАДОСТИ

WÖRTER

das Brot	хлеб	chl'ep
Schwarzbrot	чёрный ~	tschórnyj ~
Weißbrot	белый ~	b'élyj ~
Roggenbrot	ржаной ~	rshynój ~
das Brötchen	булочка	búlatschka
der Brotlaib	буханка хлеба	buchánka chl'éba
längliches Weißbrot	батон	batón
die Kekse	печенье	pitschén'je
der Kringel	бублик	búblik
die Kringel	баранки	baránki
kleine Kringel	сушки	ßúschki
das Konfekt	конфеты	kanf'éty
der Kuchen	пирог	pirók
der Pfefferkuchen	пряник	pr'ánik
das Stück Kuchen, das Törtchen	пирожное	piróshnaje
die Torte	торт	tort
die Schokolade	шоколад	schykalát
der Zwieback	сухари	ßucharí

NÄHR-UND GENUßMITTEL — БАКАЛЕЙНЫЕ ТОВАРЫ

WÖRTER

der Buchweizen	гречка	gr'étschka
die Erbsen	горох	garóch
die Graupen	крупа	krupá
der Grieß	манная ~	mánnaja ~
die Perlgraupen	перловая ~	pirlówaja ~

die Haferflocken	овсяные хлопья	afß'ányi chlóp'ja
die Hirse	пшено	pschynó
der Kaffee	кофе	kóf'e
die Makkaroni	макароны	makaróny
das Mehl	мука	muká
das Öl	масло	máßla
das Sonnenblumenöl	подсолнечное ~	patßólnitschnaje ~
das Olivenöl	оливковое ~	alífkawaje ~
der Reis	рис	riß
der Zucker	сахар	ßáchar

BÜCHER. ZEITUNGEN. ZEITSCHRIFTEN — КНИГИ. ГАЗЕТЫ. ЖУРНАЛЫ

▲ INFORMATION

Die größte Moskauer Buchhandlung «Dom Knigi» liegt am Kalinin-Prospekt. Fremdsprachige Bücher werden im Buchgeschäft «Drushba» in der Gorki-Straße sowie im Buchgeschäft «Progreß» am Subowski-Boulevard angeboten.

Die Buchgeschäfte sind von 10 bzw. 11 Uhr bis 19 bzw. 20 Uhr geöffnet, Mittagspause ist von 14 bis 15 Uhr.

In jeder Stadt der UdSSR gibt es Buch-Antiquariate. Solche Abteilungen haben auch viele Buchgeschäfte.

IN DER BUCHHANDLUNG — В КНИЖНОМ МАГАЗИНЕ

● PHRASEN

Wo ist hier die nächste Buchhandlung?	Где здесь ближайший книжный магазин?	gd'e sd'eß' blisháj-schyj kníshnyj magasín?
Ich möchte... kaufen	Я хочу купить...	ja chatschú kupít'...
einen Bildband	альбом репродукций	al'bóm ripradúkzyj

ein illustriertes Buch für Kinder	иллюстрированную книгу для детей	il'ußtrírawanuju knígu dl'a dit'éj
ein Lehrbuch der russischen Sprache	учебник русского языка	utsch'ébnik rúßkawa jisyká
ein russisch-deutsches (deutsch-russisches) Wörterbuch	русско-немецкий (немецко-русский) словарь	rúßka-nim'ezkij (nim'ézka-rúßkij) ßlawár'
Mich interessiert die... Literatur	Меня интересует... литература	min'á intirißúit... litiratúra
moderne	современная	ßawrim'énnaja
sowjetische	советская	ßaw'ézkaja
Mich interessiert die Literatur...	Меня интересует литература...	min'á intirißúit litiratúra...
der DDR	ГДР	ge-de-ér
der BRD	ФРГ	fe-er-gé
Haben Sie dieses Werk in... Sprache?	У вас есть это произведение на... языке?	u waß jeßt' éta praiswid'énije na... jisyké?
russischer	русском	rúßkam
deutscher	немецком	nim'ézkam
Wer ist Ihr Lieblingsschriftsteller?	Кто ваш любимый писатель?	kto wasch l'ubímyj pißátil'?
Mein Lieblingsschriftsteller ist...	Мой любимый писатель...	moj l'ubímyj pißátil'...
Wer ist der Autor?	Кто автор?	kto áftar?
In welchem Jahr ist diese Ausgabe erschienen?	Какого года это издание?	kakówa góda éta isdánije?
Was kostet dieses Buch?	Сколько стоит эта книга?	ßkól'ka ßtóit éta kníga?
Wer hat das übersetzt?	Чей это перевод?	tschej éta piriwót?

Ist dieses Buch ins Deutsche übersetzt worden?	Переведена ли эта книга на немецкий язык?	piriwidiná li éta kníga na nim'ézkij jisýk?
AM ZEITUNGSKIOSK	**У ГАЗЕТНОГО КИОСКА**	
Wo ist hier der nächste Zeitungskiosk?	Где ближайший газетный киоск?	gd'e blishájschyj gas'éthyj kióßk?
Geben Sie mir bitte die heutige Zeitung	Дайте мне, пожалуйста, сегодняшнюю газету	dájti mn'e, pashálußta, ßiwódnisch-n'uju gas'étu
Ist dies eine...?	Эта газета...?	éta gas'éta...?
Tageszeitung	ежедневная	jishydn'éwnaja
Wochenzeitung	еженедельная	jishynid'él'naja
Was bringen die Zeitungen?	Что пишут газеты?	schto píschut gas'éty?
Haben Sie Zeitungen (Zeitschriften) in... Sprache?	У вас есть газеты (журналы) на... языке?	u waß jeßt' gas'éty (shurnály) na... jisyk'é?
deutscher	немецком	nim'ézkam
englischer	английском	anglíjßkam
französischer	французском	franzúßkam
Welche Zeitung erscheint mit einer literarischen (Sport-) Beilage?	Какая газета выходит с литературным (со спортивным) приложением?	kakája gas'éta wychódit ß litiratúrnym (ßa ßpartíwnym) prilashéniim?
In welchen Zeitungen werden Anzeigen gedruckt?	В каких газетах печатаются объявления?	f kakích gas'étach pitschátajuza abjiw-l'énija?
Wie oft erscheint diese Zeitschrift?	Как часто выходит этот журнал?	kak tscháßta wychódit état shurnál?
Zeigen Sie mir bitte eine... Zeitschrift	Покажите, пожалуйста,... журнал	pakashýti, pashálußta,... shurnál

gesell-schafts-politische	общественно-политический	apschtschéßtwina-palitítschißkij
technische	технический	tichnítschißkij
humoristische	юмористический	jumarißtítschißkij
Sport-	спортивный	ßpartíwnyj
Darf ich mir die Modezeitschrift ansehen?	Можно посмотреть журнал мод?	móshna paßmatr'ét' shurnál mot?
Was kostet diese Zeitschrift?	Сколько стоит этот журнал?	ßkól'ka ßtóit état shurnál?
Wo kann man... kaufen?	Где можно купить...?	gd'e móshna kupít'...?
einen Stadtplan	схему города	ßch'ému górada
einen Stadtführer	путеводитель по городу	putiwadítil' pa góradu

WÖRTER

BEZEICHNUNGEN VON ABTEILUNGEN IN DER BUCHHANDLUNG — **ОТДЕЛЫ В КНИЖНОМ МАГАЗИНЕ**

ХУДОЖЕСТВЕННАЯ ЛИТЕРАТУРА	**SCHÖNGEISTIGE LITERATUR**
ДЕТСКАЯ ЛИТЕРАТУРА	**KINDERLITERATUR**
ИСКУССТВО	**KUNST**
БУКИНИСТИЧЕСКАЯ ЛИТЕРАТУРА	**ANTIQUARISCHE LITERATUR**

WÖRTER

die Abbildung	иллюстрация	il'ußtrázyja
der Bildband	альбом	al'bóm
die Auflage	тираж	tirásch
die Ausgabe	издание	isdánije
der Autor	автор	áftar
der Band	том	tom

das Buch	книга	kníga
das Kinderbuch	детская ~	d'ézkaja ~
das illustrierte Buch	иллюстрированная ~	ìl'ußtrírawanaja ~
das Bühnenstück	пьеса	p'jéßa
der Dichter	поэт	paét
die Dichtung	поэзия	paésija
der Dramatiker	драматург	dramatúrk
die Dramatik	драматургия	dramaturgíja
die Enzyklopädie	энциклопедия	enzyklap'édija
die Erzählung	рассказ	raßkáß
das Exemplar	экземпляр	eksempl'ár
das Gedicht	стихотворение	ßtichatwar'énije
der Katalog	каталог	katalók
der Kiosk	киоск	kióßk
der Kriminalroman	детектив	detektíf
der Kurzroman	повесть	pówißt'
das Lehrbuch	учебник	utschébnik
der Leser	читатель	tschitátil'
das Märchen	сказка	ßkáßka
die Novelle	новелла	nawélla
die Prosa	проза	prósa
der Prosaschriftsteller	прозаик	prasáik
der Roman	роман	ramán
der Sammelband	сборник	sbórnik
der Schriftsteller	писатель	pißátil'
die Seite	страница	ßtraníza
der Sprachführer	разговорник	rasgawórnik

der Stadtführer	путеводитель по городу	putiwadítil' pa góradu
der Stadtplan	схема города	ßch'éma górada
das Sujet	сюжет	ß'ushét
der Übersetzer	переводчик	piriwóttschik
die Übersetzung	перевод	piriwót
der Umschlag	обложка	ablóschka
der Verlag	издательство	isdátil'ßtwa
das Wörterbuch	словарь	ßlawár'
das deutsch-russische Wörterbuch	немецко-русский ~	nim'ézka-rúßkij ~
das russisch-deutsche Wörterbuch	русско-немецкий ~	rúßka-nim'ézkij ~
das erklärende Wörterbuch	толковый ~	talkówyj ~
das enzyklopädische Wörterbuch	энциклопедический ~	enzyklapidítschißkij ~
das technische Wörterbuch	технический ~	tichnítschißkij ~
die Zeitschrift	журнал	shurnál
die gesellschaftspolitische Zeitschrift	общественно-политический	apschtschéßtwina-palitítschißkij ~
die populärwissenschaftliche Zeitschrift	научно-популярный ~	naútschna-papul'árnyj ~
die illustrierte Zeitschrift	иллюстрированный ~	il'ußtrírawanyj ~
die literarische Zeitschrift	литературный ~	litiratúrnyj ~
die humoristische Zeitschrift	юмористический ~	jumarißtítschißkij ~

die technische Zeitschrift	технический ~	tichnítschißkij ~
die Modezeitschrift	~ мод	~ mot
die Zeitung	газета	gas'éta
die Sportzeitung	спортивная ~	ßpartíwnaja ~
die Wochenzeitung	еженедельная ~	jishynid'él'naja ~
die Tageszeitung	ежедневная ~	jishydn'éwnaja ~
die gesammelten Werke	собрание сочинений	ßabránije ßatschin'énij
die schöngeistige Literatur	художественная литература	chudóshyßtwinaja litiratúra
die Science-Fiction-Literatur	фантастика	fantáßtika

TABAKWAREN	**ТАБАЧНЫЕ ИЗДЕЛИЯ**	
Wo kann ich Zigaretten kaufen?	Где я могу купить сигареты?	gd'e ja magú kupít' ßigar'éty?
Haben Sie...?	У вас есть...?	u waß jeßt'...?
starke (leichte) Zigaretten	крепкие (лёгкие) сигареты	kr'épkii (l'óchkii) ßigar'éty
Mentholzigaretten	сигареты с ментолом	ßigar'éty ß mintólam
Papirossy	папиросы	papiróßy
Zigarren	сигары	ßigáry
Feuersteine	кремни для зажигалки	kr'émni dl'a sashygálki
Welche hiesigen Zigaretten können Sie mir empfehlen?	Какие сигареты национальной марки вы мне порекомендуете?	kakíi ßigar'éty nazianál'naj márki wy mn'e parikamindúiti?
Geben Sie mir bitte...	Дайте мне, пожалуйста,...	dájti mn'e, pashálußta,...

PHRASEN

das Feuerzeug	зажигалку	sashygálku
Streichhölzer	спички	ßpítschki
eine Schachtel (eine Stange) Zigaretten	пачку (блок) сигарет	pátschku (blok) ßigar'ét
die Tabakspfeife	трубку	trúpku
den Pfeifentabak	табак для трубки	tabák dl'a trúpki
das Mundstück	мундштук	munschtúk
den Aschenbecher	пепельницу	p'épil'nizu
Was kostet das?	Сколько это стоит?	ßkól'ka éta ßtóit?

■ WÖRTER

der Aschenbecher	пепельница	p'épil'niza
der Feuerstein	кремень	krim'én'
das Feuerzeug	зажигалка	sashygálka
das Mundstück	мундштук	munschtúk
die Schachtel	пачка	pátschka
die Streichhölzer	спички	ßpítschki
der Tabak	табак	tabák
die Tabakspfeife	трубка	trúpka
die Zigarre	сигара	ßigára
die Zigarette (Zigaretten)	сигарета (сигареты)	ßigar'éta (ßigar'éty)
ohne Filter	~ без фильтра	~ biß fil'tra
mit Filter	~ с фильтром	~ ß fil'tram
die Stange Zigaretten	блок сигарет	blok ßigar'ét
rauchen	курить	kurít'

BILDUNG ОБРАЗОВАНИЕ

● PHRASEN
■ WÖRTER

PHRASEN ●

Was haben Sie absolviert?	Что вы окончили?	schto wy akóntschili?
Ich habe ... absolviert	Я окончил(а) *...	ja akóntschil(a) *...
eine technische Berufsschule	ПТУ (профессионально-техническое училище)	pe-te-ú (prafißianál'na-tichnítschißkaje utschílischtsche)
eine Fachschule	техникум	t'échnikum
ein Institut, eine Hochschule	институт	inßtitút
eine Universität	университет	uniwirßit'ét
eine Aspirantur	аспирантуру	aßpirantúru
Wo studieren (lernen) Sie?	Где вы учитесь?	gd'e wy útschitiß'?
Ich studiere an einer Fachschule (an einer Hochschule, in der Aspirantur)	Я учусь в техникуме (институте, аспирантуре)	ja utschúß' f t'échnikumi (inßtitúti, aßpirantúri)
An welcher Fakultät sind Sie immatrikuliert worden?	На какой факультет вы поступили?	na kakój fakul't'ét wy paßtupíli?
Ich studiere an der... Fakultät	Я учусь на... факультете	ja utschuß' na... fakul't'éti
historischen	историческом	ißtarítschißkam
mathematischen	математическом	matimatítschißkam
philologischen	филологическом	filalagítschißkam
Welchen Beruf erlangen Sie an der technischen Be-	Какую специальность вы получите после окончания	kakúju spizyál'naßt' wy palútschiti póßli akantschánija pra-

rufsschule (der Fachschule, der Hochschule)?	профессионально-технического училища (техникума, института)?	fißianál'na-tichní-tschißkawa utschílischtscha (t'échnikuma, inßtitúta)?
Was werden Sie nach dem Abschluß der Universität?	Кем вы станете после окончания университета?	k'em wy ßtániti póßli akantschánija uniwirßit'éta?
Als was möchten (werden) Sie nach der Beendigung der... arbeiten?	Кем вы хотите (будете) работать после окончания...?	k'em wy chatíti (búditi) rabótat' póßli akantschánija...?
Schule	школы	schkóly
technischen Berufsschule	профессионально-технического училища	prafißia-nál'na-tichnítschißkawa utschílischtscha
Hochschule	института	inßtitúta
Universität	университета	uniwirßit'éta
Welche Fächer gehören zum Studienprogramm der... Hochschulen?	Какие предметы входят в программу... вузов?	kakíi pridm'éty fchód'at f pragrámu... wúsaf?
wirtschaftswissenschaftlichen	экономических	ekanamítschißkich
technischen	технических	tichnítschißkich
medizinischen	медицинских	midizýnßkich
pädagogischen	педагогических	pidagagítschißkich
Wie lange dauert ein Hochschul- (Medizin-, Musik-, Ingenieur-) studium?	Сколько лет необходимо для получения высшего (медицинского, музыкального, технического) образования?	ßkól'ka l'et niapchadíma dl'a palutschénija wýßschiwa (midizýnskawa, musykál'nawa, tichnítschißkawa) abrasawánija?
Wieviel Jahre dauert...?	Сколько лет продолжается обучение в ...?	ßkól'ka l'et pradalsháiza abutschénije w...?

das Studium an der Hochschule	институте	inßtitúti
das Direkt-(Fern-)studium in der Aspirantur	очной (заочной) аспирантуре	ótschnaj (saótschnaj) aßpirantúri
Kann man an der Hochschule (Universität) promovieren?	Есть ли аспирантура при институте (университете)?	jeßt' li aßpirantúra pri inßtitúti (uniwirßit'éti)?
Mich interessiert, ob alle Studenten [ein] Stipendium bekommen?	Меня интересует, все ли студенты получают стипендию?	min'á intirißúit, fs'e li ßtud'énty palutschájut ßtip'éndiju?
Wieviel zahlen die Studenten für die Bücher (das Wohnheim)?	Сколько студенты платят за книги (общежитие)?	ßkól'ka ßtud'énty plát'at sa knígi (apschtschishýtije)?
Wieviel Studenten wohnen im Heim in einem Zimmer?	Сколько человек живет в одной комнате в общежитии?	ßkól'ka tschilaw'ék shyw'ót w adnój kómnati w apschtschishýtii?
Wieviel Zeit verbringen die Studenten täglich an der Hochschule?	Сколько времени студенты ежедневно проводят в институте?	ßkól'ka wr'émini ßtud'énty prawód'at w inßtitúti?
Wann beginnen die Prüfungen (Ferien)?	Когда начинаются экзамены (каникулы)?	kagdá natschinájuza eksáminy (kaníkuly)?
Wie lange dauern die Ferien?	Сколько времени продолжаются каникулы?	ßkól'ka wr'émini pradalshájuza kaníkuly?
Wieviel Hochschulen (Universitäten) gibt es in der UdSSR?	Сколько в СССР институтов (университетов)?	ßkól'ka w eß-eß-eß-ér inßtitútaf (uniwirßit'étaf)?
Welche Fakultäten gibt es an dieser	Какие факультеты есть в этом инсти-	kakíi fakul't'éty jeßt' w étam inßti-

Hochschule (Universität)?	туте (университете)?	túti (uniwirßit'éti)?
Wann beginnt (endet) in den Schulen (Hochschulen, Universitäten) der Unterricht?	Когда начинаются (заканчиваются) занятия в школах (институтах, университетах)?	kagdá natschinájuza (sakántschiwajuza) san'átija f schkólach (inßtitútach, uniwirßit'étach)?
Wir würden uns gern mit den Schülern(dem Direktor, den Studenten, dem Rektor) treffen	Мы хотели бы встретиться с учениками (директором, со студентами, ректором)	my chat'éli by fstr'étiza ß utschinikámi (dir'éktaram, ßa ßtud'éntami, r'éktaram)
Wir würden uns gern [mal] das Wohnheim ansehen	Мы хотели бы побывать в общежитии	my chat'éli by pabywát' w apschtschishýtii
Wir würden gern [mal] die Bibliothek sehen	Мы хотели бы посмотреть библиотеку	my chat'éli by paßmatr'ét' bibliat'éku
das Abendstudium	вечернее отделение	witschérnije addil'énije

WÖRTER

die Abteilung wissenschaftlicher Nachwuchs, die Aspirantenabteilung	отдел аспирантуры	add'él aßpirantúry
das Akademiemitglied	академик	akad'émik
der (die) Aspirant (-in)	аспирант(ка) *	aßpiránt(ka) *
der Assistent	ассистент	aßißt'ént
die Aufnahmeprüfungen	вступительные экзамены	fßtupítil'nyi eksáminy
die Bibliothek	библиотека	bibliat'éka
der Dekan	декан	dikán
das Dekanat	деканат	dikanát
das Diplom	диплом	diplóm
der Direktor	директор	dir'éktar
die Displayklassen	дисплей-классы	dißpl'éy-kláßy
die Dissertation	диссертация	dißirtázyja
der Doktor, Dr., Dr. A.	кандидат наук	kandidát naúk
der Doktor der Wissenschaften, Dr. sc., Dr. B	доктор наук	dóktar naúk
der Dozent	доцент	dazént
die Fachschule	техникум	t'échnikum
die Ferien	каникулы	kaníkuly
die Sommerferien	летние ~	l'étnii ~
die Winterferien	зимние ~	símnii ~
das Fernstudium	заочное отделение	saótschnaje addil'énije
die Grundschule	начальная школа	natschál'naja schkóla

die Hochschule, das Forschungsinstitut	институт	inßtitút
der Hochschullehrer	преподаватель	pripadawátil'
die Klasse	класс	klaß
die Konsultation	консультация	kanßul'tázyja
das korrespondierende Mitglied der Akademie der Wissenschaften der UdSSR	член-корреспондент Академии наук СССР	tschl'en-karispand'ént akad'émii naúk eß-eß-eß-ér
das Laboratorium	лаборатория	labaratórija
der Laborunterricht	лабораторные занятия	labaratórnyi san'átija
der (die) Lehrer(in)	учитель(ница) *	utschítil'(niza) *
der Lehrstuhl	кафедра	káfidra
der Lehrstuhlleiter	заведующий кафедрой	saw'édujuschtschij káfidraj
der Lesesaal	читальный зал	tschitál'nyj sal
die Oberschule	средняя школа	ßr'édnija schkóla
die Oberste Nostrifikationskommission beim Ministerrat der UdSSR	Высшая аттестационная комиссия при Совете Министров СССР (ВАК)	wýßschaja atißtazyónnaja kamíßija pri ßaw'éti miníßtraf eß-eß-eß-ér (wak)
das ordentliche Mitglied der AdW der UdSSR	действительный член Академии наук СССР	dijßtwítil'nyj tschl'en akad'émii naúk eß-eß-eß-ér
der Professor	профессор	praf'éßar
die Prüfung	экзамен	egsámin
die Prüfungsperiode	экзаменационная сессия	egsaminazyónnaja ßéßija
der (die) Schüler(in) (in der Produktion)	ученик (ученица) *	utschiník (utschiníza) *

das Seminar	семинар	ßiminár
das Semester	семестр	ßim'éstr
das Sprachkabinett	лингафонный класс	lingafónnyj klaß
das Stipendium	стипендия	ßtip'éndija
der (die) Student(in)	студент(ка) *	ßtud'ént(ka) *
das Studenten-Konstruktionsbüro (SKB)	студенческое конструкторское бюро (СКБ)	ßtud'éntschißkaje kanßtrúktarßkaje b'uro (eß-ka-bé)
die wissenschaftliche Studentengesellschaft	Научное студенческое общество (НСО)	naútschnaje ßtud'éntschißkaje ópschtschißtwa (en-eß-ó)
das Studienjahr, das Schuljahr	учебный год	utschébnyj got
die Stunde, die Unterrichtsstunde	урок	urók
das Direktstudium	дневное отделение	dniwnóje addil'énije
die technische Berufsschule	профессионально-техническое училище	prafißianál'na-tichnítschißkaje utschílischtsche
das Testat	зачёт	satschót
die unentgeltliche (kostenlose) Bildung	бесплатное образование	bißplátnaje abrasawánije
die Universität	университет	uniwirßit'ét
der Unterricht	занятие	san'átije
die Vergünstigungen	льготы	l'góty
die Verteidigung der Dissertation	защита диссертации	saschtschíta dißirtázyi
die Videoklassen	видеоклассы	widiakláßy
die Vorbereitungsfakultät	подготовительный факультет	padgatawítil'nyj fakul'tét
die Vorlesung	лекция	l'ékzyja

der Wissenschaftler	учёный	utschónyj
das Zeugnis	аттестат	atißtát
der praktische Unterricht	практические занятия	praktítschißkii san'átija
sich mit Forschungen befassen	заниматься научными исследованиями	sanimáza naútschnymi ißßl'édawanijami
Vorlesungen halten	читать лекции	tschitát' l'ékzyi

INTERNATIONALE ZUSAMMENARBEIT
МЕЖДУНАРОДНОЕ СОТРУДНИЧЕСТВО

● PHRASEN
■ WÖRTER

SITZUNGEN. KONFERENZEN. SYMPOSIEN. KONGRESSE
ЗАСЕДАНИЯ. КОНФЕРЕНЦИИ. СИМПОЗИУМЫ. КОНГРЕССЫ

● PHRASEN

Ich bin Mitglied der Delegation...	Я член делегации...	ja tschl'én diligázyi...
aus der DDR	из ГДР	is ge-de-ér
aus der BRD	из ФРГ	iß fe-er-gé
aus Österreich	из Австрии	is áfßtrii
aus der Schweiz	из Швейцарии	iß schwijzárii
aus Luxemburg	из Люксембурга	is l'ukßimbúrga
Ich nehme an... teil	Я участвую в работе...	ja utschäßtwuju w rabóti...
der Konferenz	конференции	kanfir'énzyi
dem Symposium	симпозиума	ßimpósiuma
dem Kongreß	съезда	ßjésda
dem Seminar	семинара	ßiminára
Ich gehöre zur Kommission	Я принимаю участие в работе комиссии	ja prinimáju utscháßtije w rabóti kamíßii
Wo werden die Teilnehmer registriert?	Где проходит регистрация участников?	gd'e prachódit rigißtrázyja utscháßnikaf?
Wo ist...?	Где находится...?	gd'e nachódiza...?
das Organisationskomitee	оргкомитет	orkkamit'ét
die Kommission	комиссия	kamíßija
der Sitzungssaal	зал заседаний	sal saßidánij
Wo wird die Plenarsitzung stattfinden?	Где будет проходить пленарное заседание?	gd'e búdit prachadít' plinárnaje saßidánije?

Wann ist die Eröffnung?	Когда состоится открытие?	kagdá ßaßtaíza atkrýtije?
Wann beginnt die Vormittags- (Abend-) sitzung?	Когда начинается утреннее (вечернее) заседание?	kagdá natschináiza útrinnije (witschérnije) saßidánije?
Wie lautet die Tagesordnung?	Какая повестка дня?	kakája paw'éßtka dn'a?
Wann spricht...?	Когда выступает...?	kagdá wyßtupáit...?
Wann rede ich?	Когда я выступаю?	kagdá ja wyßtupáju?
Ich werde Russisch (Deutsch, Englisch) sprechen	Я буду говорить на русском (немецком, английском) языке	ja búdu gawarít' na rúßkam (nim'ézkam, anglíjßkam) jisyk'é
Der Vortrag wird... übersetzt	Доклад будет переведён...	daklát búdit piriwid'ón...
schriftlich	письменно	piß'minna
simultan	синхронно	ßinchrónna
Kann man die Zusammenfassung des Vortrags erhalten?	Можно получить резюме доклада?	móshna palutschít' ris'umé dakláda?
Ich brauche die... Übersetzung	Мне нужен перевод на ... язык	mn'e núshyn piriwót na ... jisýk
deutsche	немецкий	nim'ézkij
russische	русский	rúßkij
englische	английский	anglíjßkij
Dieser Kopfhörer ist defekt	Эти наушники не работают	éti naúschniki ni rabótajut
Ich höre schlecht	Я плохо слышу	ja plócha ßlýschu
Waren Sie auf der Sitzung anwesend?	Вы присутствовали на заседании?	wy prißúztwawali na saßidánii?
Ich war (nicht) anwesend	Я (не) присутствовал(а)	ja (ni) prißúztwawal(a) *

Werden Sie an dieser Sitzung teilnehmen?	Вы будете участвовать в этом заседании?	wy búditi utschá-ßtwawat' w étam saßidánii?
Welche Länder werden auf dieser Sitzung vertreten sein?	Какие страны будут представлены на этом заседании?	kakíi ßtrány búdut priztáwliny na étam saßidánii?
Welche Organisation (Firma) vertreten Sie?	Какую организацию (фирму) вы представляете?	kakúju arganisázyju (firmu) wy priztaw-l'áiti?
Ich vertrete	Я представляю...	Ja priztawl'áju...
eine Außenhandelsfirma	фирму...	firmu...
eine Vereinigung	внешнеторговое объединение	wn'eschnitargówaje abjidin'énije
ein Forschungszentrum (Forschungsinstitut)	научно-исследовательский центр (институт)	naútschna-ißßl'édawatil'ßkij zentr (inßtitút)
Verbreiten Sie dieses Dokument vor Beginn der Sitzung	Распространите этот документ до начала заседания	raßpraßtraníti état dakum'ént da natschála saßidánija
Gibt es neue Punkte auf der Tagesordnung?	Есть ли новые пункты повестки дня?	jeßt' li nówyi púnkty f paw'éßtki dn'a?
Ist dieses Dokument (diese Frage) in der vorigen Sitzung (früher) erörtert worden?	Рассматривался ли этот документ (вопрос) на предыдущем заседании (ранее)?	raßßmátriwalß'a li état dakum'ent (wapróß) na pridydúschtschim saßidánii (ránije)?
Wir haben dieses Dokument erhalten	Мы получили этот документ	my palutschili état dakum'ént
Wir haben dieses Dokument zu spät erhalten	Мы получили этот документ слишком поздно	my palutschíli état dakum'ént ßlíschkam pósna
Ich bitte ums Wort!	Прошу слова!	praschú ßlówa!
Ich habe einige...	У меня есть несколько...	u min'á jeßt' n'éßkal'ka...

Bemerkungen	замечаний	samitschánij
Fragen	вопросов	wapróßaf
Ich (wir) habe(n) keine...	У меня (нас) нет...	u min'á (naß) n'et...
Fragen	вопросов	wapróßaf
Einwände	возражений	wasrashénij
Bemerkungen	замечаний	samitschánij
Ergänzungen	дополнений	dapaln'énij
Ich bin mit... (nicht) einverstanden	Я (не) согласен с...	ja (ni) ßagláßin ß...
Ihrer Meinung	вашим мнением	wáschym mn'éniim
Ihrem Standpunkt	вашей точкой зрения (позицией)	wáschyj tótschkaj sr'énija (pasízyjej)
Ihrem Herangehen	вашим подходом	wáschym patchódam
Ihren Argumenten	вашими доводами	wáschymi dówadami
einer solchen Fragestellung (Problemstellung)	такой постановкой вопроса (проблемы)	takój paßtanófkaj wapróßa (prabl'émy)
der vorgeschlagenen Redaktion (Prozedur)	предлагаемой редакцией (процедурой)	pridlagáimaj ridákzyjej (prazydúraj)
Ihrem Vorschlag	вашим предложением	wáschym pridlashéniim
Gestatten Sie mir fortzusetzen	Разрешите мне продолжить	rasrischýti mn'e pradólshyt'
Ich schlage vor,...	Предлагаю...	pridlagáju...
die Tagesordnung zu bestätigen	утвердить повестку дня	utwirdít' paw'éßtku dn'a
diese Frage auf dem Wege des Schriftverkehrs zu lösen	решить этот вопрос путём переписки	rischýt' état wapróß put'óm piripíßki

diesen Punkt von der Tagesordnung zu streichen	исключить этот пункт из повестки дня	ißkl'utschít' état punkt iß pa-w'éßtki dn'a
dieses Dokument (diese Frage) in der nächsten Sitzung (in den eigenen Organisationen) zu erörtern	обсудить этот документ (вопрос) на следующем заседании (в своих организациях)	apßudít' état dakum'ént (wapróß) na ßl'édujuschtschim saßidánii (f ßwaích arganisázyjach)
Ich schlage vor, die Frage laut der Geschäftsordnung zu lösen	Предлагаю решить вопрос в рабочем порядке	pridlagáju rischýt' wapróß w rabótschim par'átki
Ich würde gern...	Я хотел(а) * бы...	ja chat'él(a) * by...
eine Abänderung vornehmen (eine Bemerkung machen)	сделать поправку (замечание)	sd'élat' papráfku (samitschánije)
einen Vorschlag (einen Abänderungsvorschlag) einbringen	внести предложение (поправку)	wniß'tí pridlashénije (papráfku)
eine Frage stellen	задать вопрос	sadát' wapróß
Ich bitte, meinen (diesen) Vorschlag ins Protokoll aufzunehmen	Прошу моё (это) предложение внести в протокол	praschú majó (éta) pridlashénije wnißtí f pratakól
Das ist meine persönliche Meinung	Это моё частное мнение	éta majó tscháßnaje mn'énije
Ich bitte, die Resolution (Entschließung) zu verlesen	Прошу огласить резолюцию (окончательное решение)	praschú aglaßít' risal'úzyju (akantschátil'naje rischénije)
Wie soll abgestimmt werden?	Какая процедура голосования?	kakája prazydúra galaßawánija?
Wird... abgestimmt?	Голосование будет...?	galaßawánije búdit...?

geheim	тайным	tájnym
offen	открытым	atkrýtym
nach Listen	списком	ßpíßkam
über jeden Kandidaten einzeln	по каждой кандидатуре отдельно	pa káshdaj kandidatúri add'él'na
Wann wird die Pause verkündet?	Когда будет объявлен перерыв?	kagdá búdit abjáwlin pirirýf?
Wir können diese Frage... diskutieren	Мы сможем обсудить этот вопрос...	my ßmóshym apßudít' état wapróß...
später	позже	póshshe
während der Pause	во время перерыва	wa wr'ém'a pirirýwa
während des Mittagessens	за обедом	sa ab'édam

INTERNATIONALE UND GESELLSCHAFTLICHE ORGANISATIONEN
МЕЖДУНАРОДНЫЕ И ОБЩЕСТВЕННЫЕ ОРГАНИЗАЦИИ

Mit welchen Problemen befaßt sich Ihre Organisation?	Какими проблемами занимается ваша организация?	kakími prabl'émami sanimáiza wáscha arganisázyja?
Welche Aufgaben hat diese (internationale, gesellschaftliche) Organisation?	Каковы задачи этой (международной, общественной) организации?	kakawý sadátschi étaj (mishdunaródnaj, apschtschéßtwinnaj) arganisázyi?
Wer steht an der Spitze Ihrer Organisation?	Кто возглавляет вашу организацию?	kto wasglawl'áit wáschu arganisázyju?
Wer ist der Präsident der Organisation?	Кто президент организации?	kto prisid'ént arganisázyi?

Welche leitenden Organe hat diese Organisation?	Какие руководящие органы этой организации?	kakíi rukawad'áschtschii órgany étaj arganisázyi?
Mit welchen internationalen Organisationen unterhalten Sie Kontakte?	С какими международными организациями вы поддерживаете контакты?	ß kakími mishdunaródnymi arganisázyjami wy pad-d'érshywaiti kantákty?
Beteiligt sich Ihre Organisation am Kampf für Abrüstung (an Friedensmärschen)?	Принимает ли ваша организация участие в борьбе за разоружение (в маршах мира)?	prinimáit li wáscha arganisázyja utscháßtije w bar'b'é sa rasarushénije (w márschach míra)?
In welchem Jahr fand die letzte Konferenz zu Problemen... statt?	В каком году состоялась последняя конференция по проблемам...?	f kakóm gadú ßaßtajálaß' paßl'éd-n'aja kanfir'énzyja pa prabl'émam...?
des Umweltschutzes	охраны окружающей среды	achrány akrushájuschtschij ßridý
des Gesundheitsschutzes	здравоохранения	sdrawaachran'énija
der Nutzung des Kosmos zu friedlichen Zwecken	использования космоса в мирных целях	ißpól'sawanija kóßmaßa w mírnych zél'ach
Ich würde mich gern mit dem Statut dieser Organisation vertraut machen	Я хотел(а) * бы ознакомиться с уставом этой организации	ja chat'él(a) * by asnakómiza ß ußtáwam étaj arganisázyi
Wie stehen Sie zu...?	Как вы относитесь к...?	kak wy atnóßitiß' k...?
den Gipfeltreffen	встречам на высшем уровне	fßtr'étscham na wýschschym úrawni
den Begegnungen von Spezialisten im Rahmen der wirtschaftlichen Zusammenarbeit	встречам специалистов в рамках экономического сотрудничества	fßtr'étscham ßpizyalíßtaf w rámkach ekanamítschißkawa ßatrúdnitschißtwa

den Treffen von Wissenschaftlern (Kulturschaffenden)	встречам учёных (деятелей культуры)	fßtr'étscham utschónych (d'éitilij kul'túry)
Wie denken Sie, tragen solche Treffen zur Entwicklung eines neuen politischen Denkens bei?	Как вы считаете, способствуют ли такие встречи развитию нового политического мышления?	kak wy schtschitáiti, ßpaßópßtwujut li takíi fßtr'étschi raswítiju nówawa palítschißkawa mysch-l'énija?
das Aufenthaltsprogramm	программа пребывания	pragráma pribywánija
die Diskussion	дискуссия	dißkúßija
das Forum	форум	fórum
der Informationsaustausch	обмен информацией	abm'én infarmázyjej
die Kommission	комиссия	kamíßija
die Konferenz	конференция	kanfir'énzyja
der Kongreß	съезд	ßjéßt
die Problemstellung	постановка проблемы	paßtanófka prabl'émy
das Programm	программа	pragráma
~ der Konferenz	~ конференции	~ kanfir'énzyi
~ des Forums	~ форума	~ fóruma
~ des Kongresses	~ съезда	~ ßjésda
das Seminar	семинар	ßiminár
die Sitzung	заседание	saßidánije
das Symposium	симпозиум	ßimpósium
die Tagesordnung	повестка дня	paw'éßtka dn'a
der Vortrag	доклад	daklát
der Redner, der Vortragende	докладчик	dakláttschik

die Zusammenarbeit	сотрудничество	ßatrúdnitschißtwa
die wirtschaftliche Zusammenarbeit	экономическое ~	ekanamítschißkaje ~
die internationale Zusammenarbeit	международное ~	mishdunaródnaje ~
die wissenschaftlich-technische Zusammenarbeit	научно-техническое ~	naútschna-tichnítschißkaje ~
die kulturelle Zusammenarbeit	культурное ~	kul'túrnaje ~
die Liquidierung der Massenvernichtungsmittel	ликвидация оружия массового уничтожения	likwidázyja arúshyja máßßawawa unitschtashénija
das neue politische Denken	новое политическое мышление	nówaje palití-tschißkaje mysch-l'énije
die sowjetischen Friedensinitiativen	советские мирные инициативы	ßaw'ézkii mírnyi inizyatíwy
Verhandlungen führen	вести переговоры	wißtí pirigawóry
einen Vorschlag unterbreiten	вносить предложение	wnaßít' pridlashé-nije
sich an... beteiligen	участвовать...	utscháßtwawat'...
der Bewegung der Friedensanhänger	в движении сторонников мира	w dwishénii ßta-rónikaf míra
dem Kampf für Abrüstung	в борьбе за разоружение	w bar'b'é sa rasa-rushénije
der Beschleunigung des wissenschaftlich-technischen Fortschritts	в ускорении научно-технического прогресса	w ußkar'énii naútschna-tichnítschißkawa pragr'éßa
der Umgestaltung	в перестройке	f pirißtrójki
der Demokratisierung der Gesellschaft	в демократизации общества	w dimakratisázyi ópschtschißtwa

MEDIZINISCHE BETREUUNG — МЕДИЦИНСКАЯ ПОМОЩЬ

▲ INFORMATION
● PHRASEN
■ WÖRTER

Alle Arten der medizinischen Betreuung sind kostenlos. Wenn Sie sich während Ihres Aufenthalts in der Sowjetunion unpäßlich fühlen sollten, können Sie über das Servicebüro Ihres Hotels den Arzt rufen lassen. Wenn die Notwendigkeit besteht, einen Facharzt zu konsultieren (einen Augenarzt, einen Chirurgen usw.), so wenden Sie sich bitte an die Poliklinik von «Intourist».

EIN ARZT MUß GEHOLT WERDEN — ВЫЗОВ ВРАЧА

Ich bin krank	Я нездоров (нездорова) *	ja nisdaróf (nisdarówa) *
Mir ist schlecht	Мне плохо	mn'e plócha
Man muß... rufen	Нужно вызвать...	núshna wýswat'...
einen Arzt	врача	wratschá
die Erste Hilfe	скорую помощь	ßkóruju pómaschtsch
Rufen Sie bitte...	Вызовите, пожалуйста,...	wýsawiti, pashálußta,...
einen Arzt	врача	wratschá
die Erste Hilfe	скорую помощь	ßkóruju pómaschtsch
Welche Nummer hat... (Wie kommt man...)?	Как позвонить (проехать, пройти)...?	kak paswanít' (prajéchat', prajtí)...?
die (zur) Poliklinik	в поликлинику	f paliklíniku
das (zum) Krankenhaus	в больницу	w bal'nízu
die (zur) Apotheke	в аптеку	w apt'éku

Bringen Sie mich ins Krankenhaus	Отвезите меня в больницу	atwisíti min'á w bal'nízu

BEIM ARZT	**У ВРАЧА**	
Ich habe mich erkältet	Я простудился (простудилась) *	ja praßtudílß'a (praßtudílaß') *
Ich habe eine Vergiftung	Я отравился (отравилась) *	ja atrawílß'a (atrawílaß') *
Ich habe Schüttelfrost	Меня знобит	min'á snabít
Mir ist übel	Меня тошнит	min'á taschnít
Ich habe...	У меня...	u min'á...
Husten	кашель	káschyl'
Fieber	температура	timpiratúra
Schnupfen	насморк	náßmark
eine Lebensimttelvergiftung	пищевое отравление	pischtschiwóje atrawl'énije
eine Magenverstimmung	расстройство желудка	raßßtrójßtwa shylútka
einen Herzanfall	сердечный приступ	ßird'étschnyj prißtup
einen Sonnenstich	солнечный удар	ßólnitschnyj udár
Ich habe...	У меня болит...	u min'á balít...
Kopfschmerzen	голова	galawá
Herzschmerzen	сердце	ß'érze
Seitenstechen	бок	bok
Leberschmerzen	печень	p'étschin'
Bauchschmerzen	живот	shywót
Ohrenschmerzen	ухо	úcha
Kreuzschmerzen	поясница	pajißníza
Magenschmerzen	желудок	shylúdak
Brustschmerzen	грудь	grut'
Mir tut der Fuß (das Bein) weh	У меня болит нога	u min'á balít nagá

Mir tut die Hand (der Arm) weh	У меня болит рука	u min'á balít ruká
Ich möchte gern den Blutdruck (Fieber) messen	Я хотел(а) * бы измерить давление (температуру)	ja chat'él(a) * by is-m'érit' dawl'énije (timpiratúru)
Ich habe...	У меня... аллергия	u min'á... alirgíja
eine Lebensmittelallergie	пищевая	pischtschiwája
eine Allergie gegen Arzneien	лекарственная	likárßtwinnaja
Ich habe mir... verletzt	Я поранил(а) *...	ja paránil(a) *...
die Hand (den Arm)	руку	rúku
den Finger (die Zehe)	палец	páliz
das Bein (den Fuß)	ногу	nógu
Ich habe mir... gebrochen	Я сломал(а) *...	ja ßlamál(a) *...
den Fuß (das Bein)	ногу	nógu
die Hand (den Arm)	руку	rúku
den Finger (die Zehe)	палец	páliz
Ich habe mir... geprellt	Я ушиб(ла) *...	ja uschýb(la) *...
die Schulter	плечо	plitschó
die Hand (den Arm)	руку	rúku
die Brust	грудь	grut'
das Knie	колено	kal'éna
Ich bin (Er ist) gestürzt	Я (Он) упал	ja (on) upál

Ich habe mir den Fuß (das Bein) verstaucht	Я вывихнул(а) * ногу	ja wýwichnul(a) * nógu
Ich habe eine starke Blutung	У меня сильное кровотечение	u min'á ßil'naje krawatitschénije
Er (Sie) hat eine Verbrennung	У него (неё) * ожог	u niwó (nijó) * ashók
Es tut hier weh	У меня болит здесь	u min'á balít sd'eß'
Ich habe...	У меня...	u min'á...
eine Verrenkung	вывих	wýwich
einen Knochenbruch	перелом	pirilóm
eine Sehnenzerrung	растяжение	raßtishénije
Mir ist etwas ins Auge geflogen	Мне что-то попало в глаз	mn'e schtó-to papála w glaß
Ich habe keinen Appetit	У меня нет аппетита	u min'á n'et apitíta
Ich halte Diät ein	Я на диете	ja na dijéti
Welche Diät soll ich einhalten?	Какую диету я должен соблюдать?	kakúju dijétu ja dólshyn ßabl'udát'?
Welche Diagnose [stellen Sie]?	Какой диагноз [вы ставите]?	kakój diágnaß [wy ßtáwiti]?
Ist das eine ansteckende Krankheit?	Это заразная болезнь?	éta sarásnaja bal'ésn'?
Ist das gefährlich?	Это опасно?	éta apáßna?
Muß ich im Bett bleiben?	Я должен соблюдать постельный режим?	ja dólshyn ßabl'udát' paßt'él'nyj rishým?
Welche Arznei empfehlen Sie?	Какое лекарство вы рекомендуете?	kakóje likárßtwa wy rikamindúiti?

Schreiben Sie mir bitte ein Rezept	Выпишите, пожалуйста, рецепт	wýpischyti, pashálußta, rizépt
Wann soll ich wieder zu Ihnen kommen?	Когда мне снова прийти к вам?	kagdá mn'e ßnówa prijtí k wam?
Nehmen Sie dreimal am Tage je eine Tablette ein	Принимайте лекарство три раза в день по одной таблетке	prinimájti likárßtwa tri rása w d'en' pa adnój tabl'étki
Sie haben (er, sie hat) hohen Blutdruck	У вас (него, неё *) высокое давление	u waß (niwó, nijó *) wyßókaje dawl'énije
Sie müssen (er, sie muß) ins Krankenhaus	Надо вас (его, её *) госпитализировать	náda waß (jiwó, jijó *) gaßpitalisírawat'
Das ist ein Sonnenstich	Это солнечный удар	éta ßólnitschnyj udár
Das ist eine Vergiftung	Это отравление	éta atrawl'énije
Sie haben (er, sie hat)...	У вас (него, неё *)...	u waß (niwó, nijó *) ...
eine Verrenkung/Verstauchung	вывих	wýwich
einen Knochenbruch	перелом	pirilóm
eine Sehnenzerrung	растяжение	raßtishénije
eine Blinddarmentzündung	аппендицит	apindizýt

BEIM ZAHNARZT — У ЗУБНОГО ВРАЧА

Ich habe...	У меня...	u min'á...
Zahnschmerzen	болит зуб	balít sup

Zahnfleischbluten	кровоточат дёсны	krawatótschat d'óßny
Mein Zahnfleisch ist geschwollen	У меня распухла десна	u min'á raßpúchla dißná
Mir ist...	У меня...	u min'á...
ein Zahn abgebrochen	сломался зуб	ßlamálß'a sup
eine Plombe herausgefallen	выпала пломба	wýpala plómba
eine Krone zerbrochen	сломалась коронка	ßlamálaß' karónka
Bitte,...	Пожалуйста,...	pashálußta,...
plombieren Sie den Zahn	поставьте пломбу	paßtáf'ti plómbu
ziehen Sie [diesen] Zahn	удалите [этот] зуб	udalíti [état] sup
stillen Sie die Schmerzen	успокойте боль	ußpakójti bol'

IN DER APOTHEKE / В АПТЕКЕ

Gibt es im Hotel eine Apotheke?	В гостинице есть аптека?	w gaßtínizy jeßt' apt'éka?
Geben Sie mir bitte etwas gegen...	Дайте мне, пожалуйста, что-нибудь от...	dájti, mn'e, pashálußta, schtó-nibut' at...
Kopfschmerzen	головной боли	galawnój bóli
Zahnschmerzen	зубной боли	subnój bóli
Schlaflosigkeit	бессонницы	bißßónizy
Erkältung	простуды	praßtúdy
Grippe	гриппа	grípa
Sodbrennen	изжоги	ishshógi
Ich brauche die Arznei auf diesem Rezept	Мне нужно лекарство по этому рецепту	mn'e núshna likárßtwa pa étamu rizéptu

Haben Sie diese Arznei in...?	У вас есть это лекарство...?	u waß jeßt' éta likárßtwa...?
Form von Tabletten	в таблетках	f tabl'étkach
Ampullen	в ампулах	w ámpulach
Form von Pulver	в порошках	f paraschkách
Wie nimmt man diese Medizin ein?	Как принимать это лекарство?	kak prinimát' éta likárßtwa?

Auf nüchternen Magen?	Натощак?	nataschtschák?
Vor (Nach) dem Essen?	До (После) еды?	do (póßli) jidý?
In welcher Dosis ist diese Medizin einzunehmen?	В каких дозах [следует] принимать это лекарство?	f kakích dósach [ßl'éduit] prinimát' éta likárßtwa?
Wie oft soll ich diese Medizin im Laufe des Tages einnehmen?	Сколько раз в день принимать это лекарство?	ßkól'ka raß w d'en' prinimát' éta likárßtwa?
Geben Sie mir bitte ein...	Дайте, пожалуйста,... средство .	dájti, pashálußta,... ßr'éztwa
Desinfektionsmittel	дезинфицирующее	disinfizýrujuschtschije
Beruhigungsmittel	успокаивающее	uspakáiwajuschtschije
fiebersenkendes Mittel	жаропонижающее	sharapanishájuschtschije
Abführmittel	слабительное	ßlabítil'naje
Stopfmittel	закрепляющее	sakripl'ájuschtschije
Ist diese Arznei ohne Rezept erhältlich?	Можно ли купить это лекарство без рецепта?	móshna li kupít' éta likárßtwa bis rizépta?
Seien Sie so nett, geben Sie mir...	Будьте любезны, дайте, пожалуйста,...	bútti l'ub'ésny, dájti, pashálußta,..
eine Binde	бинт	bint
Watte	вату	wátu
Jod	йод	jot
ein Pflaster	пластырь	pláßtyr'
Vaseline	вазелин	wasilín
ein Fleberthermometer	градусник	gradußnik
Augentropfen	глазные капли	glasnýi kápli

Haben Sie etwas zum Gurgeln?	У вас есть что-нибудь для полоскания горла?	u waß jeßt' schtónibut' dl'a palaßkánija górla?

■ WÖRTER

die Allergie	аллергия	alirgíja
die Analyse	анализ	análiß
die Angina	ангина	angína
die Apotheke	аптека	apt'éka
der Appetit	аппетит	apitít
der Arzt	врач	wrátsch
die Behandlung	лечение	litschénije
die Bewußtlosigkeit	потеря сознания	pat'ér'a ßasnánija
die Blinddarmentzündung	аппендицит	apindizýt
der Blutdruck	[кровяное] давление	[krawinóje] dawl'énije
der normale Blutdruck	нормальное ~	narmál'naje ~
der erhöhte Blutdruck	повышенное ~	pawýschynaje ~
der niedrige Blutdruck	пониженное ~	paníshynaje ~
die Brandwunde	ожог	ashók
der Durchfall	понос	panóß
das Erbrechen	рвота	rwóta
die Erkältung	простуда	praßtúda
die Ernährung	питание	pitánije
das Fieber	лихорадка	licharátka
das Furunkel	фурункул	furúnkul
die Gastritis/der Magenkatarrh	гастрит	gaßtrít

das Geschwür	нарыв	narýf
das Geschwür	язва	jáswa
das Magengeschwür	~ желудка	~ shylútka
die Geschwulst	опухоль	ópuchal’
die Grippe	грипп	grip
das Gurgeln	полоскание	palaßkánije
der Herzanfall	сердечный приступ	ßird’étschnyj prísstup
die Impfung	прививка	priwífka
die Infektionskrankheit	инфекционное заболевание	infikzyónnaje sabaliwánije
die Injektion	укол	ukól
das Jucken	зуд	sut
der Katarrh	катар	katár
die Kolik	колики	kóliki
die Kompresse, der Umschlag	компресс	kampr’éß
der Knochenbruch	перелом	pirilóm
der Krampf	спазм	ßpasm
das Krankenhaus	больница	bal’níza
die Krankheit	болезнь	bal’és’n’
die Kurzsichtigkeit	близорукость	blisarúkaßt’
die Magenkrankheit	желудочное заболевание	shylúdatschnaje sabaliwánije
die Nahrung, die Kost	пища	píschtscha
die Ohnmacht	обморок	óbmarak
die Operation	операция	apirázyja
die Poliklinik	поликлиника	paliklínika

der Puls	пульс	pul'ß
der Schmerz	боль	bol'
dumpfe Schmerzen	тупые боли	tupýji bóli
stechende Schmerzen	режущие боли	r'éshuschtschii bóli
scharfe Schmerzen	острые боли	óßtryji bóli
die Schnelle Medizinische Hilfe	скорая помощь	ßkóraja pómaschtsch
der Schnupfen	насморк	náßmark
das Schwindelgefühl	головокружение	galawakrushénije
die Sehkraft	зрение	sr'énije
die Sehnenzerrung	растяжение	raßtishénije
das Sodbrennen	изжога	ishshóga
das Sprechzimmer	кабинет врача	kabin'ét wratschá
der Stoß, die Prellung	ушиб	uschýp
das Trauma	травма	tráwma
die Übelkeit	тошнота	taschnatá
der Verband	перевязка	piriw'áßka
die Vergiftung	отравление	atrawl'énije
die **Verrenkung/Verstauchung**	вывих	wýwich
die Verstopfung	запор	sapór
die Weitsichtigkeit	дальнозоркость	dal'nasórkaßt'
die Wunde	рана	rána
der arterielle Blutdruck	артериальное давление	arteriál'naje dawl'énije
die ärztliche Untersuchung	медицинский осмотр	midizýnßkij aßmótr

der normale Puls	нормальный пульс	narmál'nyj pul'ß
behandeln	лечить	litschít'
bluten	кровоточить	krawatótschit'
röntgen	делать рентген	d'élat' ring'én
verbinden	перевязывать	piriw'ásywat'
eine Analyse machen	делать анализ	d'élat' análiß
eine Blutprobe machen	~ крови	~ krówi
eine Harnprobe machen	~ мочи	~ matschí
eine Kotprobe machen	~ кала	~ kála
einen Arzt rufen	вызывать врача	wysywát' wratschá
das Bett hüten	соблюдать постельный режим	ßabl'udát' paßt'el'nyj rishým
eine Krankheit durchmachen	перенести болезнь	pirinißtí bal'ésn'
eine Operation durchmachen	перенести операцию	pirinißtí apirázyju
ein Rezept (aus-)schreiben	выписывать рецепт	wypíßywat' rizépt
eine Spritze geben	делать укол	d'élat' ukól
einen Zahn plombieren	пломбировать зуб	plambirawát' sup

DER MENSCHLICHE KÖRPER — ЧАСТИ ТЕЛА И ОСНОВНЫЕ ОРГАНЫ ЧЕЛОВЕКА

der Bauch	живот	shywót
das Bein, der Fuß	нога	nagá
das Blut	кровь	krof'

die Brust	грудь	grut'
der Darm	кишечник	kischétschnik
der Finger	палец на руке	páliz na ruk'é
der Hals	шея	schéja
die Hand, der Arm	рука	ruká
das Herz	сердце	ß'érze
die Kehle	горло	górla
das Knie	колено	kal'éna
der Knochen	кость	koßt'
das Kreuz	поясница	pajißníza
die Leber	печень	p'étschin'
der Magen	желудок	shylúdak
die Nase	нос	noß
der Nerv	нерв	n'erf
die Nieren	почки	pótschki
das Ohr	ухо	úcha
der Rücken	спина	ßpiná
die Schulter	плечо	plitschó
der Zahn	зуб	sup
die Zehe	палец на ноге	páliz na nag'é
die Zunge	язык	jisýk

URLAUB. FREIZEIT

ОТПУСК. СВОБОДНОЕ ВРЕМЯ

▲ INFORMATION
● PHRASEN
■ WÖRTER

▲ INFORMATION

Gegenwärtig entfallen in der UdSSR auf Erholung (einschließlich Urlaub, die arbeitsfreien Wochenenden und die Festtage) etwa ein Drittel des Jahres. In unserem Lande bieten sich reiche Möglichkeiten für die Erholung. Dafür stehen Sanatorien, Pensionen und Erholungsheime, darunter viele betriebseigene, zur Verfügung. Kinder und Jugendliche erholen sich vor allem in Pionierlagern. Freunde der aktiven Erholung, die auf reichlich 4000 Touristenrouten unterwegs sind, nutzen Sport- und alpine Stützpunkte, Touristenherbergen, Reisezüge und Fahrgastschiffe.

● PHRASEN

Wie verbringen Sie Ihre Freizeit?	Как вы проводите свой досуг?	kak wy prawóditi ßwoj daßúk?
Was machen Sie in Ihrer Freizeit?	Чем вы занимаетесь в свободное время?	tschem wy sanimáitiß' f ßwabódnaje wr'ém'a?
In meiner Freizeit...	В свободное время я...	f ßwabódnaje wr'ém'a ja...
lese ich	читаю	tschitáju
gehe ich ins Kino (Theater)	хожу в кино (театр)	chashú f kinó (tiátr)
spiele ich Klavier (Gitarre)	играю на пианино (гитаре)	igráju na pianína (gitári)
Was ist Ihr Hobby?	Чем вы увлекаетесь?	tschem wy uwlikáitiß'?
Mein Hobby ist...	Я увлекаюсь...	ja uwlikájuß'...
das Fotografieren	фотографией	fatagráfiij
der Tourismus	туризмом	turísmam
das Bergsteigen	альпинизмом	al'pinísmam
der alpine Sport	горными лыжами	górnymi lýshami

Ich...	Я люблю...	ja l'ubl'ú...
reise gern	путешествовать	putischéßtwawat'
laufe gern Schlittschuh	кататься на коньках	katáza na kan'kách
laufe gern Ski	ходить на лыжах	chadít' na lýshach
sehe gern fern	смотреть телевизор	ßmatr'ét' tiliwísar
höre gern Musik	слушать музыку	ßlúschat' músyku
singe gern im Chor	петь в хоре	p'et' f chóri
spiele gern Tennis	играть в теннис	igrát' f téniß
treibe gern alpinen Sport	кататься на горных лыжах	katáza na górnych lýshach
treibe gern Windsurfing	заниматься виндсерфингом	sanimáza wintßérfingam
stricke gern	вязать	wisát'
Ich sammle...	Я коллекционирую (собираю)...	ja kalikzyaníruju (ßabiráju)...
Münzen	монеты	man'éty

Postkarten	открытки	atkrýtki
Abzeichen	значки	snatschkí
Briefmarken	марки	márki
Medaillen	медали	midáli
Ich besuche einen Zirkel (Klub)...	Я занимаюсь в кружке (клубе)...	ja sanimájuß' f kruschk'é (klúbi)...
für Fotoamateure	фотолюбителей	fotal'ubítilij
für Filmamateure	кинолюбителей	kinal'ubítilij
einen Schachzirkel	шахматистов	schachmatíßtaf
für Sportangler	рыболовов-спортсменов	rybalówaf-ßparz-m'énaf
Ich spiele in einem Volkstheater	Я играю в народном театре	ja igráju w naródnam tiátri
Wie verbringen Sie Ihre arbeitsfreien Tage?	Как вы проводите выходные дни?	kak wy prawóditi wychadnýi dni?
An den arbeitsfreien Tagen fahren wir ins Grüne	В выходные дни мы отдыхаем за городом	w wychadnýi dni my addycháim sa góradam

Wie (wo) verbringen Sie gewöhnlich Ihren Urlaub?	Как (Где) вы обычно проводите свой отпуск?	kak (gd'e) wy abýtschna prawóditi ßwoj ótpußk?
Ich verbringe meinen Urlaub...	Я провожу свой отпуск...	ja prawashú ßwoj ótpußk...
auf der Datsche	на даче	na dátschi
auf dem Lande	в деревне	w dir'éwni
in einem Kurort	на курорте	na kurórti
an der See	у моря	u mór'a
in den Bergen	в горах	w garách
Welche Kurorte sind bei Ihnen beliebt?	Какие у вас популярные курорты?	kakii u waß papul'árnyi kurórty?
Wo ist hier...?	Где здесь...?	gd'e sd'eß'...?
der Tennisplatz	теннисный корт	ténißnyj kort
der Volleyballplatz	воллейбольная площадка	walijból'naja plaschtschátka
der Strand	пляж	pl'asch
Gibt es im Hotel...?	В гостинице есть...?	w gaßtinizy jeßt'...?
ein Billardzimmer	бильярдная	bil'járdnaja
ein Schwimmbekken	бассейн	baß'éjn
eine Diskothek	дискотека	dißkat'éka
Kann man... ausleihen?	Можно ли взять напрокат...?	móshna li ws'at' naprakát...?
einen Liegestuhl	шезлонг	schyslónk
Wasserski	водные лыжи	wódnyi lýshy
ein Boot	лодку	lótku
ein Segelbrett	доску с парусом	dóßku ß párußam
Wie kommt (fährt) man...?	Как пройти (проехать) к...?	kak prajtí (prajéchat') k...?
ans Meer	морю	mór'u
zum See	озеру	ósiru

zum Fluß	реке	rik'é
Wie ist heute die Wassertemperatur?	Какая сегодня температура воды?	kakája ßiwódn'a timpiratúra wadý?
Ich möchte... unternehmen	Я хотел(а) * бы совершить прогулку...	ja chat'él(a) * by ßawirschýt' pragúlku...
einen Spaziergang	пешком	pischkóm
eine Fahrt mit einem Motorboot	на катере	na kátiri
eine Fahrt mit einem Fahrgastschiff	на теплоходе	na tiplachódi
einen Ausflug in die Berge	в горы	w góry
Werden wir... nach oben kommen?	Мы будем подниматься...?	my búdim padnimáza...?
auf der Bergstraße	по горной дороге	pa górnaj darógi
mit der Drahtseilbahn	на фуникулёре	na funikul'óre
mit dem Aufzug	на подъёмнике	na padjómniki
Ich möchte gern...	Я хотел(а) * бы покататься на...	ja chat'él(a) * by pakatáza na...
Ski laufen	лыжах	lýshach
Schlittschuh laufen	коньках	kan'kách
rodeln	санках	ßánkach
Wie kommt man zur Sprungschanze?	Как пройти к трамплину?	kak prajtí k tramplínu?
Erholen Sie sich hier?	Вы здесь отдыхаете?	wy sd'eß' addycháiti?
Ich verbringe hier...	Я провожу здесь...	ja prawashú sd'eß'...
meinen Urlaub	отпуск	ótpußk
meine Ferien	каникулы	kaníkuly

Was haben Sie heute abend vor?	Какие у вас планы на вечер?	kakií u waß plány na w'étschir?
Was machen Sie heute abend?	Что вы будете делать сегодня вечером?	schto wy búditi d'élat' ßiwódn'a w'étschiram?
Gehen wir heute...	Пойдёмте сегодня на...	pajd'ómti ßiwódn'a na...
zur Trabrennbahn	ипподром	ipadróm
zum Autorennen	автогонки	aftagónki
an den Strand	пляж	pl'asch
Ich möchte... gehen	Я хотел(а) * бы пойти в...	ja chat'él(a) * by pajtí w...
in den Spielautomatensaal	зал игральных автоматов	sal igrál'nych aftamátaf
ins Billardzimmer	бильярдную	bil'járdnuju
zur Diskothek	дискотеку	dißkat'éku
ins Schwimmstadion	бассейн	baß'éjn
Darf ich Sie [zum Tanz] bitten?	Разрешите пригласить вас [на танец]	rasrischýti priglaßit' waß [na tániz]
Entschuldigen Sie, ich tanze nicht	Извините, я не танцую	iswiníti, ja ni tanzúju
Ich möchte mir die Modeschau ansehen	Я хотел(а) * бы посмотреть показ мод	ja chat'él(a) * by paßmatr'ét' pakáß mot

WÖRTER

die Abzeichen	значки	snatschki
der Aufzug	подъёмник	padjómnik
das Autorennen	автогонки	aftagónki
das Bergsteigen	альпинизм	al'pinísm
das Billardzimmer	бильярдная	bil'járdnaja
das Boot	лодка	lótka
die Briefmarken	марки	márki

die Diskothek	дискотека	dißkat'éka
die Erholung	отдых	óddych
das Erholungsheim	дом отдыха	dom óddycha
das Fahrgastschiff	теплоход	tiplachót
die Ferien	каникулы	kaníkuly
das Angeln	рыбная ловля	rýbnaja lówl'a
der Fluß	река	riká
die Fotografie	фотография	fatagráfija
die Freizeit	свободное время	ßwabódnaje wr'ém'a
die Jagd	охота	achóta
der Kurort	курорт	kurórt
das Lager	лагерь	lágir'
das Sportlager	спортивный ~	ßpartíwnyj ~
das Bergsteigerlager	альпинистский ~	al'piníßkij ~
das Meer	море	mór'e
das Motorboot	катер	kátir
die Freizeit	досуг	daßúk
die Pension	пансионат	panßianát
die Postkarten	открытки	atkrýtki
die Sauna	сауна	ßáuna
der See	озеро	ósira
die Seildrahtbahn	фуникулёр	funikul'ór
das Schwimmbekken	бассейн	baß'éjn
die Sprungschanze	трамплин	tramplín
der Strand	пляж	pl'asch
die Straße	дорога	daróga
die Bergstraße	горная ~	górnaja ~

die Seilbahn	канатная ~	kanátnaja ~
das Tennis	теннис	ténißß
der Tennisplatz	теннисный корт	téníßnyj kort
der Tourismus	туризм	turísm
die Touristenherberge	турбаза	turbása
der Urlaub	отпуск	ótpußk
der Volleyballplatz	волейбольная площадка	walijból'naja plaschtschátka
der Ski	лыжи	lýshy
der Wasserski	водные ~	wódnyi ~
der Alpinski	горные ~	górnyi ~
der arbeitsfreie Tag	выходной день	wychadnój d'en'
sich begeistern	увлекаться	uwlikáza
sich erholen	отдыхать	addychát'
lieben, gern haben	любить	l'ubít'
sammeln	коллекционировать	kalikzyanírawat'
verbringen	проводить	prawadít'
den Urlaub ~	~ отпуск	~ ótpußk
die Freizeit ~	~ досуг	~ daßúk
die Freizeit ~	~ свободное время	~ ßwabódnaje wr'ém'a

SPORT СПОРТ

▲ INFORMATION
● PHRASEN
■ WÖRTER

Das sowjetische System der Körpererziehung schließt den obligatorischen Unterricht in Körperkultur in den Vorschuleinrichtungen, Schulen, Fach-, Berufs- und Hochschulen des Landes sowie die Gymnastik in Betrieben, Fabriken und Ämtern ein. In den Parks und Stadien sowie bei den Hausverwaltungen und in Betrieben entstanden Klubs der Freunde des gesundheitsfördernden Laufs, der Rhythmischen Gymnastik, des Eisbadens (die Klubs der «Walrosse») sowie Wettbewerbe «Vater, Mutter und ich sind eine sportliche Familie».

Besonders verbreitet ist in der UdSSR die Leichtathletik. Sehr beliebt sind auch der Volleyball, Basketball, Boxen, Rad- und Autosport, Turnen, Eiskunstlauf, Schwimmen. Besonders populär sind aber Eishockey und Fußball, deren Spiele stets unzählige Sportfans versammeln.

In der UdSSR werden jährlich Tausende von Wettbewerben durchgeführt, angefangen von den Kinderturnieren «Lederball» und «Goldener Puck» bis hin zur Spartakiade der Völker der UdSSR, bei der der olympische Nachwuchs sein Können unter Beweis stellt.

Die Freunde des Sports im Alter von 10 bis 60 Jahren erfüllen in der UdSSR die Normen für das GTO-Sportabzeichen (Normen in den wichtigsten Sportarten, die die Grundlage der Körpererziehung im Lande bilden). Für jede Altersgruppe bestehen entsprechende Normen.

Das Sportleben wickelt sich vorwiegend im Rahmen der Sportgesellschaften und Klubs wie «Dynamo», ZSKA, «Torpedo», «Lokomotiv», «Burewestnik», «Uroshaj», «Trudowyje Reserwy» ab. Sportklubs haben aber auch Betriebe, Fabriken, Institute und Hochschulen des Landes. Im Servicebüro des Hotels können Sie Eintrittskarten für beliebige Sportveranstaltungen bestellen. Diese sind auch in den Stadien erhältlich.

Treiben Sie Sport?	Вы занимаетесь спортом?	wy sanimáitiß' ßpórtam?

Ich treibe Sport (nicht)	Я (не) занимаюсь спортом	ja (ni) sanimájuß' ßpórtam
Ich bin kein Sportler, doch ich liebe den Sport	Я не спортсмен, но люблю спорт	ja ni ßparzm'én, no l'ubl'ú ßport
Welche Sportarten gefallen Ihnen?	Какие виды спорта вам нравятся?	kakíi wídy ßpórta wam nráw'aza?
Ich ziehe... vor	Я предпочитаю...	ja pritpatschitáju...
das Boxen	бокс	bokß
das Gewichtheben	тяжёлую атлетику	tishóluju atl'étiku
das Turnen	гимнастику	gimnáßtiku
Sind Sie Berufs- oder Amateursportler?	Вы спортсмен-профессионал или любитель?	wy ßparzm'én-prafißianál ili l'ubítil'?
Welche Sportart treiben Sie?	Каким видом спорта вы занимаетесь?	kakím wídam spórta wy sanimáitiß'?
Ich treibe...	Я занимаюсь...	ja sanimájuß'...
Schießsport	стрельбой	stril'bój
Radsport	велосипедным спортом	wilaßip'édnym spórtam

Skisport	лыжами	lýshami
Ich spiele...	Я играю...	ja igráju...
Fußball	в футбол	f fudból
Volleyball	в волейбол	w walijból
Basketball	в баскетбол	w baßkidból
Wieviel Jahre treiben Sie schon Sport?	Сколько лет вы уже занимаетесь спортом?	ßkól'ka l'et wy ushé sanimáitiß' spórtam?
Ich treibe seit... Jahren Sport	Спортом я занимаюсь... лет	ßpórtam ja sanimájuß'... l'et
Wann haben Sie begonnen, Sport zu treiben?	Когда вы начали заниматься спортом?	kagdá wy nátschili sanimáza spórtam?
Ich treibe... Sport	Я занимаюсь спортом...	ja sanimájuß' ßpórtam...
seit der Kindheit	с детства	s d'éztwa
vor nicht allzu langer Zeit	с недавнего времени	ß nidáwniwa wr'émini
seit vielen Jahren	много лет	mnóga l'et
... Jahre	... года (лет)	... góda(l'et)
Welche Wettkämpfe kann man sich heute ansehen?	Какие соревнования можно посмотреть сегодня?	kakíi ßariwnawánija móshna paßmatr'ét' ßiwódn'a?
Wo finden die Wettkämpfe statt?	Где проходят соревнования?	gd'e prachód'at ßariwnawánija?
Wo befindet sich...?	Где находится...?	gd'e nachódiza...?
der Sportpalast	Дворец спорта	dwar'éz ßpórta
das Schwimmstadion	бассейн	baß'éjn
das Stadion	стадион	ßtadión
Wann beginnen die Wettkämpfe?	Когда начинаются соревнования?	kagdá natschinájuza ßariwnawánija?
Für wen drücken Sie die Daumen?	Вы за кого болеете?	wy sa kawó bal'éiti?

Ich drücke für... die Daumen	Я болею за...	ja bal'éju sa...
Wer tritt jetzt auf?	Кто сейчас выступает?	kto ßitscháß wyßtupáit?
Wer spielt heute?	Кто сегодня играет?	kto ßiwódn'a igráit?
Was ist das Ergebnis?	Какой результат?	kakój risul'tát?
Wer hat gesiegt?	Кто победил?	kto pabidíl?
Wer ist...?	Кто пришёл...?	kto prischól...?
Erster	первым	p'érwym
Zweiter	вторым	ftarým
Dritter	третьим	tr'ét'im

Welche Mannschaften spielen?	Какие команды играют?	kakíi kamándy igrájut?
Spielt die Mannschaft auf eigenem (fremdem) Feld?	Команда играет на своём (чужом) поле?	kamánda igráit na ßwajóm (tschushóm) póli?
Für welche Mannschaft drücken Sie die Daumen?	За какую команду вы болеете?	sa kakúju kamándu wy bal'éiti?
Welchen Platz nimmt die Mannschaft in der Meisterschaft ein?	Какое место занимает команда в чемпионате?	kakóje m'éßta sanimáit kamánda f tschimpianáti?
Wer ist der Trainer der Mannschaft?	Кто тренер команды?	kto tr'énir kamándy?
Wer leitet das Treffen?	Кто судит встречу?	kto ßúdit fßtr'étschu?
In welcher Aufstellung spielt die Mannschaft?	В каком составе играет команда?	f kakóm ßaßtáwi igráit kamánda?
Wer sind die besten Spieler?	Кто лучшие игроки?	kto lútschyi igrakí?
Wer ist der beste Torschütze?	Кто лучший бомбардир?	kto lútschyj bambardír?
Wer ist der beste Stürmer (Verteidiger)?	Кто лучший нападающий(защитник)?	kto lútschyj napadájuschtschij(saschtschítnik)?
Wie heißt dieser Sportler?	Как фамилия этого спортсмена?	kak famílija étawa ßparzm'éna?
Welche Nummer hat... ?	Какой номер у... ?	kakój nómir u... ?
Wer spielt unter der Nr.?	Кто играет под номером... ?	kto igráit pad nómiram... ?
Er ist heute nicht in Form	Он сегодня (не) в форме	on ßiwódn'a (ni) f fórmi

Die Mannschaft hat (kein) Glück	Команде (не) везёт	kamándi (ni) wis'ót
Wer schoß das Tor?	Кто забил гол?	kto sabíl gol?
Wie ist der Spielstand?	Какой счёт?	kakój schtschot?
Wie ist das Ergebnis?	Какой результат?	kakój risul'tát?
Wer führt?	Кто ведёт в счёте?	kto wid'ót f schtschóti?
Wer hat gesiegt (verloren)?	Кто победил (проиграл)?	kto pabidíl (praigrál)?
Die Mannschaft siegte (verlor) mit 3:0 (0:3)	Команда выиграла (проиграла) со счётом 3:0 (0:3)	kamánda wýigrala (praigrála) ßa schtschótam tri nol'(nol'tri)
Das Spiel endete unentschieden	Игра закончилась вничью	igrá sakóntschilaß' wnitschjú
Können Sie... spielen?	Вы умеете играть... ?	wy um'éiti igrát'...?
Schach	в шахматы	f scháchmaty
Tennis	в большой теннис	w bal'schój téniß
Volleyball	в волейбол	w walijból
Wer liegt vorn?	Кто впереди?	kto fpiridí?
Wer hat gesiegt?	Кто победил?	kto pabidíl?
Wer ist von Ihren Sportlern... ?	Кто из ваших спортсменов является чемпионом... ?	kto is wáschych ßparzm'énaf jiwl'áiza tschimpiónam...?
Olympiasieger	Олимпийских игр	alimpíjßkich igr
Weltmeister	мира	míra
Europameister	Европы	jiwrópy
Wer von Ihren Sportlern gehört der	Кто из ваших спортсменов вхо-	kto is wáschych ßparzm'énaf fchódit

Landesauswahl in... an?	дит в сборную страны по...?	w sbórnuju ßtraný pa...?
Fußball	футболу	fudbólu
Eishockey	хоккею	chak'éju
Wasserball	водному поло	wódnamu póla
Wieviel Stadien gibt es in Ihrer Stadt?	Сколько в вашем городе стадионов?	ßkól'ka w wáschym góradi ßtadiónaf?
Sind Sie Mitglied eines Sportklubs?	Вы член спортивного клуба?	wy tschl'en ßpartíwnawa klúba?
Welchen Klub vertreten Sie?	За какой клуб вы выступаете?	sa kakój klup wy wyßtupáiti?
Ich bin Mitglied des Sportklubs «Dynamo» («Spartak»)	Я член спортивного клуба «Динамо» («Спартак»)	ja tschl'en ßpartíwnawa klúba dináma (ßparták)

WÖRTER

der Dreikampf	троеборье	traibór'je
die Einzelwertung	личный зачёт	lítschnyj satschót
das Finale	финал	finál
das Finisch	финиш	finisch
der Fünfkampf	пятиборье	pitibór'je
das Fußballfeld (das Eishockeyfeld)	футбольное (хоккейное) поле	fudból'naje (chak'éjnaje) pól'e
das Halbfinale	полуфинал	polufinál
die Halbzeit	период	piríot
die erste Halbzeit	первый ~	p'érwyj ~
die zweite Halbzeit	второй ~	ftarój ~
die Landesauswahl	сборная [команда] страны	sbórnaja [kamánda] ßtraný
die Mannschaft	команда	kamánda
der Mannschaftskapitän	капитан команды	kapitán kamándy

die Mannschaftswertung	командный зачёт	kamándnyj satschót
der Match	матч	matsch
die Medaille	медаль	midál'
die Goldmedaille	золотая ~	salatája ~
die Silbermedaille	серебряная ~	ßir'ébrinaja ~
die Bronzemedaille	бронзовая ~	brónsawaja ~
der Medaillengewinner	призёр	pris'ór
der Mehrkampf	многоборье	mnagabór'je
die Meisterschaft	чемпионат	tschimpianát
der Olympiasieger (die Olympiasiegerin)	олимпийский (олимпийская) * чемпион(ка) *	alimpíjßkij (alimpíjßkaja) * tschimpión(ka) *
die Olympischen Spiele	Олимпийские игры	alimpíjßkii ígry
das Organisationskomitee	оргкомитет	orkkamit'ét
die Note	балл	bal
die Partie	партия	pártija
die Pause	перерыв	pirirýf
der Platz	место	m'éßta
der erste Platz	первое ~	p'érwaje ~
der zweite Platz	второе ~	ftaróje ~
der dritte Platz	третье ~	tr'ét'je ~
der Pokal	кубок	kúbak
der Preis	приз	priß
der Punkt	очко	atschkó
der Qualifikationskampf (die Ausscheidungswettkämpfe)	отборочные соревнования (игры)	adbóratschnyi ßariwnawánija (ígry)

der Rekord	рекорд	rikórt
der Rekordinhaber	рекордсмен	rikarzm'én
das Resultat	результат	risul'tát
der Schiedsrichter	судья	ßud'já
die Schwimmhalle	плавательный бассейн	pláwatil'nyj baß'éjn
der Sieg	победа	pab'éda
der Sieger (die Siegerin)	победитель(ница) *	pabidítil'(niza) *
das Spiel	игра	igra
der Spieler (die Spieler)	игрок (игроки)	igrók (igrakí)
der Spielstand	счёт	schtschot
der Sport	спорт	ßport
der Sportfan (die Sportfans)	болельщик(и)	bal'él'schtschik(i)
der Sportklub	спортивный клуб	ßpartíwnyj klup
der Sportler (die Sportlerin)	спортсмен(ка) *	ßparzm'én(ka) *
die Sport(Turn-)halle	спортивный (гимнастический) зал	ßpartíwnyj (gimnaßtítschißkij) sal
die Spartakiade	спартакиада	ßpartakiáda
das Stadion	стадион	ßtadión
der Start	старт	ßtart
der Trainer	тренер	tr'énir
das Training	тренировка	trinirófka
das Treffen	встреча	fßtr'étscha
die Tribüne	трибуна	tribúna
der Umkleideraum	раздевалка	rasdiwálka
das Unentschieden	ничья	nitsch'já

das Viertelfinale	четвертьфинал	tschétwirt’finál
der Wettkampf (die Wettkämpfe)	соревнование (соревнования)	ßariwnawánije (ßariwnawánija)
die Wettkampfregeln (die Spielregeln)	правила соревнований (игры)	práwila ßariwnawánij (igrý)
der Welt- (Europa-) meister	чемпион мира (Европы)	tschimpión míra (jiwrópy)
die Welt- (Europa-) meisterin	чемпионка мира (Европы)	tshimpiónka míra (jiwrópy)
die Zeit	время	wr’ém’a
der Zuschauer (die Zuschauer)	зритель (зрители)	srítil’ (srítili)
der Basketball	баскетбол	baßkidból
das Bergsteigen	альпинизм	al’pinísm
das Boxen	бокс	bokß
das Eishockey	хоккей	chak’éj
der Eiskunstlauf	фигурное катание	figúrnaje katánije
der Fallschirmsport	парашютный спорт	paraschútnyj ßport
das Fechten	фехтование	fichtawánije
der Fußball	футбол	fudból
das Gewichtheben	тяжёлая атлетика	tishólaja atl’étika
die Leichtathletik	лёгкая атлетика	l’óchkaja atl’étika
der Radsport	велосипедный спорт	wilaßip’édnyj ßport
der Reitsport	конный спорт	kónnyj ßport
der Rudersport, das Rudern	гребной спорт, гребля	gribnój ßport, gr’ébl’a
das Schach	шахматы	scháchmaty
der Schießsport	стрелковый спорт	ßtrilkówyj ßport

das Schwimmen	плавание	pláwanije
der Segelsport	парусный спорт	párußnyj ßport
der Skisport	лыжный спорт	lýshnyj ßport
das Tennis	теннис	téniß
das Tennis	большой ~	bal'schój ~
das Tischtennis	настольный ~	naßtól'nyj ~
der Tourismus	туризм	turísm
das Turnen	гимнастика	gimnáßtika
das Geräteturnen	спортивная ~	ßpartíwnaja ~
die rhytmische Sportgymnastik	художественная ~	chudóshyßtwinnaja ~
der Volleyball	волейбол	walijból
Wasserski	водные лыжи	wódnyi lýshy
das Wasserspringen	прыжки в воду	pryschkí w wódu

REISE

ПУТЕШЕСТВИЕ

▲ INFORMATION
● PHRASEN
■ WÖRTER

ALLGEMEINES — ОБЩАЯ ЧАСТЬ

● PHRASEN

Ich verreise (Wir verreisen)	Я уезжаю (Мы уезжаем)	ja uishsháju (my uishsháim)
Werden Sie lange fortbleiben?	Вы надолго уезжаете?	wy nadólga uishsháiti?
Etwa...	На...	na...
fünf Tage	пять дней	p'at' dn'ej
zwei Wochen	две недели	dw'e nid'éli
einen Monat	месяц	m'éßiz
Wann fahren Sie fort?	Когда вы уезжаете?	kagda wy uishsháiti?
Heute (Morgen)...	Сегодня (завтра)...	ßiwódn'a (sáftra)...
früh	утром	útram
nachmittag	после обеда	póßli ab'éda
abend	вечером	w'étschiram
um 9 Uhr	в девять часов	w d'éwit' tschißóf
Ich fahre (Wir fahren)...	Я еду (Мы едем)...	ja jédu (my jédim)...
mit dem Zug	поездом	póisdam
mit dem Schiff	теплоходом	tiplachódam
Ich fliege (Wir fliegen)	Я лечу (Мы летим) самолётом	ja litschú (my litím) ßamal'ótam
Haben Sie die Fahrkarten schon bestellt?	Вы уже заказали билеты?	wy ushé sakasáli bil'éty?
Haben Sie die Fahrkarten schon gekauft?	Вы уже купили билеты?	wy ushé kupíli bil'éty?

Haben Sie die Sachen gepackt?	Вы уложили вещи?	wy ulashýli w'éschtschi?
Wann kehren Sie... zurück?	Когда вы возвращаетесь...?	kagdá wy waswraschtscháitiß'...?
in die Heimat	на родину	na ródinu
nach Moskau	в Москву	w maßkwú

ZUG — ПОЕЗД

▲ INFORMATION

In der UdSSR bestehen verschiedene Zugverkehrsarten: Fernverkehrszüge und Vorortzüge. Die Fernverkehrszüge sind in der Regel D-Züge (Expreßzüge), die Vorortzüge verkehren auf relativ kurzen Strecken.

Die Fernverkehrszüge haben Wagen verschiedener Klassen, so Schlafwagen 1. Klasse (mit zwei Betten je Abteil), Wagen 2. Klasse (mit 4 Betten je Abteil) und sogenannte Platzkartenwagen (3. Klasse)

Geraucht werden darf nur im Vorraum.

Ausländische Bürger erwerben Fahrkarten für Fernverkehrszüge bei «Intourist».

Von welchem Bahnhof fahren die Züge nach...ab?	С какого вокзала идут поезда на...?	ß kakówa wagsála idút paisdá na...?
Moskau	Москву	maßkwú
Leningrad	Ленинград	l'eningrát
Kiew	Киев	kíiw
Wo befindet sich der Belorussische Bahnhof?	Где находится Белорусский вокзал?	gd'e nachódiza bilarúßkij wagsál?
Wie kommt man zum Bahnhof?	Как проехать на вокзал?	kak prajéchat' na wagsál?
Gibt es einen Zug (eine Direktverbindung) nach...	Есть ли поезд прямого сообщения до...?	jeßt' li póist primówa ßaapschtschénija da...?
Riga	Риги	rígi
Leningrad	Ленинграда	l'eningráda
Tbilissi	Тбилиси	tbilíßi
Was kostet eine Fahrkarte...?	Сколько стоит билет в... вагоне?	ßkól'ka ßtóit bil'ét w... wagóni?
2. Klasse	купейном	kup'éjnam
1. Klasse	мягком	m'áchkam
Was kostet eine Schlafwagenkarte bis Minsk?	Сколько стоит билет в вагоне СВ до Минска?	ßkól'ka ßtóit bil'ét w wagóni eß-wé da minßka?
Geben Sie mir bitte eine Fahrkarte für hin und zurück	Дайте, пожалуйста, билет туда и обратно	dájti, pashálußta, bil'ét tudá i abrátna
Bitte eine Rückfahrkarte von Leningrad	Будьте добры, обратный билет из Ленинграда	bútti dabrý, abrátnyj bil'ét is l'eningráda
Bitte einen Platz unten	Пожалуйста, нижнюю полку	pashálußta, nísh-n'uju pólku
Wann fährt der Zug nach...?	Когда отправляется поезд на...?	kagdá atprawl'áiza póißt na...?
Tallinn	Таллин	tálin

Tbilissi	Тбилиси	tbilíßi
Odessa	Одессу	adéßu
Von welchem Bahnsteig fährt der Zug ab?	С какой платформы отправляется поезд?	ß kakój platfórmy atprawl'áiza póißt?
Wie kommt man zum Bahnsteig 3?	Как пройти на платформу номер три?	kak prajtí na platfórmu nómir tri?
Wo kann man das Gepäck aufgeben (erhalten)?	Где можно сдать (получить) багаж?	gd'e móshna sdat' (palutschít') bagásch?
Wo ist hier die Gepäckaufbewahrung?	Где здесь камера хранения?	gd'e sd'eß' kámira chran'énija?
Ich möchte dies hier zur Aufbewahrung aufgeben	Я хочу сдать это на хранение	ja chatschú sdat' éta na chran'énije
Geben Sie mir bitte mein Gepäck	Выдайте, пожалуйста, мой багаж	wýdajti, pashálußta, mój bagásch
Hier ist mein Gepäckschein	Вот моя багажная квитанция	wot majá bagáshnaja kwitánzyja

Wann kommt der Zug in... an?	Когда поезд прибывает в...?	kagdá póißt pribywáit w...?
Moskau	Москву	maßkwú
Leningrad	Ленинград	l'eningrát
Wann fährt der Zug Nr. ...?	Когда отходит поезд номер...?	kagdá atchódit póißt nómir...?
Wieviel Stunden fährt der Zug bis nach...?	Сколько часов поезд идёт до...?	ßkól'ka tschißóf póißt id'ót da...?
Berlin	Берлина	birlína
Odessa	Одессы	adéßy
Leningrad	Ленинграда	l'eningráda
Ist das der Zug Nr. ...?	Это поезд номер...?	éta póißt nómir...?
Ist das der Wagen Nr. ...?	Это вагон номер...?	éta wagón nómir...?
Wieviel Minuten sind es bis zur Abfahrt?	Сколько минут осталось до отхода поезда?	ßkól'ka minút aßtálaß' da atchóda póisda?
Hier ist meine Fahrkarte	Вот мой билет	wot moj bil'ét
Zeigen Sie mir bitte meinen Platz	Покажите, пожалуйста, моё место	pakashýti, pashálußta, majó m'éßta
Ich habe einen Platz oben (unten)	У меня верхняя (нижняя) полка	u min'á w'érchnija (níshnija) pólka
Bitte, möchten Sie mit mir den Platz tauschen?	Простите, вы не поменяетесь со мной местами?	praßtíti, wy ni pamin'áitiß' ßa mnój mißtámi?
Entschuldigen Sie, das ist mein Platz	Извините, это моё место	iswiníti, éta majó m'éßta
Wo ist der Speisewagen?	Где вагон-ресторан?	gd'e wagón-rißtarán?
Schalten Sie bitte die Klimaanlage ein (aus)	Включите (Выключите), пожалуйста, кондиционер	fkl'utschíti (wýkl'utschiti), pashálußta, kandizyan'ér

Öffnen (Schließen) Sie bitte das Fenster	Откройте (Закройте), пожалуйста, окно	atkrójti (sakrójti), pashálußta, aknó
Wecken Sie mich bitte eine Stunde vor der Ankunft in...	Разбудите меня, пожалуйста, за час до прибытия в...	rasbudíti min'á, pashálußta, sa tschaß da pribýtija w...
Bringen Sie mir bitte...	Принесите, пожалуйста,...	prinißíti, pashálußta, ...
ein Glas Tee	стакан чая	ßtakán tschája
ein Glas Wasser	стакан воды	ßtakán wadý
noch ein Kissen (eine Decke)	ещё одну подушку (одно одеяло)	jischtschó adnú padúschku (adnó adijála)
Darf man hier rauchen?	Здесь можно курить?	sd'eß' móshna kurít'?
Wie heißt die nächste Station?	Какая следующая станция?	kakája ßl'édujuschtschija ßtánzyja?
Wie lange hat der Zug auf der Station Aufenthalt?	Сколько поезд стойт на станции?	ßkól'ka póißt ßtaít na ßtánzyi?
Kommt der Zug rechtzeitig an?	Поезд прибывает вовремя?	póißt pribywáit wówrim'a?
Hat der Zug Verspätung?	Поезд опаздывает?	póißt apásdywait?

■ WÖRTER

die Abfahrt	отправление	atprawl'énije
die Abfahrtzeit	время отправления	wr'ém'a atprawl'énija
das Abteil	купе	kupé
das Auskunftsbüro	справочное бюро	ßpráwatschnaje b'uró
die Ankunftszeit	время прибытия	wr'ém'a pribýtija
der Bahnhof	вокзал	wagsál

der Bahnhofsvorsteher	начальник вокзала	natschál'nik wagsála
der Bahnsteig	перрон	pirón
die Bettwäsche	постельные принадлежности	paßt'él'nyi prinadl'éshnaßti
die Eisenbahn	железная дорога	shyl'ésnaja daróga
der Fahrgast	пассажир	paßashýr
die Fahrkarte	билет	bil'ét
die Kinderfahrkarte	детский ~	d'ézkij ~
die Transitfahrkarte	транзитный ~	transítnyj ~
die Rückfahrkarte	обратный ~	abrátnyj ~
der Fahrplan	расписание	raßpißánije
das Gepäck	багаж	bagásch
die Gepäckannahme	приём багажа	prijóm bagashá
die Gepäckaufbewahrung	камера хранения	kámira chran'énija
die Gepäckausgabe	выдача багажа	wýdatscha bagashá
der Gepäckraum	багажное отделение	bagáshnaje addil'énije
der Gepäckträger	носильщик	naßil'schtschik
die Haltestelle	стоянка	ßtajánka
Der Reisewagen	вагон	wagón
der Wagen 1. Klasse	мягкий ~	m'áchkij ~
der Wagen 2. Klasse	купейный ~	kup'éjnyj ~
der Speisewagen	~ -ресторан	~ -rißtarán
die Sanitätsstelle	медпункт	m'etpúnkt
der Schaffner	проводник	prawadník
der Schalter	билетная касса	bil'étnaja káßßa

die Station	станция	ßtánzyja
das Umsteigen	пересадка	piríßátka
der Vorortzug	электричка	eliktrítschka
der Wartesaal	зал ожидания	sal ashydánija
der Zug	поезд	póißt
der Schnellzug	скорый ~	ßkóryj ~
der Personenzug	пассажирский ~	paßashýrßkij ~
ankommen	прибывать	pribywát'
einsteigen	садиться в поезд	ßadíza f póißt
umsteigen	делать пересадку	d'élat' piríßátku
sich verspäten	опаздывать	apásdywat'
der Ausgang zur Stadt	выход в город	wýchat w górat

FAHRGASTSCHIFF — ТЕПЛОХОД

PHRASEN

Wo ist der Fluß (See-)bahnhof?	Где речной (морской) вокзал?	gd'e ritschnój (marßkój) wagsál?
Wie kommt man dorthin?	Как туда проехать?	kak tudá prajéchat'?
Wann legt das Schiff nach... ab?	Когда отходит теплоход на...?	kagdá atchódit tiplachót na...?
Odessa	Одессу	adéßu
Leningrad	Ленинград	l'eningrát
Was kostet eine Schiffskarte bis...?	Сколько стоит билет до...?	ßkól'ka ßtóit bil'ét da...?
Sotschi	Сочи	ßótschi
Riga	Риги	rígi
Wann kommt das Schiff in...an?	Когда теплоход прибывает...?	kagdá tiplachót pribywáit...?
Astrachan	в Астрахань	w áßtrachan'
Kasan	в Казань	f kasán'

Welche Häfen läuft das Schiff an?	В какие порты заходит теплоход?	f kakíi pórty sachódit tiplachót?
Wie lange wird das Schiff im Hafen von... liegen?	Сколько теплоход будет стоять...?	ßkól'ka tiplachót búdit ßtaját'...?
Noworossijsk	в Новороссийске	w nawaraßíjßki
Suchumi	в Сухуми	f ßuchúmi
Wie lange dauert die Reise?	Сколько времени длится рейс?	ßkól'ka wr'émini dlíza r'ejß?
Was kostet eine Schiffskarte der... Klasse?	Сколько стоит билет... класса?	ßkól'ka ßtóit bil'ét... kláßa?
ersten	первого	p'érwawa
zweiten	второго	ftarówa
dritten	третьего	tr'ét'jiwa
An welcher Anlegestelle liegt das Schiff?	У какого причала стоит теплоход?	u kakówa pritschála ßtaít tiplachót?
Wie komme ich aufs Ober- (Unter)-deck?	Как пройти на верхнюю (нижнюю) палубу?	kak prajtí na w'érchn'uju (nísh-n'uju) pálubu?
Sagen Sie bitte, wo ist...?	Скажите, пожалуйста, где...?	ßkashýti, pashálußta, gd'e...?
der (Musik)salon	музыкальный салон	musykál'nyj ßalón
die Kabine	каюта	kajúta
der Filmsaal	кинозал	kinasál
das Restaurant	ресторан	rißtarán
das Schwimmbad	бассейн	baß'éjn
die Sauna	сауна	ßáuna
die Toilette	туалет	tual'et
Wo ist meine (unsere) Kajute?	Где моя (наша) каюта?	gd'e majá (náscha) kajúta?
Wie heißt dieser Hafen?	Как называется этот порт?	kak nasywáiza état port?

Wann kommen wir in Riga an?	Когда мы приходим в Ригу?	kagdá my prichódim w rígu?
Ich muß ein Radiogramm absenden	Мне нужно отправить радиограмму	mn’e núshna atpráwit’ radiagrámu
Ich werde seekrank	Меня укачивает	min’á ukátschiwait
Ich fühle mich nicht wohl	Я плохо себя чувствую	ja plócha ßib’á tschúßtwuju
Werden Sie seekrank?	Вы страдаете морской болезнью?	wy ßtradáiti marßkój bal’ésn’ju?
Mir macht das Schlingern nicht aus	Я хорошо переношу качку	ja charaschó pirinaschú kátschku
Ich möchte den Kapitän sprechen	Я хотел(а) * бы поговорить с капитаном	ja chat’él(a) * by pagawarít’ ß kapitánam

WÖRTER

der Anker	якорь	jákar’
der Anlegeplatz	причал	pritschál
die Besatzung	команда	kamánda
das Boot	лодка	lótka
das Bug	нос	noß
das Bullauge	иллюминатор	il’uminátar
das Deck	палуба	páluba
das Oberdeck	верхняя ~	w’érchn’aja ~
das Unterdeck	нижняя ~	níshn’aja ~
das Fahrgastschiff	теплоход	tiplachót
die Fähre	паром	paróm
das Fallreep	трап	trap
die Flagge	флаг	flak
der Fluß	река	riká
der Funkspruch	радиограмма	radiagráma
der Hafen	порт	port
das Heck	корма	karmá

die Kabine	каюта	kajúta
der Kai, der Liegeplatz	пристань	prí ßtan’
der Kapitän	капитан	kapitán
der Kielraum, der Laderaum	трюм	tr’um
die Kreuzfahrt	круиз	kruíß
die Küste	морской берег	marßkój b’érik
der Leuchtturm	маяк	maják
der Mast	мачта	mátschta
der Matrose	матрос	matróß
das Meer, die See	море	mór’e
das Passagierschiff	лайнер	lájnir
das Raucherzimmer	курительная комната	kurítil’naja kómnata
der Rettungsring (der Rettungsgurt)	спасательный круг (пояс)	ßpaßátil’nyj kruk (póiß)
das Rettungsboot	спасательная шлюпка (лодка)	ßpaßátil’naja schl’úpka (lótka)
der Salon	салон	ßalón
die Sandbank	мель	m’el’
der Schornstein	труба	trubá
der See	озеро	ósira
die Seekrankheit	морская болезнь	marßkája bal’ésn’
der Seemann	моряк	mar’ák
das Segelboot	яхта	jáchta
der Strand	пляж	pl’asch
der Sturm	шторм	schtorm
das Tau, das Seil	канат	kanát
das Ufer	берег	b’érik

das Flußufer	~ реки	~ rikí
das Seeufer	~ озера	~ ósira
der Unfall	несчастный случай	nischtscháßnyj ßlútschij
die Windstille	штиль	schtil'
die offene See	открытое море	atkrýtaje mór'e
ablegen	отчаливать	attscháliwat'
anlegen	причаливать	pritscháliwat'
eine Seereise antreten	отправляться в морское путешествие	atprawl'áza w marßkóje putischéßtwije
an Land gehen	сходить на берег	ßchadít' na b'érik
in See stechen	выходить в море	wychadít' w mór'e
mit einer Fähre übersetzen	переправляться на пароме	piriprawl'áza na parómi

FLUGZEUG САМОЛЁТ

▲ INFORMATION

Im Servicebüro Ihres Hotels oder an den Aeroflot-Schaltern von «Intourist» können Sie die Flugkarten für In- und Auslandsflüge bestellen, Flugreisen umbestellen oder die Reservierung bestätigen lassen. Die Abfertigung der Flugreise oder des Gepäcks erfolgt im Flughafen anderthalb bis zwei Stunden vor dem Abflug. Auf den Inlandsfluglinien ist es gestattet, bis 30 kg Gepäck pro Flugkarte, auf Auslandsfluglinien ebenfalls 30 kg in der 1. Klasse und 20 kg in der Touristenklasse kostenlos mitzunehmen. Übergewicht ist kostenpflichtig.

● PHRASEN

Wo befindet sich die Interflug-Vertretung?	Где находится представительство «Интерфлуга»?	gd'e nachódiza priztawitil'ßtwa interflúga?
Wie ruft man bei der Lufthansa-Vertretung an?	Как позвонить в представительство «Луфтганзы»?	kak paswanít' f priztawítil'ßtwa luftgánsy?

An welchen Tagen fliegen Maschinen nach...	По каким дням летают самолёты на...?	pa kakím dn'am litájut samal'óty na...?
Berlin	Берлин	birlín
Bonn	Бонн	bon
Wien	Вену	w'énu
Wie lange dauert der Flug?	Сколько длится полёт?	ßkól'ka dlíza pal'ót?
Wann fliegt die Maschine Flugnummer...?	Когда отправляется рейс номер...?	kagdá atprawl'áiza r'ejß nómir...?
Wann kommt die Maschine in... an?	Когда самолёт прилетает...?	kagdá samal'ót prilitáit...?
Berlin	в Берлин	w birlín

Frankfurt am Main	во Франкфурт на Майне	wa fránkfurt na májni
München	в Мюнхен	w m'únch'en
Ist es ein Direktflug?	Этот рейс прямой?	état r'ejß primój?
Gibt es eine Zwischenlandung?	Есть ли промежуточная посадка?	jeßt' li pramishútatschnaja paßátka?
Wo macht die Maschine die Zwischenlandung?	Где самолёт делает промежуточную посадку?	gd'e ßamal'ót d'élait pramishútatschnuju paßátku?
Geben Sie mir bitte eine Flugkarte bis... Flugnummer...	Дайте мне, пожалуйста, билет на самолёт до... рейс номер...	dájti mn'e, pashálußta, bil'ét na ßamal'ót da... r'ejs nómir...
Was kostet eine Flugkarte für Kinder?	Сколько стоит детский билет?	ßkól'ka ßtóit d'ézkij bil'ét?
Ist heute Flugwetter?	Сегодня лётная погода?	siwódn'a l'ótnaja pagóda?
Wann muß ich im Flughafen sein?	Когда я должен (должна)* быть в аэропорту?	kagdá ja dólshyn (dalshná)* byt' w aerapartú?
Ist der Flughafen weit von der Stadt?	Аэропорт далеко от города?	aerapórt dalikó ad górada?
Wie komme ich zum Flughafen?	Как мне добраться до аэропорта?	kak mn'e dabráza da aerapórta?
Was kostet ein Kilogramm Übergepäck?	Сколько нужно платить за килограмм лишнего веса?	ßkól'ka núshna platít' sa kilagrám líschniwa w'éßa?
Wann beginnt die Abfertigung?	Когда начинается регистрация?	kagdá natschináiza rigißtrázyja?
Hat man schon zum Ausgang eingeladen?	Уже объявили посадку?	ushé abjiwíli paßátku?

Sagen Sie bitte, wo ist...?	Скажите, где можно...?	ßkashýti, gd'e móshna...?
die Gepäckabfertigung	оформить багаж	afórmit' bagásch
die Paß- und Zollkontrolle	пройти паспортный и таможенный контроль	prajtí páßpartnyj i tamóshynnyj kantról'
Hier ist...	Вот мой...	wot moj...
meine Flugkarte	билет	bil'ét
mein Paß	паспорт	páßpart
mein Gepäck	багаж	bagásch
Kann ich die Tasche mitnehmen?	Я могу взять сумку с собой?	ja magú ws'at' ßúmku ß ßabój?
Wie komme ich zur Flugabfertigung?	Куда пройти на посадку?	kudá prajtí na paßátku?
Wo ist der Wartesaal?	Где находится зал ожидания?	gd'e nachódiza sal ashydánija?
Ich suche einen Vertreter von Aeroflot (Intourist)	Мне нужен представитель Аэрофлота (Интуриста)	mn'e núshyn priztawítil' aeraflóta (inturíßta)
Wo ist mein Platz?	Где моё место?	gd'e majó m'éßta?
Helfen Sie mir bitte beim Anschnallen (den Sessel verstellen)	Помогите мне, пожалуйста, пристегнуть ремни (откинуть кресло)	pamagíti mn'e, pashálußta, prißtignút' rimní (atkínut' kr'eßla)
Wie hoch fliegen wir?	На какой высоте мы летим?	na kakój wyßat'é my litím?
Wie ist die Fluggeschwindigkeit?	С какой скоростью летит наш самолёт?	ß kakój ßkóraßt'ju litít nasch ßamal'ot?
Darf man hier rauchen?	Можно здесь курить?	móshna sd'eß' kurít'?
Mir ist schlecht	Мне плохо	mn'e plócha
Mir ist übel	Меня тошнит	min'á taschnít

Mir tun die Ohren weh	У меня болят уши	u min'á bal'át úschy
Bringen Sie mir bitte...	Принесите, пожалуйста,...	prinißíti, pashálußta,...
ein Glas Wasser (Limonade)	стакан воды (лимонада)	ßtakán wadý (limanáda)
eine Tüte	гигиенический пакет	gigiinítschißkij pak'ét
Unser Flugzeug hat (keine) Verspätung	Наш самолёт (не) опаздывает	nasch ßamal'ót (ni) apásdywait
Wann sollen wir landen?	Когда мы должны приземлиться?	kagdá my dalshný prisimlíza?

WÖRTER

der Abflug	взлёт	wsl'ot
die Besatzung	экипаж	ekipásch
die Bordkarte	посадочный талон	paßádatschnyj talón
das Cockpit	кабина	kabína
der Flieger, der Pilot	лётчик, пилот	l'ótschik, pilót
der Flug	полёт	pal'ót
der Flughafen	аэропорт	aerapórt
das Flughafengebäude	аэровокзал	aerawagsál
die Flugnummer...	рейс номер...	r'ejß nómir...
der Flugplatz	аэродром	aeradróm
das Flugzeug	самолёт	ßamal'ót
die Gangway	трап	trap
die Geschwindigkeit	скорость	ßkóraßt'
die Höhe	высота	wyßatá
die Landung	посадка	paßátka
die Notlandung	вынужденная посадка	wýnushdinnaja paßátka

der Nonstopflug	беспосадочный полёт	bißpaßádatschnyj pal'ót
der Sicherheitsgürtel	пристежной ремень	prißtishnój rim'en'
die Stewardeß	стюардесса, бортпроводница	ßt'uardéßa, bortprawadníza
die Tüte	гигиенический пакет	gigiinítschißkij pak'ét
das Wetter	погода	pagóda
das Flugwetter	лётная ~	l'ótnaja ~
kein Flugwetter	нелётная ~	nil'ótnaja ~
abfertigen	регистрировать	rigißtrírawat'
abfliegen	взлететь	wslit'ét'
fliegen	лететь	lit'ét'
landen	совершить посадку	ßawirschýt' paßátku
zur Landung ansetzen	снижаться	ßnisháza
den Flug verschieben	задерживать рейс	sad'érshywat' r'ejß
die Landung durchgeben	объявить посадку	abjiwít' paßátku

AUTO. AUTOSERVICE — АВТОМОБИЛЬ. АВТОСЕРВИС

▲ INFORMATION

Der Autoreisende muß außer seinem Paß und Einreisevisum den nationalen bzw. internationalen Führerschein mit Beilage in russischer Sprache mithaben, die er bei der Einreise in die UdSSR erhält, sowie einen internationalen Registrierschein für seinen Wagen besitzen. Der Wagen muß das Nationalitätszeichen seines Landes aufweisen. Auf Wunsch kann der Reisende seinen Wagen bei der Versicherung für ausländische Wagen versichern lassen. Der Autoreisende erhält eine spezielle Karte, in die sein Name und Vorname, die Staatsangehörigkeit, Wagennummer, Reiseroute und Parkstellen eingetragen sind.

Benzingutscheine sind bei «Intourist» erhältlich. Tankstellen liegen an der Route in einem Abstand von etwa 100 bis 150 Kilometern. Die höchstzulässige Geschwindigkeit beträgt innerhalb von Ortschaften 60 km/h, außerhalb von Ortschaften 80 km/h.

Wo ist (sind)...?	Где ваша (ваши)...?	gd'e wáscha (wáschy)...?
Ihre Registrierkarte	регистрационная карта	rigißtrazyónnaja kárta
Ihr internationaler Führerschein	международные водительские права	mishdunaródnyi wadítil'ßkii prawá
Ihre Fahrzeugpapiere	документы на машину	dakum'énty na maschýnu
Zeigen Sie mir bitte auf der Karte den Weg nach...	Покажите, пожалуйста, на карте дорогу на...	pakashýti, pashálußta, na kárti darógu na...
Moskau	Москву	maßkwú
Leningrad	Ленинград	l'eningrát
Tallinn	Таллин	tálin
Wieviel Kilometer sind es bis...?	Сколько километров до...?	ßkól'ka kilam'étraf da...?
Leningrad	Ленинграда	l'eningráda
Moskau	Москвы	maßkwý
Berlin	Берлина	birlína
Wohin führt diese Straße?	Куда ведёт эта дорога?	kudá wid'ót éta daróga?
Fahre ich hier richtig zum...?	Правильно ли я еду к...?	práwil'na li ja jédu k...?
Campingplatz	кемпингу	k'émpingu
Motel	мотелю	matél'u
Wie komme ich nach...?	Как проехать к...?	kak prajéchat' k...?
Wo ist...?	Где...?	gd'e...?
die Autobahnausfahrt	въезд на автостраду	wjéßt na aftaßtrádu

eine Tankstelle	заправочная станция	sapráwatschnaja ßtánzyja
ein Parkplatz	стоянка автомобилей	ßtajánka aftamabílij
Gibt es in der Nähe...?	Есть ли поблизости...?	jeßt' li pablísaßti...?
eine Autoservice-Station	станция техобслуживания	ßtánzyja t'echapßlúshywanija
ein Restaurant	ресторан	rißtarán
einen Campingplatz	кемпинг	k'émpink
Ich brauche... Liter Benzin	Мне нужно... литров бензина	mn'e núshna... lítraf binsína
Was kostet ein Liter Benzin?	Сколько стоит литр бензина?	ßkól'ka ßtóit litr binsína?
Die Batterie ist entladen. Bitte laden Sie sie auf	Разряжен аккумулятор. Зарядите, пожалуйста, аккумулятор	rasr'áshyn akumul'átar. sariditi, pashálußta, akumul'átar
Bitte prüfen Sie den Reifendruck	Измерьте давление в шинах, пожалуйста	ism'ér'ti dawl'énije f schýnach, pashálußta

Wechseln Sie bitte das Rad aus	Замените колесо, пожалуйста	saminíti kalißó, pashálußta
Ich habe eine Panne	У меня авария	u min'á awárija
... ist defekt	Не работает...	ni rabótait...
die Zündung	зажигание	sashygánije
die Kupplung	сцепление	ßzypl'énije
der Scheinwerfer	фара	fára
Ich bitte Sie, den Wagen zu waschen	Прошу вас вымыть машину	praschú waß wýmyt' maschýnu
Wie lange dauert die Reparatur?	Сколько продлится ремонт?	ßkól'ka pradlíza rimónt?
Kann man mit diesem Defekt weiterfahren?	С этой неисправностью можно ехать дальше?	ß étaj niißpráwnaßt'ju móshna jéchat' dál'schy?
Was kostet die Reparatur?	Сколько я вам должен за ремонт?	ßkól'ka ja wam dólshyn sa rimónt?

GRENZ- UND ZOLL-KONTROLLE — ПОГРАНИЧНЫЙ И ТАМОЖЕННЫЙ КОНТРОЛЬ

▲ INFORMATION
● PHRASEN
■ WÖRTER

▲ INFORMATION

Die Grenz- und Zollkontrolle erfolgt bei der Einreise mit dem Zug oder mit dem Wagen an der Grenze bzw. im Flughafen. Die in die UdSSR einreisenden Touristen müssen sich mit den Zollvorschriften vertraut machen, die aufweisen, was ein- bzw. ausgeführt werden darf. Sowjetisches Geld darf nicht ausgeführt werden. Die bei der Einreise ausgefüllte Zollerklärung ist bis zur Ausreise aus der UdSSR aufzubewahren.

● PHRASEN

PAßKONTROLLE	**ПАСПОРТНЫЙ КОНТРОЛЬ**	
Wo ist die Paßkontrolle?	Где паспортный контроль?	gd'e páßpartnyj kantról'?
Ich bin Bürger der DDR (der BRD, Österreichs, der Schweiz)	Я гражданин ГДР (ФРГ, Австрии, Швейцарии)	ja grashdanín ge-de-ér (fe-er-gé, áfßtrii, schwijzárii)
Mein Name ist...	Моя фамилия...	majá famílija...
Hier ist mein Paß	Вот мой паспорт	wot moj páßpart
Ich habe einen Diplomatenpaß	У меня дипломатический паспорт	u min'á diplamatítschißkij páßpart
Hier ist mein...	Вот моя... виза	wot majá wísa
Einreisevisum	въездная	wjisnája
Ausreisevisum	выездная	wyjisnája
Transitvisum	транзитная	transítnaja
Ich reise...	Цель моей поездки...	zel' majéj pajéßtki...
geschäftlich	деловая	dilawája
als Tourist	туризм	turísm
privat	личная	lítschnaja

Ich fahre in die UdSSR	Я направляюсь в СССР	ja naprawl'ájuß' w eß-eß-eß-ér
Mit mir fährt...	Со мной едет...	ßa mnoj jédit...
meine Frau	жена	shyná
mein Sohn	сын	syn
meine Tochter	дочь	dotsch
Die Kinder sind (Mein Kind ist) in meinem Paß (im Paß meiner Frau) eingetragen	Дети вписаны (Ребёнок вписан) в мой паспорт (в паспорт моей жены)	d'éti fpíßany (rib'ónak fpíßan) w moj páßpart (f páßpart majéj shyný)
Helfen Sie mir bitte, dieses Formular auszufüllen	Помогите мне заполнить этот бланк, пожалуйста	pamagíti mn'e sapólnit' état blank, pashálußta
Wo muß ich unterschreiben?	Где я должен расписаться?	gd'e ja dólshyn raspißáza?
Ich möchte mich mit meiner Botschaft (mit meinem Konsulat) in Verbindung setzen	Я хочу связаться со своим посольством (консульством)	ja chatschú ßwisáza ßa ßwaím paßól'ßtwam (kónßul'ßtwam)

ZOLLKONTROLLE — ТАМОЖЕННЫЙ КОНТРОЛЬ

Ich brauche eine Zollerklärung	Мне нужен бланк таможенной декларации	mn'e núshyn blank tamóshynnaj diklarázyi
Füllen Sie bitte die Zollerklärung aus	Заполните декларацию	sapólniti diklarázyju
Zeigen Sie bitte Ihre Zollerklärung	Пожалуйста, покажите вашу таможенную декларацию	pashálußta, pakashýti wáschu tamóshynnuju diklarázyju
Ich habe nichts einzutragen	Мне нечего заявить в декларации	mn'e n'étschiwa sajiwít' w diklarázyi

Hier ist mein Gepäck	Вот мой багаж	wot moj bagásch
Ich habe eine Einfuhrerlaubnis	У меня есть разрешение на ввоз	u min'á jeßt' rasrischénije na wwoß
Ich habe nur persönliche Gebrauchsgegenstände	У меня только вещи личного пользования	u min'á tól'ka w'éschtschi lítschnawa pól'sawanija
Werden diese Sachen verzollt?	Эти вещи облагаются пошлиной?	éti w'éschtschi ablagájuza póschlinaj?
Ich habe nur einige Geschänke und Andenken bei mir	У меня есть несколько подарков и сувениров	u min'á jeßt' n'éßkalka padárkaf i ßuwiníraf
Wieviel Zollgebühr habe ich zu zahlen?	Какую пошлину я должен заплатить?	kakúju póschlinu ja dólshyn saplatít'?
Ich habe keine Valuta mit	У меня нет иностранной валюты	u min'á n'et inaßtránnaj wal'úty
Ich habe...	У меня...	u min'á...
Rubel	рублей	rubl'éj
Mark	марок	márak
Schilling	шиллингов	schílingaf
Schweizer Franken	швейцарских франков	schwijzárßkich fránkaf
Ich habe... mit	Я везу с собой...	ja wisú ß ßabój...
eine Stange Zigaretten	блок сигарет	blok ßigar'ét
zwei Flaschen Wein	две бутылки вина	dw'e butýlki winá
Hier ist mein Paß	Вот мой паспорт	wot moj páßpart
Ist das Ihr Koffer?	Этот чемодан ваш?	état tschimadán wasch?
Machen Sie bitte diesen Koffer auf	Откройте этот чемодан, пожалуйста	atkrójti état tschimadán, pashálußta
Das ist mein Koffer	Этот чемодан мой	état tschimadán moj

Dies alles ist mein Gepäck	Весь этот багаж мой	w'eß' état bagásch moj
Soll ich den Koffer aufmachen?	Открыть чемодан?	atkrýt' tschimadán?

■ WÖRTER

der Ausländer	иностранец	inaßtrániz
der Beruf	профессия	praf'éßija
die Botschaft	посольство	paßól'ßtwa
die Dienstreise	командировка	kamandirófka
das Dokument	документ	dakum'ént
die Fahrzeugpapiere	технический паспорт	tichnítschißkij páßpart
die Filmkamera	кинокамера	kinakámira
der Fotoapparat	фотоаппарат	fotaaparát
der Gepäckschein	багажная квитанция	bagáshnaja kwitánzyja
das Gold	золото	sólata
die Grenze	граница	graníza
die Grenzstation	пограничная станция	pagranítschnaja ßtánzyja
das Konsulat	консульство	kónßul'ßtwa
der Paß	паспорт	páßpart
der diplomatische Paß	дипломатический ~	diplamatítschißkij ~
der Dienstpaß	служебный ~	ßlushébnyj ~
der Touristenpaß	туристский ~	turíßßkij ~
die Paßkontrolle	паспортный контроль	páßpartnyj kantról'
die Paßnummer	номер паспорта	nómir páßparta
die Quittung	квитанция	kwitánzyja
die Reise	путешествие	putischéßtwije

das Reiseziel	цель поездки	zel' pajéßtki
das Silber	серебро	ßiribró
die Staatsangehörigkeit	подданство	póddanßtwa
die Staatsbürgerschaft	гражданство	grashdánßtwa
der Tabak	табак	tabák
die Touristenreise	туристическая поездка	turißtítschißkaja pajéßtka
die Verlängerung des Visums	продление визы	pradl'énije wísy
das Visum	виза	wísa
das Einreisevisum	въездная ~	wjisnája ~
das Ausreisevisum	выездная ~	wyjisnája ~
das Transitvisum	транзитная ~	transítnaja ~
die Währung	валюта	wal'úta
das Zollamt	таможня	tamóshn'a
die Zollbehörde	таможенное управление	tamóshynnaje uprawl'énije
die Zollbeschränkungen	таможенные ограничения	tamóshynnyi agranitschenija
die Zollgebühr	таможенная пошлина	tamóshynnaja póschlina
die Zollgenehmigung	разрешение таможни	rasrischénije tamóshni
der Zollinspektor	таможенный инспектор	tamóshynnyj inßp'éktar
die Zollkontrolle	таможенный контроль	tamóshynnyj kantról'
die Zollstelle	таможенный зал	tamóshynnyj sal
die Zollerklärung	таможенная декларация	tamóshynnaja diklarázyja

ausführen	вывозить	wywasít’
einführen	ввозить	wwasít’
alkoholische Getränke	алкогольные напитки	alkagól’nyi napítki
die internationale Fahrerlaubnis	международные водительские права	mishdunaródnyi wadítil’ßkii prawá
die internationale Impfbescheinigung	международное свидетельство о вакцинации	mishdunaródnaje ßwid’étil’ßtwa a wakzynázii
der internationale Versicherungsschein	международное страховое свидетельство	mishdunaródnaje ßtrachawóje ßwid’étil’ßtwa
zollfreie Einfuhr	беспошлинный ввоз	bißpóschlinnyj wwoß
die Zollerklärung ausfüllen	заполнить декларацию	sapólnit’ diklarázyju
Zollgebühren erheben	облагаться пошлиной	ablagáza póschlinaj
zollpflichtig sein	подлежать обложению пошлиной	padlishát’ ablashéniju póschlinaj

ALLGEMEINGEBRÄUCHLICHE WÖRTER UND WENDUNGEN

УПОТРЕБИТЕЛЬНЫЕ СЛОВА И ВЫРАЖЕНИЯ

● PHRASEN

ANREDE	ОБРАЩЕНИЕ	
Verzeihen Sie,...	Простите,...	praßtíti,...
Entschuldigen Sie,...	Извините,...	iswiníti,...
Seien Sie so gut,...	Будьте добры,...	bútti dabrý,...
Sagen Sie bitte,...	Скажите, пожалуйста,...	ßkashýti, pashálußta,...
Seien Sie so liebenswürdig,...	Будьте любезны,...	bútti l'ub'ésny,...
Entschuldigen Sie die Störung,...	Простите за беспокойство,...	praßtíti sa bißpakójßtwa,...
Würden Sie so liebenswürdig sein,...	Не будете ли вы так любезны,...	ni búditi li wy tak l'ub'ésny,...
Genosse (Genossen)!	Товарищ(и)!	tawárischtsch(i)!
Chauffeur	водитель	wadítil'
Verkäufer	продавец	pradaw'éz
Milizionär	милиционер	milizyan'ér
Vorsitzender	председатель	pritßidátil'
Direktor	директор	dir'éktar
Werte Genossen!	Уважаемые товарищи!	uwasháimyi tawárischtschi!
Genossen Delegierte!	Товарищи делегаты!	tawárischtschi diligáty!
Kollegen!	Коллеги!	kal'égi!
Liebe Freunde!	Дорогие друзья!	daragíi drus'já!

Geehrte Herren!	Уважаемые господа!	uwasháimyi gaßpadá!
Meine Damen und Herren!	Дамы и господа!	damy i gaßpadá!
Jünger Mann!	Молодой человек!	maladój tschilaw'ék!
Fräulein! Junge Frau!	Девушка!	d'éwuschka!
Junge!	Мальчик!	mál'tschik!
Mädchen!	Девочка!	d'éwatschka!
Jungs! (*gegenüber Jungen wie auch Jungen und Mädchen*) Kinder!	Ребята!	r'ib'áta!

BEGRÜßUNG — **ПРИВЕТСТВИЕ**

Guten Tag!	Здравствуй(те)!	sdráßtwuj(ti)!
Guten Tag, Ira!	Здравствуй, Ира!	sdráßtwuj, íra!
Guten Tag, Iwan Iwanowitsch!	Здравствуйте, Иван Иванович!	sdráßtwujti, iwán iwánawitsch!
Sei (Seid) gegrüßt! Hallo!	Привет!	priw'ét!
Guten Morgen!	Доброе утро!	dobráje útra!
Einen schönen guten Morgen!	С добрым утром!	s dóbrym útram!
Guten Tag!	Добрый день!	dóbryj d'en'!
Guten Abend!	Добрый вечер!	dóbryj w'étschir!
Ich begrüße Sie im Namen...	[Я] приветствую вас от имени...	[ja] priw'éztwuju waß at ímini...
Gestatten Sie, Sie zu begrüßen!	Разрешите вас приветствовать!	rasrischýti waß priw'éztwawat'!
Ich bin froh, Sie begrüßen zu können	Рад (Рада) * приветствовать вас	rat (ráda) * priw'éztwawat' waß

Ich bin [sehr] froh, Sie (dich) zu sehen!	[Очень] рад (рада) * вас (тебя) видеть!	ótschin' rat (ráda) * waß (tib'á) wídit'!
Wie gut, daß ich Sie (dich) getroffen habe!	Как хорошо, что я встретил(а) * вас (тебя)!	kak charaschó, schto ja fßtr'étil(a) * waß(tib'á)
Wie geht es Ihnen (dir)?	Как [идут] ваши (твои) дела?	kak [idút] wáschy (twaí) dilá?
Wie geht's? Wie steht's?	Как дела?	kak dilá?
Wie geht es Ihnen (dir) gesundheitlich?	Как ваше (твоё) здоровье?	kak wásche (twajó) sdarów'je?
Wie fühlen Sie sich?	Как вы себя чувствуете?	kak wy ßib'á tschúßtwuiti?
Wie geht's? (*beruflich*)	Как успехи?	kak ußp'échi?
Wie geht's? (*Wie ist das Leben?*)	Как жизнь?	kak shys'n'?
Was gibt's bei dir (Ihnen) Neues?	Что у тебя (вас) нового?	schto u tib'á (waß) nówawa?
Was hört man Neues?	Что слышно нового?	schto ßlýschna nówawa?
Gut	Хорошо	charaschó
Glänzend	Прекрасно	prikráßna
Großartig	Замечательно	samitschátil'na
Hervorragend	Великолепно	wilikal'épna
Alles [ist] in Ordnung	Всё в порядке	fß'o f par'átki
Es geht einigermaßen	Ничего. Более менее	nitschiwó. Bólije m'énije
Normal	Нормально	narmál'na
Soso lala	Ни хорошо, ни плохо, так себе	ni charaschó, ni plócha, ták ßib'e

Wie soll ich es Ihnen (dir) sagen?	Как вам (тебе) сказать?	kak wam (tib'é) ßkaßát'?
Eigentlich nicht schlecht	Как будто неплохо	kak bútta niplócha
Nicht besonders	**Не особенно/Не очень**	**ni aßóbinna/ni ótschin'**
Schlecht	Плохо	plócha
Nicht besonders gut	Неважно	niwáshna
Frage(n Sie) lieber nicht	Лучше не спрашивай(те)	lútschy ni ßpráschywaj(ti)
Schlimmer kann man sich's gar nicht vorstellen	Хуже не придумаешь	chúshy ni pridúmaisch
Schlimmer geht's nicht	Хуже некуда	chúshy n'ékuda
EINLADUNG	**ПРИГЛАШЕНИЕ**	
Ich lade Sie (dich) ...ein	Я приглашаю вас (тебя)...	ja priglascháju waß (tib'á)...
ins Restaurant	в ресторан	w rißtarán
zum Tee	на чай	na tschaj
Ich möchte Sie (dich) gern ...einladen	Я хотел(а) * бы пригласить вас (тебя)...	ja chát'el(a) * by priglaßít' waß (tib'á)...
ins Theater	в театр	f tiátr
zum (zu einem) Konzert	на концерт	na kanzért
in eine Ausstellung	на выставку	na wýßtafku
Darf ich Sie einladen?	**Могу ли я/Можно ли мне** пригласить Вас?	**magú li ja/móshna li mn'e** priglaßít' waß?
Gestatten Sie [mir], Sic einzuladen...	Разрешите [мне] пригласить вас...	rasrischýti [mn'e] priglaßít' waß...

● PHRASEN

Gestatten Sie, Sie einzuladen...	Позвольте [мне] пригласить вас...	paswól'ti [mn'e] priglaßít' waß...
Besuche(n Sie) uns (mich)!	Приходи(те) к нам (ко мне) в гости!	prichadí(ti) k nam (ka mn'e) w góßti!
Schau(en Sie) mal bei uns (bei mir) vorbei!	Заходите(те) к нам (ко мне)!	sachadí(ti) k nam (ka mn'e)!
Tritt (Treten Sie) ein!	Входи(те)!	wchadí(ti)!
Herein!	Войдите!	wajdíti!
Möchten Sie (nicht)...?	Не хотите ли...?	ni chatíti li...?
in ein (ins) Konzert gehen	пойти на концерт	pajtí na kanzért
zu uns kommen	зайти к нам	sajtí k nam
ins Kino gehen	сходить в кино	ßchadít' f kinó
Wären Sie einverstanden...?	Не согласитесь ли вы...?	ni ßaglaßítiß' li wy...?
Können Sie nicht ins Servicebüro kommen?	Не можете ли вы зайти в бюро обслуживания?	ni móshyti li wy sajtí w b'uró apßlúshywanija?
Greifen Sie zu!	Угощайтесь!	ugaschtschájtiß'!
Greif zu!	Угощайся!	ugaschtschájß'a!
Kosten Sie unbedingt dieses Gericht!	Попробуйте обязательно это блюдо!	papróbujti abisátil'na éta bl'úda!

BITTE. RAT. VORSCHLAG — ПРОСЬБА. СОВЕТ. ПРЕДЛОЖЕНИЕ

Bitte,...	Пожалуйста,...	pashálußta,...
Seien Sie so gut,...	Будьте добры,...	bútti dabrý,...
Seien Sie so liebenswürdig,...	Будьте любезны,...	bútti l'ub'ésny,...

Können Sie (nicht)...?	Вы не можете...?	wy ni móshyti...?
Macht es Ihnen nichts aus...?	Вам не трудно будет...?	wam ni trudna búdit...?
anzurufen	позвонить	paswanít’
zu kommen	прийти	prittí
Entschuldigen Sie, können Sie mir helfen?	Простите, вы не могли бы мне помочь?	praßtíti, wy ni maglí by mn’e pamótsch?
Ich bitte Sie (dich)	Я прошу вас (тебя)	ja praschú waß (tib’á)...
Sei so nett,...	Будь другом,...	but’ drúgam,...
hilf	помоги	pamagí
sage	скажи	ßkashý
schreibe	напиши	napischý
Ich rate Ihnen (dir)	Я советую вам (тебе)	ja ßaw’étuju wam (tib’é)
Ich schlage vor,...	Я предлагаю...	ja pridlagáju...
sich mit... zu treffen	встретиться с...	fßtr’étiza ß...
mit... zu sprechen	поговорить с...	pagawarít’ ß...
anzurufen	позвонить	paswanít’
zu schreiben	написать	napißát’
DANK	**БЛАГОДАРНОСТЬ**	
Danke!	Спасибо!	ßpaßíba!
Vielen Dank!	Большое спасибо!	bal’schóje ßpaßíba!
Ich danke Ihnen (dir) für...!	Спасибо вам (тебе) за...!	ßpaßíba wam (tib’é) sa...!
alles	всё	fß’o
das Buch	книгу	knígu
die Hilfe	помощь	pómaschtsch
Ich bedanke mich	Благодарю вас (те-	blagadar’ú waß

bei Ihnen (dir) für...	бя) за...	(tib'á) sa...
die Einladung	приглашение	priglaschénije
die Hilfe	помощь	pómaschtsch
Ich bin Ihnen (dir) [sehr] zu Dank verpflichtet	Я вам (тебе) [очень] обязан(а) *	ja wam (tib'é) [ótschin'] ab'á-san(a) *
Wie ich Ihnen (dir) dankbar bin!	Как я вам (тебе) благодарен (благо-дарна) *!	kak ja wam (tib'é) blagadárin (blaga-dárna) *!
Sie können sich (du kannst dir) gar nicht vorstellen, wie sehr ich Ihnen (dir) verbunden bin	Вы не представляе-те (Ты не представ-ляешь), как я вам (тебе) признателен (признательна) *	wy ni priztaw-l'áiti (ty ni pri-ztawl'áisch), kak ja wam (tib'é) prisnátilin (pris-nátil'na) *
Wenn Sie (du) wüß-ten (wüßtest), wie sehr ich Ihnen (dir)...	Если бы вы знали (ты знал(а) *), как я вам (тебе)...	jéßli by wy snáli (ty snál(a) *), kak ja wam (tib'é)...
dankbar bin	благодарен (благодарна) *	blagadárin (bla-gadárna) *
verbunden bin	признателен (признательна) *	prisnátilin (prisnátil'na) *
verpflichtet bin	обязан(а) *	ab'ásan(a) *
Mir fehlen die Worte, um Ihnen meinen Dank zum Ausdruck zu brin-gen	Нет слов, чтобы выразить вам мою благодарность	n'et ßlof, schtóby wýrasit' wam majú blagadárnaßt'
Meine Dankbarkeit (Verbundenheit) kennt keine Gren-zen	Моя благодар-ность (признательность) не знает границ	majá blagadárnaßt' (prisnátil'naßt') ni snáit graníz
... Ihnen danken	... поблагодарить вас	... pablagadarít' waß

Ich will	Я хочу	ja chatschú
Ich möchte	**Мне хочется/Я хотел(а) * бы**	**mn'e chótschiza/ja chat'él(a) * by**
Ich muß	Я должен	ja dólshyn
Gestatten Sie, Ihnen meinen Dank auszusprechen	Позвольте выразить вам мою благодарность	paswól'ti wýrasit' wam majú blagadárnaßt'
Mich rührt Ihre Aufmerksamkeit (Liebenswürdigkeit)	Тронут вашим вниманием (вашей любезностью)	trónut wáschym wnimániim (wáschej l'ub'ésnaßt'ju)
Sie sind sehr liebenswürdig	Вы очень любезны	wy ótschin' l'ub'ésny
Sie sind so aufmerksam	Вы так внимательны	wy tak wnimátil'ny
Das ist sehr lieb Ihrerseits (deinerseits)	Это очень мило с вашей (твоей) стороны	éta ótschin' míla ß wáschyj (twajéj) ßtaraný
Bitte!	Пожалуйста!	pashálußta!
Keine Ursache!	Не за что!	n'é sa schto!
Keine Ursache zur Dankbarkeit	Не стоит благодарности	ni ßtóit blagadárnaßti!
Es war mir sehr angenehm, Ihnen (dir) zu helfen	Мне было очень приятно помочь вам (тебе)	mn'e býla ótschin' prijátna pamótsch wam (tib'é)
Aber ich habe doch Ihnen (dir) zu danken!	Это я должен (должна) * вас (тебя) поблагодарить!	éta ja dólshyn (dalshná) * waß (tib'á) pablagadarit'!
Schon gut!	На здоровье!	na sdarów'je!
Keine Ursache!	Ну что вы (ты)!	nu schto wy (ty)!
Aber ich bitte Sie (dich), das ist doch eine Kleinigkeit!	Ну что вы (ты), какие пустяки!	nu schto wy (ty), kakii pußtikí!

EINVERSTÄNDNIS	**СОГЛАСИЕ**	
Ja	Да	da
Natürlich	Конечно	kan'éschna
Natürlich	Разумеется	rasum'éiza
Unbedingt	Безусловно	bisußlówna
Richtig	Правильно	práwil'na
Richtig/Wahr/Stimmt	Верно	w'érna
Tatsächlich	Действительно	dijßtwítil'na
Einverstanden	Согласен (Согласна) *	ßagláßin (ßagláßna) *
Das ist selbstverständlich	Это само собой разумеется	éta ßamó ßabój rasum'éiza
Abgemacht	Договорились	dagawaríliß'
Gut	Хорошо	charaschó
Gut/schön	Ладно	ládna
Ich sage nicht nein	Не откажусь	ni atkashúß'
Gern	Охотно	achótna
Mit Vergnügen	С удовольствием	ß udawól'ßtwijem
Ganz recht	Совершенно правильно	ßawirschénna práwil'na
Ich habe nichts dagegen	Я не возражаю	ja ni wasrasháju
FEHLENDES EINVERSTÄNDNIS	**НЕСОГЛАСИЕ**	
Nein	Нет	n'et
Nein, danke	Нет, спасибо	n'et, ßpaßíba
Nein, ich kann nicht	Нет, я не могу	n'et, ja ni magú

Entschuldigen, so ist das nicht	Извините, это не так	iswiníti, éta ni tak
Verzeihung, das stimmt nicht	Простите, это неверно	praßtíti, éta niw'érna
Es ist untersagt/Das darf man nicht	Нельзя	nil's'á
In gar keinem Fall	Ни в коем случае	ni f kóim ßlútschii
Nein, so nicht	Нет, не так	n'et, ni tak
Natürlich, so nicht	Конечно, не так	kan'éschna, ni tak
So ist das nicht/Das verhält sich anders	Это не так	éta ni tak
Falsch	Неправильно	nipráwil'na
Unrichtig/Falsch	Неверно	niw'érna
Es tut mir sehr leid, doch...	Мне очень жаль, но...	mn'e ótschin' shal', no...
Sie haben unrecht	Вы неправы	wy nipráwy
Ich bin mit Ihnen (dir) nicht einverstanden	Я не согласен (согласна)* с вами (тобой)	ja ni ßagláßin (ßagláßna)* ß wámi (tabój)
Ich erlaube mir, Ihnen (dir) nicht zuzustimmen	Я позволю себе не согласиться с вами (тобой)	ja paswól'u ßib'e ni ßaglaßíza ß wámi (tabój)
Erlauben (Gestatten) Sie, Ihnen zu widersprechen	Позвольте (Разрешите) вам возразить	paswól'ti (rasrischýti) wam wasrasít'
Gestatten Sie, eine andere Meinung (einen anderen Standpunkt) zum Ausdruck zu bringen	Позвольте высказать иное мнение (иную точку зрения)	paswól'ti wýßkasat' inóje mn'énije (inúju tótschku sr'énija)
Das ist unmöglich	Это невозможно	éta niwasmóshna
Daran glaube ich nicht	Я в это не верю	ja w éta ni w'ér'u

Ich bin nicht sicher, daß das so ist	Я не уверен, что это так	ja ni uw'érin, schto éta tak
Es fällt schwer, daran zu glauben	В это трудно поверить	w éta trúdna pa-w'érit'
Hier stimmt doch etwas nicht	Здесь что-то не так	sd'eß' schtó-ta ni tak
Kaum	Вряд ли	wr'at li
Das ist kaum möglich	Вряд ли это возможно	wr'at li éta was-móshna
Ich bin nicht sicher, daß das so ist	Я не уверен, что это так	ja ni uw'érin, schto éta tak
Schwer zu sagen	Трудно сказать	trúdna ßkasát'
Das ist kaum (wenig) wahrscheinlich	Это маловероятно	éta malawirajátna

MAHNUNG	**ПРЕДУПРЕЖДЕНИЕ**	
Sehen Sie zu, daß Sie...	Смотрите, не...	ßmatríti, ni...
sich nicht verspäten	опоздайте	apasdájti
nicht vergessen	забудьте	sabút'ti
nicht verlieren	потеряйте	patir'ájti
sich nicht erkälten	простудитесь	praßtudítiß'
Nun, ich gehe los	Ну, я пошёл	nu, ja paschól
Nun, ich muß **gehen/aufbrechen/fahren**	Ну, мне пора	nu, mn'e pará
Vorsicht! [Ein] Auto!	Осторожно! Машина!	aßtaróshna! maschýna!

RATSCHLÄGE	СОВЕТЫ	
Ich rate Ihnen (dir)...	Советую вам (тебе) ...	ßaw'étuju wam (tib'é)...
Sie müssen... gehen	Вам нужно пойти...	wam núshna pajtí...
zum Arzt	к врачу	k wratschú
in die Apotheke	в аптеку	w apt'éku
Sie müssen... kaufen	Вам надо купить...	wam náda kupít'...
Abzeichen	значки	snatschki
Bücher	книги	knígi
Es lohnt sich nicht, sich...	**Не стоит/Не надо**...	**ni stóit/ni náda**...
aufzuregen	волноваться	walnawáza
zu beunruhigen	беспокоиться	bißpakóiza
verstimmt zu sein	расстраиваться	raßßtráiwaza
sich zu ärgern	сердиться	ßirdíza

PHRASEN

ERSTAUNEN. ZWEIFEL	УДИВЛЕНИЕ. СОМНЕНИЕ	
Ist das wahr? Stimmt das?	Правда?	práwda?
Wahrhaftig? Wirklich?	Разве?	ráswi?
Wirklich? Ist es möglich?	Неужели?	niushéli?
Wieso?	Как же так?	kak she tak?
Das kann (doch) nicht (wahr) sein!	Не может этого быть!	ni móshyt étawa byt'!
Sieh da! Sieh mal einer an!	Вот как!	wot kak!
Ach so ist das?	Даже так?	dáshe tak?

PHRASEN

BEDAUERN. MITGEFÜHL — СОЖАЛЕНИЕ. СОЧУВСТВИЕ

PHRASEN

Schade	Жаль	shal’
Sehr schade	Очень жаль	ótschin’ shal’
Wie schade, daß Sie wegfahren	Как жаль, что вы уезжаете	kak shal’, schto wy ujishsháiti
Es tut mir leid, daß du [mit uns] nicht mitkommen (mitfahren) kannst	Мне жаль, что ты не можешь пойти (поехать) с нами	mn’e shal’, schto ty ni móshysch pajtí (pajechat’) ß námi
Oh weh! Ach! O!	Увы!	uwý!
Leider...	К сожалению...	k ßashyl’éniju...
Sie haben (du hast) Pech gehabt!	Вам(Тебе) не повезло!	wam(tib’é) ni pawisló!
Das ist furchtbar!	Это ужасно	éta usháßna!
Erlauben Sie mir Ihnen mein Beileid auszusprechen	Разрешите выразить вам моё соболезнование	rasrischýti wýrasit’ wam majó ßabal’ésnawanije

ENTSCHULDIGUNG — ИЗВИНЕНИЕ

PHRASEN

Entschuldige(n Sie)	Извини(те)	iswini(ti)
Entschuldige(n Sie) bitte	Извини(те), пожалуйста	iswini(ti), pasháłußta
Verzeih(en Sie)	Прости(те)	prastí(ti)
Verzeih(en Sie) bitte	Прости(те), пожалуйста	prastí(ti), pashálußta
Ich muß mich bei Ihnen entschuldigen	Я должен (должна) * извиниться перед вами	ja dólshyn (dalshná) * iswiníza pirid wámi
Sei(en Sie) nicht böse [auf mich]	Не сердись (сердитесь) [на меня]	ni ßirdíß’ (ßirdítiß’) [na min’á]

Ich will (wollte) Sie (dich) nicht beleidigen	Я не хочу (не хотел(а)* вас (тебя) обидеть	ja ni chatschú (ni chat'él(a) *) waß (tib'á) abídit'
Ich bin Ihnen (dir) gegenüber schuldig	Я виноват(а) * перед вами (тобой)	ja winawát(a) * pirid wámi (tabój)
Entschuldige(n Sie),...	Извини(те),...	iswiní(ti),...
ich bin in Eile	я спешу	ja ßpischú
ich muß aufbrechen	мне пора	mn'e pará
ich bin beschäftigt	я занят	ja sánit
ich habe zu tun	у меня дела	u min'á dilá

ANTWORTEN AUF ENTSCHULDIGUNG — **ОТВЕТЫ НА ИЗВИНЕНИЕ**

Bitte	Пожалуйста	pashálußta
Tut nichts/Schon gut	Ничего	nitschiwó
Keine Ursache [zur Entschuldigung]	Не стоит [извинения]	ni ßtóit [iswin'énija]
Aber ich bitte Sie!	Ну что Вы! Да что Вы!	nu schtó wy! da schtó wy!
Das macht doch nichts!	Ничего страшного!	nitschiwó ßtráschnawa!
Nicht der Rede wert!	Какие **пустяки/мелочи**!	kakii **pußtikí/m'élatschi**!

GLÜCKWUNSCH — **ПОЗДРАВЛЕНИЕ**

Herzlichen Glückwunsch...		
zum Feiertag!	С праздником!	ß prásnikam!

zum Neuen Jahr!	С Новым годом!	ß nówym gódam!
zum Geburtstag!	С днём рождения!	s dn'om rashd'énija!
Von ganzem Herzen gratuliere ich Ihnen zum...	От всей души (От всего сердца) поздравляю вас...	at fß'éj duschý (at fßiwó ß'érza) pasdrawl'áju waß...
Feiertag	с праздником	ß prásnikam
zur Verteidigung der Dissertation (der Diplomarbeit)	с защитой диссертации (диплома)	s saschtschítaj dißirtázyi (diplóma)
Nehmen Sie meine Glückwünsche zum Geburtstag entgegen	Примите мои поздравления с днём рождения	primíti maí pasdrawl'enija s dn'om rashd'énija
Gestatten Sie, Ihnen zu gratulieren	Разрешите поздравить вас	rasrischýti pasdráwit' waß
Übermitteln Sie... meine Glückwünsche	Передайте мои поздравления...	piridájti maí pasdrawl'énija...
Ihrer Frau	вашей жене	wáschyj shyn'é
Ihrem Mann	вашему мужу	wáschymu múshu

WUNSCH / ПОЖЕЛАНИЕ

Ich (Wir) wünsche(n) Ihnen (dir) Erfolg!	Успехов вам (тебе)!	ußp'échaf wam (tib'é)!
Ich (wir) wünsche(n) Ihnen (dir) Erfolg!	Желаю (Желаем) удачи!	shyláju (shyláim) udátschi!
Ich wünsche Ihnen (dir)...	Желаю вам (тебе)...	shyláju wam (tib'é)...
Glück	счастья	schtschäßt'ja
Gesundheit	здоровья	sdaróẃja
die Zeit angenehm zu verbringen	приятно провести время	prijátna prawißti wr'ém'a

Hals- und Beinbruch!	Ни пуха ни пера!	ni púcha ni pirá!
Glückliche Reise!	Счастливого пути!	schtschißlíwawa putí!
Ich (wir) wünsche(n) dir (Euch) zuhause Glück und Wohlergehen!	Счастливо оставаться!	schtschißlíwa aßtawáza!
Gute Nacht!	Спокойной ночи!	ßpakójnaj nótschi!
Schlafe(n Sie) gut!	Приятного сна!	prijátnawa ßna!
Guten Appetit!	Приятного аппетита!	prijátnawa apitíta!
Bleib(t) gesund!	Не болей(те)!	ni bal'éj(ti)!
Werde(t) bald wieder gesund!	Выздоравливай(те) поскорее!	wysdaráwliway(ti) paßkar'éje!
Gute Besserung!	Поправляйся (Поправляйтесь)!	paprawl'ájß'a (paprawl'ájtiß')!

KOMPLIMENTE / КОМПЛИМЕНТЫ

Sie sind (Du bist) ein guter...	Вы (Ты) хороший...	wy (ty) charóschyj...
Fachmann	специалист	ßpizyalißt
Mathematiker	математик	matimátik
Musiker	музыкант	musykánt
Was sind Sie doch für ein... Mensch!	Какой вы... человек!	kakój wy... tschilaw'ék!
guter/gütiger	добрый	dóbryj
hilfsbereiter	отзывчивый	adsýftschiwyj
guter	хороший	charóschyj
kluger	умный	úmnyj
verträglicher	покладистый	pakládißtyj
feinfühliger	чуткий	tschútkij

PHRASEN

Sie... großartig	Вы прекрасно...	wy prikráßna...
tanzen...	танцуете	tanzúiti
singen...	поёте	pajóti
spielen...	играете	igráiti
Sie haben (du hast) einen... Charakter	У вас (тебя)... характер	u waß (tib'á)... charáktir
sanften	мягкий	m'áchkij
guten	хороший	charóschyj
Sie haben (du hast) einen... Verstand	У вас (тебя)... ум	u waß (tib'á)... um
kritischen	критический	kritítschißkij
scharfen	острый	óßtryj
Sie haben (Du hast) Sinn für Humor	У вас (тебя) есть чувство юмора	u waß (tib'á) jeßt' tschúßtwa júmara
Es ist interessant (angenehm), sich mit Ihnen...	С вами интересно (приятно)...	ß wámi intir'éßna (prijátna)...
zu treffen	встречаться	fßtritscháza
zu unterhalten/zu plaudern	беседовать	biß'édawat'
Sie haben gut (richtig)...	Вы хорошо (правильно)...	wy charaschó (práwil'na)...
gehandelt	поступили	paßtupíli
gesprochen	выступили	wýßtupili
getan	сделали	sd'élali
gesagt, daß...	сказали, что...	ßkasáli, schto...

POSITIVE EINSCHÄTZUNG — ПОЛОЖИТЕЛЬНАЯ ОЦЕНКА

Prachtkerl!/Pfundskerl!	Молодец!	malad'éz!
Kluger Kopf!	Умница!	úmniza!
Sehr gut!	Очень хорошо!	ótschin' charaschó!

Wunderbar!	Чудесно!	tschud'éßna!
Herrlich!	Прекрасно!	prikráßna!
Ausgezeichnet!	Отлично!	atlítschna!
Vortrefflich!	Превосходно!	priwaßchódna!
Wunderbar!/Vortrefflich!	Замечательно!	samitschátil'na!
Eine großartige Idee!	Превосходная идея!	priwaßchódnaja id'éja!

ANTWORTEN AUF KOMPLIMENTE / ОТВЕТЫ НА КОМПЛИМЕНТЫ

Danke	Спасибо	ßpaßíba
Ich danke für das Kompliment	Спасибо за комплимент	ßpaßíba sa kamplim'ént
Dasselbe kann ich auch von Ihnen (dir) sagen	Я то же самое могу сказать о вас (тебе)	ja tó she ßámaje magú ßkasát' a waß (tib'é)
Sie machen mir ein Kompliment	Вы мне делаете комплимент	wy mn'e d'élaiti kamplim'ént
Ich freue mich, daß es Ihnen gefallen hat	Я рад(а) *, что вам это понравилось	ja rat (ráda) *, schto wam éta panráwilaß'

UNBESTIMMTE ANTWORT / НЕОПРЕДЕЛЁННЫЙ ОТВЕТ

Ich weiß nicht	Не знаю	ni snáju
Es kann sein/Eventuell/Vielleicht	Может быть	móshyt byt'
Möglich/Es kann sein	Возможно	wasmóshna
Wahrscheinlich/Wohl	Пожалуй	pasháluj

● PHRASEN

Ich weiß es nicht genau/Schwer zu sagen	Затрудняюсь сказать	satrudn'ájuß' ßkasát'
Das muß ich mir überlegen	Надо подумать	náda padúmat'
Ich bezweifle, daß...	Я сомневаюсь, что...	ja ßamniwájuß', schto...
Ich bin nicht sicher, daß...	Я не уверен(а) *, что...	ja ni uw'érin(a) *, schto...

AUSRUFE — ВОСКЛИЦАНИЯ

Wie interessant!	Как интересно!	kak intir'ésna!
Toll!/Großartig!	Здорово!	sdórawa!
Halt!/Stehenbleiben!	Стой!	ßtoj!
Leiser!/Nicht so laut!	Тише!	tíschy!
Oh, wie das weh tut!	Ой, как больно!	oj, kak ból'na!
Schade, wir sind zu spät gekommen!	Увы, опоздали!	uwý, apasdáli!
Oh, es ist schon spät!	Увы, уже поздно!	uwý, ushé pósna!
Helfen Sie!	Помогите!	pamagíti!
Hilfe!	На помощь!	na pómaschtsch!
Los!/Mach schon!	Давай!	dawáj!
Schade!	Жаль!	shal'!
Hurra!	Ура!	urá!

ABSCHIED — ПРОЩАНИЕ

Auf Wiedersehen! Auf Wiederhören!	До свидания!	da ßwidánija!

PHRASEN

PHRASEN

Auf ein baldiges Wiedersehen!	**До скорого свидания!/До скорой встречи!**	**da ßkórawa ßwidánija!/da ßkóraj fßtr'étschi!**
Lebe(n Sie) wohl!	Прощай(те)!	praschtscháj(ti)!
Alles Gute!	Всего хорошего!/Всего доброго!	fßiwó charóschywa!/fßiwó dóbrawa!
Bis zum nächsten Mal!	До встречи!	da wßtr'étschi!
Bis zum Wiedersehen...	До встречи...	da wßtr'étschi...
im Theater	в театре	f tiátri
im Institut	в институте	w inßtitúti
im Kino	в кино	f kinó
am Sonntag	в воскресенье	w waßkriß'én'je
um zwei Uhr	в два часа	w dwa tschißá
Bis morgen!	До завтра!	da sáftra!
Bis zum Sonntag!	До воскресенья!	da waßkriß'én'ja!
Bis zum Abend!	До вечера!	da w'étschira!
Bis zum Sommer!	До лета!	da l'éta!
Leb(en Sie) wohl!	Счастливо!	schtschißlíwa!
Bis dann!	Пока!	paká!
Wir sehen uns noch	Мы ещё увидимся	my jischtschó uwídimß'a
Gestatten Sie, daß ich mich (wir uns) verabschieden	Разрешите попрощаться!	rasrischýti papraschtscháza!
Gestatten Sie, daß ich mich (wir uns) verabschiede(n)	Позвольте попрощаться	paswól'ti paprachtscháza
Vergesse(n Sie) uns nicht	Не забывай(те) нас	ni sabywáj(ti) naß
Komme(n Sie) zu Besuch!	Приходи(те) в гости!	prichadí(ti) w góßti!

Schaue(n Sie) [mal] vorbei!	Заходи(те)!	sachadí(ti)!
Rufe(n Sie) an!	Звони(те)!	swaní(ti)!
Schreib(en Sie)!	Пиши(те)!	pischý(ti)!
Schreibe(n Sie) mir einen Brief	Напиши(те) мне письмо!	napischý(ti) mn'e piß'mó!
Vergessen Sie nicht zu schreiben	Не забывайте писать	ni sabywájti pißát'
Lassen Sie (Laß) von sich (dir) hören	Дай(те) о себе знать	dáj(ti) a ßib'é snat'
Behalte(n Sie) mich in gutem Andenken!	Не поминай(те) лихом!	ni paminájti) lí-cham!

TAGESZEIT. WOCHENTAGE. MONATE. ZEIT

ВРЕМЯ СУТОК. ДНИ НЕДЕЛИ. МЕСЯЦЫ. ВРЕМЯ

● PHRASEN
■ WÖRTER

TAGESZEIT — ВРЕМЯ СУТОК

■ WÖRTER

der Morgen	утро	útra
der Mittag	полдень	póldin'
der Abend	вечер	w'étschir
die Nacht	ночь	notsch
Zu welcher Tageszeit?	**В какое время суток?**	**f kakóje wr'ém'a ßútak?**
am Morgen	утром	útram
am Mittag	в полдень	f póldin'
am Tage	днём	dn'om
am Abend	вечером	w'étschiram
zu Mitternacht	в полночь	f pólnatsch
in der Nacht	ночью	nótsch'ju

WOCHENTAGE — ДНИ НЕДЕЛИ

■ WÖRTER

der Montag	понедельник	panid'él'nik
der Dienstag	вторник	ftórnik
der Mittwoch	среда	ßridá
der Donnerstag	четверг	tschitw'érk
der Freitag	пятница	p'átniza
der Sonnabend	суббота	ßubóta
der Sonntag	воскресенье	waßkriß'én'je

An welchem Wochentag?	**В какой день недели?**	**f kakój d'en' nid'éli?**
am Montag	в понедельник	f panid'él'nik
am Dienstag	во вторник	wa ftórnik
am Mittwoch	в среду	f ßr'édu
am Donnerstag	в четверг	f tschitw'érk
am Freitag	в пятницу	f p'átnizu
am Sonnabend	в субботу	f ßubótu
am Sonntag	в воскресенье	w waßkriß'én'je

MONATE	**МЕСЯЦЫ**	
der Januar	январь	jinwár'
der Februar	февраль	fiwrál'
der März	март	mart
der April	апрель	apr'él'
der Mai	май	maj
der Juni	июнь	ijún'
der Juli	июль	ijúl'
der August	август	áwgußt
der September	сентябрь	ßint'ábr'
der Oktober	октябрь	akt'ábr'
der November	ноябрь	najábr'
der Dezember	декабрь	dikábr'
In welchem Monat?	**В каком месяце?**	**f kakóm m'éßizy?**
im Januar	в январе	w jinwar'é
im Februar	в феврале	f fiwral'é
im März	в марте	w márti
im April	в апреле	w apr'éli
im Mai	в мае	w mái

im Juni	в июне	w yjúni
im Juli	в июле	w yjúli
im August	в августе	w áwgußti
im September	в сентябре	w ßintibr'é
im Oktober	в октябре	w aktibr'é
im November	в ноябре	w najibr'é
im Dezember	в декабре	w dikabr'é

ZEIT	**ВРЕМЯ**	
Geht Ihre Uhr richtig?	Ваши часы ходят точно?	wáschy tschißý chód'at tótschna?
Meine Uhr...	Мои часы...	maí tschißý...
geht nach	отстают	aztajút
geht vor	спешат	ßpischát
geht genau	ходят точно	chód'at tótschna
Sagen Sie mir bitte die genaue Zeit	Скажите, пожалуйста, точное время	ßkashýti, pashálußta, tótschnaje wr'ém'a
Wie spät ist es [Wie spät haben Sie es]?	Который час [на ваших часах]?	katóryj tschaß [na wáschych tschißách]?
Es ist acht Uhr	Восемь часов	wóßim' tschißóf
Viertel neun	Четверть девятого	tschétwirt' diw'átawa
Fünf nach sieben	Пять минут восьмого	p'at' minút waß'mówa
Halb zehn	Полдесятого	poldiß'átawa
Fünf vor sieben	Без пяти семь	biß pití ß'em'
Dreiviertel neun	Без четверти девять	biß tschétwirti d'éwit'
Etwa um zwölf	Около двенадцати	ókala dwinázaty

damals	тогда	tagdá
danach, dann	потом	patóm
etwas später	позже	póshshe
früh	рано	rána
gestern	вчера	ftschirá
heute	сегодня	ßiwódn'a
immer	всегда	fßigdá
jetzt	теперь	tip'ér'
manchmal	иногда	inagdá
morgen	завтра	sáftra
niemals	никогда	nikagdá
oft	часто	tscháßta
rechtzeitig	вовремя	wówrim'a
selten	редко	r'étka
sofort	сейчас	ßitscháß
sogleich, sofort	сразу	ßrásu
spät	поздно	pósna
später	позднее	pasn'éje
übermorgen	послезавтра	poßlisáftra

JAHRESZEITEN. KLIMA. WETTER

ВРЕМЕНА ГОДА. КЛИМАТ. ПОГОДА

● PHRASEN

■ WÖRTER

● PHRASEN

Was ist deine (Ihre) liebste Jahreszeit?	Какое твоё (ваше) любимое время года?	kakóje twajó (wásche) l'ubímaje wr'ém'a góda?
Ich liebe...	Я люблю...	ja l'ubl'ú...
den Frühling	весну	wißnú
den Sommer	лето	l'éta
den Herbst	осень	óßin'
den Winter	зиму	símu
In welcher Jahreszeit machen Sie am liebsten Urlaub?	В какое время года вы любите отдыхать?	f kakóje wr'ém'a góda wy l'úbiti addychát'?
Ich mache am liebsten... Urlaub	Я предпочитаю отдыхать...	ja pritpatschitáju addychát'...
im Herbst	осенью	óßin'ju
im Winter	зимой	simój
im Frühling	весной	wißnój
im Sommer	летом	l'étam
Dort, wo ich wohne,...	Там, где я живу,...	tam, gd'e ja shywú,...
ist es jetzt warm (kalt)	сейчас жарко (холодно)	ßitscháß shárka (chóladna)
ist ein harter Winter	зима суровая	simá ßurówaja
ist ein warmer Sommer	лето жаркое	l'éta shárkaje
ist ein mildes Klima	климат мягкий	klímat m'áchkij
regnet es oft	часто идут дожди	tscháßta idut dashdí

gibt es viel Schnee	много снега	mnóga ßn'éga
ist ein herrliches Klima	прекрасный климат	prikráßnyj klímat
ist die Durchschnittstemperatur im Winter (im Sommer)... Grad	средняя температура зимой (летом)... градусов	ßr'édnija timpiratúra simój (l'étam)... grádußaf
Wie ist (wird) heute das Wetter?	Какая сегодня (будет) погода?	kakája ßiwódn'a (búdit) pagóda?
Heute ist (wird) es heiß	Сегодня (будет) жарко	ßiwódn'a (búdit) shárka
Heute regnet es (wird es regnen)	Сегодня (будет) дождь	ßiwódn'a (búdit) doscht'
Heute ist es...	Сегодня...	ßiwódn'a...
warm	тепло	tipló
windig	ветрено	w'étrina
naß	сыро	ßýra
schwül	душно	dúschna
kühl	прохладно	prachládna
heiß	жарко	shárka
Heute ist es neblig	Сегодня туман	ßiwódn'a tumán
Heute ist kühles Wetter	Сегодня прохладная погода	ßiwódn'a prachládnaja pagóda
So ein schönes Wetter!	Какая прекрасная погода!	kakája prikráßnaja pagóda!
Es ist sehr heiß!	Какая жара!	kakája shará!
Es ist sehr kalt!	Как холодно!	kak chóladna!
Wie ist heute...?	Какая сегодня...?	kakája ßiwódn'a...?
die Luftfeuchtigkeit	влажность	wláshnaßt'
die Luft-(Wasser)-temperatur	температура воздуха (воды)	timpiratúra wósducha (wadý)
Es regnet	Идёт дождь	id'ót doscht'

Es wird tagsüber regnen	Дождь будет весь день	doscht' búdit w'eß' d'en'
Der Regen wird bald aufhören	Дождь скоро перестанет	doscht' ßkóra piritánit
Der Regen hat aufgehört	Дождь кончился	doscht' kóntschilß'a
Es ist wolkig	Облачно	óblatschna
Ich bin auf die Haut naß geworden	Я насквозь промок(ла) *	ja naßkwóß' pramók(la) *
Heute ist ein... Wetter	Сегодня... погода	siwódn'a... pagóda
herrliches	прекрасная	prikráßnaja
gutes	хорошая	charóschaja
schlechtes	плохая	plachája
unbeständiges	неустойчивая	niußtójtschiwaja
Das ist ein Wetter!	Ну и погода!	nu i pagóda!
Es schneit	Идёт снег	id'ót ßn'ek
Heute ist Glatteis	Сегодня гололёд	ßiwódn'a galal'ót
Es ist sehr glatt, seien Sie vorsichtig	Очень скользко, будьте осторожны	ótschin' ßkól'ßka, bútti aßtaróshny
Wie ist heute der Luftdruck?	Какое сегодня давление?	kakóje ßiwódn'a dawl'énije?
Kennen Sie die Wettervorhersage für morgen?	Вы не знаете прогноз погоды на завтра?	wy ni snáiti pragnóß pagódy na sáftra?
Morgen gibt es...	Завтра ожидается...	sáftra ashydáiza...
Regen	дождь	doscht'
Schnee	снег	ßn'ek
Wind	ветер	w'étir
Nebel	туман	tumán
Welcher Monat ist bei Ihnen der kälteste (der wärmste)?	Какой у вас самый холодный (тёплый) месяц?	kakój u waß ßámyj chalódnyj (t'óplyj) m'éßiz?

WÖRTER

die Feuchtigkeit	влажность	wláshnaßt'
der Frost	мороз	maróß
der Frühling	весна	wißná
das Glatteis	гололёд	galal'ót
der Grad	градус	gráduß
der Herbst	осень	óßin'
die Hitze	жара	shará
der Luftdruck	давление	dawl'énije
der Regen	дождь	doscht'
der Schnee	снег	ßn'ek
der Schneefall	снегопад	ßn'egapát
der Sommer	лето	l'éta
die Temperatur	температура	timpiratúra
die Wettervorhersage	прогноз погоды	pragnóß pagódy
der Wind	ветер	w'étir
der Winter	зима	simá
feucht	влажный	wláshnyj
heiß	жаркий	shárkij
kalt	холодный	chalódnyj
naß	сырой	ßyrój
sonnig	солнечный	ßólnitschnyj
warm	тёплый	t'óplyj
es regnet	идёт дождь	id'ót doscht'
es taut	тает	táit
es schneit	идёт снег	id'ót ßn'ek
das Wetter vorhersagen	предсказывать погоду	pritßkásywat' pagódu

ANHANG

ПРИЛОЖЕНИЕ

▲ INFORMATION
● PHRASEN
■ WÖRTER

FRAGEWÖRTER UND FRAGEWENDUNGEN

ВОПРОСИТЕЛЬНЫЕ СЛОВА И ВЫРАЖЕНИЯ

Wer?	Кто?	kto?
Was?	Что?	schto?
Wie?	Как?	kak?
Wo?	Где?	gd'e?
Warum?	Почему?	patschimú?
Wozu?	Зачем?	satschém?
Wann?	Когда?	kagdá?
Wieviel?	Сколько?	ßkól'ka?
Welcher?	Который?	katóryj?
Welche?	Которая?	katóraja?
Welches?	Которое?	katóraje?
Welcher? Welche?	Какой? Какая?	kakój? kakája?
Welches?	Какое?	kakóje?
Wer ist das?	Кто это?	kto éta?
Was ist das?	Что это [такое]?	schto éta [takóje]?
Wohin?	Куда?	kudá?
Woher?	Откуда?	atkúda?
Wie denn?	Каким образом?	kakím óbrasam?
Mit wem?	С кем?	ß k'em?
Wieviel Mal?	Сколько раз?	ßkól'ka raß?
Zu welchem Zweck?	С какой целью?	ß kakój zél'ju?
Wie lange?	Как долго?	kak dólga?
Wessen... ist (sind) das?	Чей (чья, чьё, чьи) это...?	tschej (tschja, tschjo, tschji) éta...?

Wo?	**Где?**	**gd’e?**
hier	здесь	sd’eß’
dort	там	tam
nebenan	рядом	r’ádam
weit	далеко	dalikó
links	слева	ßl’éwa
rechts	справа	ßpráwa
vorn	спереди	ßp’éridi
hinten	сзади	ssádi
oben	наверху	nawirchú
unten	внизу	wnisú
Wohin?	**Куда?**	**kudá?**
hierher	сюда	ß’udá
dorthin	туда	tudá
nirgendwohin	никуда	nikudá
nach vorn	вперёд	fpir’ót
zurück	назад	nasát
nach rechts	направо	napráwa
nach links	налево	nal’éwa
geradeaus	прямо	pr’áma
Wann?	**Когда?**	**kagdá?**
rechtzeitig	вовремя	wówrim’a
gleich, sofort	сейчас	ßitscháß
heute	сегодня	ßiwódn’a
morgen	завтра	sáftra
übermorgen	послезавтра	poßlisáftra
gestern	вчера	ftschirá
vorgestern	позавчера	pasaftschirá

am Vorabend	накануне	nakanúni
danach, dann	потом	patóm
damals	тогда	tagdá
in einer Woche	через неделю	tschiris nid'él'u
in einem Monat	через месяц	tschiris m'éßiz
in einigen Tagen	через несколько дней	tschiris n'éßkal'ka dn'ej
Warum?	**Почему?**	**patschimú?**
weil	потому что...	patamú schta...
Wie?	**Как?**	**kak?**
so	так	tak
gut	хорошо	charaschó
schlecht	плохо	plócha
hoch	высоко	wyßakó
tief	низко	nißka
laut	громко	grómka
leise	тихо	tícha
schnell	быстро	býßtra
langsam	медленно	m'édlinna
ausreichend	достаточно	daßtátatschna
Wieviel?	**Сколько?**	**ßkól'ka?**
soviel	столько	ßtól'ka
teuer	дорого	dóraga
billig	дёшево	d'óschywa
viel	много	mnóga
wenig	мало	mála
genügend	достаточно	daßtátatschna

FORM. MAßE. FARBE. QUALITÄT. ZUSAMMENSETZUNG. BESTIMMUNG — ФОРМА. РАЗМЕРЫ. ЦВЕТ. КАЧЕСТВА. СОСТАВ. ПРЕДНАЗНАЧЕНИЕ

Welche Form?	**Какой формы?**	**kakój fórmy?**
rund	круглый	krúglyj
länglich	продолговатый	pradalgawátyj
ellipsförmig	в форме эллипса	f fórmi élipßa
flach	плоский	plóßkij
quadratisch	квадратный	kwadrátnyj
Womit hat es Ähnlichkeit?	На что похож?	na schto pachósch?
Welche Maße?	**Каковы размеры?**	**kakawý rasm'éry?**
Wie ist...?	Какая...?	kakája...?
die Breite	ширина	schyriná
die Länge	длина	dliná
die Höhe	высота	wyßatá
die Tiefe	глубина	glubiná
die Stärke	толщина	talschtschiná
Ist es dünn?	Тонкое?	tónkaje?
Ist es dick?	Толстое?	tólßtaje?
Welche Farbe?	Какого цвета?	kakówa zw'éta?
weiß	Белого цвета	b'élawa zw'éta
Was ist das für eine Farbe?	**Какой это цвет?**	**kakój éta zw'et?**
beige	бежевый, беж	b'éshywyj, b'esch
braun	коричневый	karítschniwyj
dunkelblau	синий	ßinij
gelb	жёлтый	shóltyj
grau	серый	ß'éryj

grün	зелёный	sil'ónyj
hellblau	голубой	galubój
lila	фиолетовый	fial'étawyj
orange	оранжевый	aránshywyj
rosa	розовый	rósawyj
rot	красный	kráßnyj
schwarz	чёрный	tschórnyj
weiß	белый	b'élyj
hell	светлый	ßw'étlyj
dunkel	тёмный	t'ómnyj
einfarbig	одноцветный	adnazw'étnyj
zweifarbig	двухцветный	dwuchzw'étnyj
vielfarbig	многоцветный	mnagazw'étnyj
bunt	пёстрый	p'óßtryj
Was für ein?	**Какой?**	**kakój?**
gut—schlecht	хороший—плохой	charóschyj—plachój
schön—häßlich	красивый—некрасивый	kraßíwyj—nikraßíwyj
alt—jung	старый—молодой	ßtáryj—maladój
alt—neu	старый—новый	ßtáryj—nówyj
bekannt—unbekannt	знакомый—незнакомый	snakómyj—nisnakómyj
lustig—langweilig	весёлый—скучный	wiß'ólyj—ßkúschnyj
klug—dumm	умный—глупый	úmnyj—glúpyj
stark—schwach	сильный—слабый	ßíl'nyj—ßlábyj
groß—klein	большой—маленький	bal'schój—málin'kij
lang—kurz	длинный—короткий	dlínnyj—karótkij
breit—schmal	широкий—узкий	schyrókij—úßkij
hoch—niedrig	высокий—низкий	wyßókij—níßkij
tief—flach	глубокий—мелкий	glubókij—m'élkij

hell—dunkel	светлый—тёмный	ßw'étlyj—t'ómnyj
teuer—billig	дорогой—дешёвый	daragój—dischówyj
schnell—langsam	быстрый—медленный	býßtryj—m'édlinnyj
leicht—schwer	лёгкий—тяжёлый	l'óchkij—tishólyj
weich—hart	мягкий—жёсткий	m'áchkij—shóßtkij
dick—dünn	толстый—тонкий	tólßtyj—tónkij
sauber—schmutzig	чистый—грязный	tschíßtyj—gr'ásnyj
trocken—naß	сухой—мокрый	ßuchój—mókryj
natürlich—künstlich	естественный—искусственный	jißt'éßtwinnyj—ißkúßtwinnyj
heiß—kalt	горячий—холодный	gar'átschij—chalódnyj
dick—flüssig	густой—жидкий	gußtój—shýtkij
fett—mager	жирный—постный	shýrnyj—póßnyj
schmackhaft—unschmackhaft	вкусный—невкусный	fkúßnyj—nifkúßnyj
angenehm—unangenehm	приятный—неприятный	prijátnyj—niprijátnyj
süß—salzig—bitter	сладкий—солёный—горький	ßlátkij—ßal'ónyj—gór'kij
Woraus (Aus welchem Material) ist das gemacht?	**Из чего (Из какого материала) это сделано?**	**iß tschiwó (iß kakówa matir'jála) éta sd'élana?**
Wie ist die [chemische] Zusammensetzung von...?	Какой [химический] состав...?	kakój [chimítschißkij] ßaßtáf...?
Wie wird das benutzt?	Как этим пользоваться?	kak étim pól'sawaza?
Wozu ist das?	Для чего это?	dl'a tschiwó éta?
Wo wird das gebraucht?	Где это используется?	gd'e éta ißpól'suiza?

Was macht man aus diesem Material?	Что из этого материала делают?	schto is étawa matir'jála d'élajut?

MAßEINHEITEN	**ЕДИНИЦЫ ИЗМЕРЕНИЯ**	
LÄNGENMAßE	ДЛИНА	
der Millimeter	миллиметр	milim'étr
der Zentimeter	сантиметр	ßantim'étr
der Dezimeter	дециметр	dezym'étr
der Meter	метр	m'etr
der Kilometer	километр	kilam'étr
RAUMMAßE	ОБЪЁМ	
der Kubikmillimeter	кубический миллиметр	kubítschißkij milim'étr
der Kubikzentimeter	кубический сантиметр	kubítschißkij ßantim'étr
der Kubikdezimeter	кубический дециметр	kubítschißkij dezym'étr
der Kubikmeter	кубический метр	kubítschißkij m'etr
der Kubikkilometer	кубический километр	kubítschißkij kilam'étr
GEWICHTSMAßE	ВЕС (МАССА)	
das Milligramm	миллиграмм	miligrám
das Gramm	грамм	gram
das Kilogramm	килограмм	kilagrám
das Pud (16 kg)	пуд	put
die Dezitonne	центнер	zéntnir

die Tonne	тонна	tónna
das Pfund (400 g)	фунт	funt

FLÄCHENMAßE — ПЛОЩАДЬ

der Quadratmillimeter	квадратный миллиметр	kwadrátnyj milim'étr
der Quadratzentimeter	квадратный сантиметр	kwadrátnyj ßantim'étr
der Quadratdezimeter	квадратный дециметр	kwadrátnyj dezym'étr
der Quadratmeter	квадратный метр	kwadrátnyj m'etr
der Hektar	гектар	giktár
der Quadratkilometer	квадратный километр	kwadrátnyj kilam'étr

FLÜSSIGKEITSMAßE — ОБЪЁМ ЖИДКОСТЕЙ

der Milliliter	миллилитр	mililítr
der Liter	литр	litr
der Hektoliter	гектолитр	g'ektalítr

ZAHLWÖRTER — ЧИСЛИТЕЛЬНЫЕ

GRUNDZAHLWÖRTER — КОЛИЧЕСТВЕННЫЕ ЧИСЛИТЕЛЬНЫЕ

Wieviel?	**Сколько?**	**ßkól'ka?**
Null	0 ноль	nol'
eins	1 один	adín
zwei	2 два	dwa
drei	3 три	tri
vier	4 четыре	tschitýri

fünf	5 пять	p'at'
sechs	6 шесть	scheß't'
sieben	7 семь	ß'em'
acht	8 восемь	wóßim'
neun	9 девять	d'éwit'
zehn	10 десять	d'éßit'
elf	11 одиннадцать	adínazat'
zwölf	12 двенадцать	dwinázat'
dreizehn	13 тринадцать	trinázat'
vierzehn	14 четырнадцать	tschitýrnazat'
fünfzehn	15 пятнадцать	pitnázat'
sechzehn	16 шестнадцать	schißnázat'
siebzehn	17 семнадцать	ßimnázat'
achtzehn	18 восемнадцать	waßimnázat'
neunzehn	19 девятнадцать	diwitnázat'
zwanzig	20 двадцать	dwázat'
dreißig	30 тридцать	trízat'
vierzig	40 сорок	ßórak
fünfzig	50 пятьдесят	piddiß'át
sechzig	60 шестьдесят	schysdiß'át
siebzig	70 семьдесят	ß'ém'diß'at
achtzig	80 восемьдесят	wóßim'diß'at
neunzig	90 девяносто	diwinóßta
hundert	100 сто	ßto
zweihundert	200 двести	dw'éßti
dreihundert	300 триста	tríßta
vierhundert	400 четыреста	tschitýrißta
fünfhundert	500 пятьсот	pizót
sechshundert	600 шестьсот	schyßót
siebenhundert	700 семьсот	ßimßót
achthundert	800 восемьсот	waßimßót
neunhundert	900 девятьсот	diwizót
tausend	1000 тысяча	týßitscha

eine Million	1 000 000 миллион	milión
eine Milliarde	1 000 000 000 миллиард	miliárt

ORDNUNGSZAHLWÖRTER	ПОРЯДКОВЫЕ ЧИСЛИТЕЛЬНЫЕ	
Der wievielte?	**Который?**	**katóryj?**
der erste	первый	p'érwyj
der zweite	второй	ftarój
der dritte	третий	tr'étij
der vierte	четвёртый	tschitw'órtyj
der fünfte	пятый	p'átyj
der sechste	шестой	schißtój
der siebente	седьмой	ßid'mój
der achte	восьмой	waß'mój
der neunte	девятый	diw'átyj
der zehnte	десятый	diß'átyj

BRUCHZAHLEN	ДРОБИ	
die Hälfte	1/2 — одна вторая, половина	adná ftarája, palawína
ein Drittel	1/3 — одна третья, треть	adná tr'ét'ja, tr'et'
ein Viertel	1/4 — одна четвёртая, четверть	adná tschitw'órtaja, tschétwirt'
zwei Fünftel	2/5 — две пятых	dw'e p'átych
Null komma fünf, fünf Zehntel	0,5 — ноль целых пять десятых	nol' zélych p'at' diß'átych
drei Komma fünfundzwanzig, drei und 25 Hundertstel	3,25 — три целых двадцать пять сотых	tri zélych dwázat' p'at' ßótych

WÖRTER

WÖRTER

WÖRTER

ВЫВЕСКИ И НАДПИСИ	**SCHILDER UND AUFSCHRIFTEN**
АПТЕКА	APOTHEKE
БАНК	BANK
БЮРО ОБСЛУЖИВАНИЯ	SERVICEBÜRO
ВХОД	EINGANG
ВХОД (ВЪЕЗД) ЗАПРЕЩЁН	ZUTRITT (EINFAHRT) VERBOTEN
ВЫХОД	AUSGANG
ГОРСПРАВКА	AUSKUNFTSBÜRO
ЗАБРОНИРОВАНО	RESERVIERT
ЗАКРЫТО НА ОБЕД	MITTAGSPAUSE
ЗАКРЫТО НА УЧЁТ	WEGEN INVENTUR GESCHLOSSEN
ЗАЛ ОЖИДАНИЯ	WARTESAAL
ЗАНЯТО	BESETZT
ЗАПАСНЫЙ ВЫХОД	NOTAUSGANG
КАМЕРА ХРАНЕНИЯ	GEPÄCKAUFBEWAHRUNG
КОМБИНАТ БЫТОВОГО ОБСЛУЖИВАНИЯ	DIENSTLEISTUNGSKOMBINAT
К ПОЕЗДАМ	ZU DEN ZÜGEN
К СЕБЕ	ZIEHEN
КУРИТЬ ЗАПРЕЩАЕТСЯ	RAUCHEN VERBOTEN
ОСТАНОВКА АВТОБУСА	BUSHALTESTELLE
ОСТОРОЖНО, ОКРАШЕНО!	VORSICHT, GESTRICHEN!
ОТКРЫТО С... ДО... ЧАС.	GEÖFFNET VON... BIS... UHR
ОТ СЕБЯ	DRÜCKEN

ПАРИКМАХЕРСКАЯ	**FRISIERSALON**
ПЕРЕРЫВ	**PAUSE**
ПОСТОРОННИМ ВХОД ВОСПРЕЩЁН	**UNBEFUGTEN ZUTRITT VERBOTEN**
ПОЧТА	**POST**
РЕМОНТ ОБУВИ	**SCHUHREPARATUREN**
РУКАМИ НЕ ТРОГАТЬ	**BERÜHREN VERBOTEN**
САМООБСЛУЖИВАНИЕ	**SELBSTBEDIENUNG**
СБЕРКАССА	**SPARKASSE**
СЛУЖЕБНЫЙ ВХОД	**DIENSTEINGANG**
СТОЯНКА АВТОМАШИН	**PARKPLATZ**
ТЕЛЕГРАФ	**TELEGRAF**
ТЕЛЕФОН	**TELEFON**
ТУАЛЕТ (Ж)	**TOILETTE (D)**
ТУАЛЕТ (М)	**TOILETTE (H)**
ХИМЧИСТКА	**CHEMISCHE REINIGUNG**
ЧАСЫ РАБОТЫ	**ÖFFNUNGSZEITEN**

SOWJETISCHE UNIONSREPUBLIKEN UND IHRE HAUPTSTÄDTE. NATIONALITÄTEN / СОВЕТСКИЕ СОЮЗНЫЕ РЕСПУБЛИКИ И ИХ СТОЛИЦЫ. НАЦИОНАЛЬНОСТИ

SOWJETISCHE UNIONSREPUBLIKEN UND IHRE HAUPTSTÄDTE / СОВЕТСКИЕ СОЮЗНЫЕ РЕСПУБЛИКИ И ИХ СТОЛИЦЫ

Russische Sozialistische Föderative Sowjetrepublik (Moskau)	Российская Советская Федеративная Социалистическая Республика (г. Москва)
Die Ukraine. Ukrainische Sozialistische Sowjetrepublik (Kiew)	Украина. Украинская Советская Социалистическая Республика (г. Киев)

Belorußland. Belorussische Sozialistische Sowjetrepublik (Minsk)	Белоруссия. Белорусская Советская Социалистическая Республика (г. Минск)
Usbekistan. Usbekische Sozialistische Sowjetrepublik (Taschkent)	Узбекистан. Узбекская Советская Социалистическая Республика (г. Ташкент)
Kasachstan. Kasachische Sozialistische Sowjetrepublik (Alma-Ata)	Казахстан. Казахская Советская Социалистическая Республика (г. Алма-Ата)
Georgien. Georgische Sozialistische Sowjetrepublik (Tbilissi)	Грузия. Грузинская Советская Социалистическая Республика (г. Тбилиси)
Aserbaidshan. Aserbaidshanische Sozialistische Sowjetrepublik (Baku)	Азербайджан. Азербайджанская Советская Социалистическая Республика (г. Баку)
Litauen. Litauische Sozialistische Sowjetrepublik (Vilnius)	Литва. Литовская Советская Социалистическая Республика (г. Вильнюс)
Moldawien. Moldauische Sozialistische Sowjetrepublik (Kischinjow)	Молдавия. Молдавская Советская Социалистическая Республика (г. Кишинёв)
Lettland. Lettische Sozialistische Sowjetrepublik (Riga)	Латвия. Латвийская Советская Социалистическая Республика (г. Рига)
Kirgisien. Kirgisische Sozialistische Sowjetrepublik (Frunse)	Киргизия. Киргизская Советская Социалистическая Республика (г. Фрунзе)
Tadshikistan. Tadshikische Sozialistische Sowjetrepublik (Duschanbe)	Таджикистан. Таджикская Советская Социалистическая Республика (г. Душанбе)
Armenien. Armenische Sozialistische Sowjetrepublik (Jerewan)	Армения. Армянская Советская Социалистическая Республика (г. Ереван)
Turkmenien. Turkmenische Sozialistische Sowjetrepublik (Aschhabad)	Туркмения. Туркменская Советская Социалистическая Республика (г. Ашхабад)

Estland. Estnische Sozialistische Sowjetrepublik (Tallinn)	Эстония. Эстонская Советская Социалистическая Республика (г. Таллин)

NATIONALITÄTEN	НАЦИОНАЛЬНОСТИ
der Russe (die Russin)	русский (русская)
der Ukrainer (die Ukrainerin)	украинец (украинка)
der Belorusse (die Belorussin)	белорус (белоруска)
der Usbeke (die Usbekin)	узбек (узбечка)
der Kasache (die Kasachin)	казах (казашка)
der Georgier (die Georgierin)	грузин (грузинка)
der Aserbaidshaner (die Aserbaidshanerin)	азербайджанец (азербайджанка)
der Litauer (die Litauerin)	литовец (литовка)
der Moldauer (die Moldauerin)	молдаванин (молдаванка)
der Lette (die Lettin)	латыш (латышка)
der Kirgise (die Kirgisin)	киргиз (киргизка)
der Tadshike (die Tadshikin)	таджик (таджичка)
der Armenier (die Armenierin)	армянин (армянка)
der Turkmene (die Turkmenin)	туркмен (туркменка)
der Este (die Estin)	эстонец (эстонка)

DIE SEHENSWÜRDIGKEITEN VON MOSKAU UND UMGEBUNG — ДОСТОПРИМЕЧАТЕЛЬНОСТИ МОСКВЫ И ОКРЕСТНОСТЕЙ

Der Moskauer Kreml — Московский Кремль

Es ist der älteste zentrale Teil Moskaus, eines der schönsten architektonischen Ensembles der Welt und Sitz der höchsten Organe der Staatsmacht des Landes. Die Bezeichnung «Kreml», d. h. die

Festung, kam im 14. Jahrhundert auf, obwohl die Holzfestung bereits im 12. Jahrhundert bestand.

Das Bauensemble des Kreml ist überaus malerisch und harmonievoll. Seine Dominante ist der imposante Glockenturm «Iwan der Große». Den Kathedralenplatz des Kreml bilden auch uralte Denkmäler der russischen Baukunst — **die Mariä-Entschlafens-Kathedrale, die Verkündigungs-Kathedrale, die Erzengel-**

Kathedrale, die Kirche zur Gewandlegung, der Patriarchenpalast mit der Zwölf-Apostel-Kirche und **der Facettenpalast.**

Die Rüstkammer **Оружейная палата**

Ein ältestes Museum des Landes, eine wahre Schatzkammer einzigartiger Kunstwerke. Hier sind die besten Werke der russischen und ausländischen dekorativen und angewandten Kunst zusammengetragen, die aufs engste mit der Geschichte des Moskauer Kreml und des Russischen Staates zusammenhängen.

In der Rüstkammer sind zahllose Werke des Kunstgewerbes und Handwerks Rußlands, Byzanz', Westeuropas und einiger Länder Vorderasiens vom 5. bis Anfang des 20. Jahrhunderts vertreten: Waffen und Panzer, Gold- und Silbergeschirr, durch Gravieren oder Schwärzen, mit Filigran, Email oder Edelsteinen verzierte Gegenstände, Gold- und Perlstickereien, Zarenthrone und Insignien, Paradereitzeug, Kutschen usw. Die Rüstkammer ist in einem speziell dafür gebauten Museumsgebäude (1844-1851, Architekt K. A. Ton) untergebracht.

Zentrales Lenin-Museum **Центральный музей В. И. Ленина**

Das 1936 eröffnete Museum enthält zahlreiche Urkunden, Manuskripte W. I. Lenins, Erstausgaben seiner Bücher und Broschüren, Originalausgaben der Zeitungen «Iskra», «Wperjod», «Proletarij», «Swesda» und «Prawda» mit Beiträgen von Lenin, die ersten Dekrete der Sowjetmacht, von Lenin unterzeichnete Beschlüsse des Rates der Volkskommissare u. a.

Die Ausstellung zeigt persönliche Gebrauchsgegenstände Lenins, Fotos und andere Gedenkstücke, die mit Lenins Leben und Wirken verbunden sind. Viele Exponate stammen aus anderen Ländern.

Die Museumsmitarbeiter führen anhand authentischen Materials eine umfangreiche Arbeit zum Studium der Biographie Lenins und der Geschichte der KPdSU durch.

Historisches Museum **Исторический музей**

Das Historische Museum (Zentrales Staatliches Museum für Geschichte der UdSSR) entstand 1872. Zum Museumsbestand gehören rund vier Millionen Exponate von den Urzeiten bis in die Gegenwart. Den Fonds des Museums bilden überaus reiche archäologische Sammlungen der UdSSR, ein Münzkabinett, Sammlungen russischer, orientalischer und westeuropäischer Waffen, russische Stoffe und Trachten, Erzeugnisse aus Edelmetallen, eine Sammlung von Manuskripten und Wiegendrucken sowie Werke der altrussischen Malerei. Im Museum werden einzigartige Kulturdenkmäler aufbewahrt — die Chrestomatie Swjatoslaws (1073), griechische Manuskripte aus der Zeit vom 6. bis 17. Jahrhundert, Schriftstücke auf Birkenrinde aus Nowgorod vom 11. bis 15. Jahrhundert, die Nikonchronik (16. Jh.) sowie Sammelgut aus dem Vaterländischen Krieg von 1812 und der Verteidigung von Sewastopol in den Jahren 1854—1855 sowie persönliche Gebrauchsgegenstände des russischen Feldherrn M. I. Kutusow, der Schriftsteller I. S. Turgenew, A. I. Herzen, W. G. Belinski, N. G. Tschernyschewski.

In Moskau befinden sich Filialen des Historischen Museums — **die Mariä-Schutz- (Basilius-) Kathedrale** auf dem Roten Platz, **das Neujungfrauenkloster, die Dreieinigkeits-Kirche in Nikitniki** (Museum für Architektur und Malerei des 17. Jh.), **die Paläste in Sarjadje** aus dem 16. bis 17. Jahrhundert (Museum für angewandte Kunst) sowie **das Dekabristenmuseum**.

Das Puschkin-Museum für bildende Künste
Музей изобразительных искусств им. А. С. Пушкина

Das Museum — die nach der Ermitage in Leningrad zweitgrößte Sammlung von Werken der ausländischen Kunst — besteht seit 1912 (Architekt R.I. Klein).

Hier sind Meisterwerke (Originale und Kopien) der Kunst aus dem Alten Orient, aus Altgriechenland und Rom, antiken Städten des nördlichen Schwarzmeergebiets, aus Byzanz, West- und Osteuropa zusammengetragen. In der Gemäldegalerie des Museums sind Werke vom Rembrandt, Jacob van Ruisdael, G. Terborch, Adriaen van Ostade, J. Jordaens, P. P. Rubens, N. Poussin, G. Lorrain, A. Watteau, J. L. David, C. Corot, G. Courbet u. a. zu sehen. Überaus reich vertreten ist die Landschaftsmalerei der Barbyzon-Malschule. Echte Anziehungspunkte sind die Sammlung von Werken der französischen Impressionisten C. Monet, E. Degas und A. Renoir, Werke von P. Cézanne, P. Gauguin, Vincent van Gogh, H. Matisse, P. Picasso, F. Leger, R. Guttuso u. a.

Im Museum für bildende Künste werden regelmäßig Privatsammlungen sowie Kunstwerke aus vielen Ländern der Welt ausgestellt.

Die Tretjakow-Gemäldegalerie **Третьяковская галерея**

Das größte Museum der russischen und sowjetischen Kunst. Benannt nach P. M. Tretjakow, der 1856 Werke russischer Maler zu sammeln begann. 1892 schenkte Tretjakow seine Sammlung der Stadt Moskau.

In der Sammlung sind Gemälde, Stiche und Skulpturen russischer und sowjetischer Künstler vertreten. Die Galerie verfügt über eine überaus reiche Sammlung altrussischer Maler aus dem 11.—17. Jahrhundert, darunter Werke von Andrej Rubljow, Dionissi und S. Uschakow. Zu den Beständen der Galerie gehören Werke von Porträtmalern aus dem 18. Jahrhundert (F. S. Rokotow, D. G. Lewizki, W. L. Borowikowski, des Bildhauers F. I. Schubin u. a.), von Landschaftsmalern aus der 1. Hälfte des 19. Jahrhunderts (O. A. Kiprenski, W. A. Tropinin, A. G. Wenezianow, K. P. Brüllow, P. A. Fedotow, A. A. Iwanow u. a.). Einen besonderen Platz nimmt die russische Malerei der 2. Hälfte des 19. Jahrhunderts ein, vertreten durch die Peredwishniki (Wanderaussteller) W. G. Perow, I. N. Kramskoi, W. M. Wasnezow, A. K. Sawrassow, I. I. Schischkin u. a. In der Sammlung sind Werke von I. I. Lewitan, M. A. Wrubel, W. A. Serow, I. J. Repin, W. I. Surikow, W. W. Werestschagin, M. W. Nesterow, von den Mitgliedern der Vereinigungen «Welt der Kunst», «Verband russischer Maler», «Blaue Rose», «Karo-Bube» zu sehen.

In der Galerie sind alle Etappen der Herausbildung und Entwicklung der sowjetischen multinationalen Kunst vertreten. Zu sehen sind Werke von N. A. Andrejew, J. W. Wutschetitsch, A. A. Dejneka, A. M. und S. B. Gerassimow, S. T. Konjonkow, W. I. Muchina, N. W. Tomski, M. S. Sarjan und vielen anderen.

Museum der Kunst der Völker des Orients **Музей искусства народов Востока**

Das Museum ist 1918 gegründet worden.

Die reichen Sammlungen bestehen aus Werken der mittelalterlichen und zeitgenössischen Kunst des sowjetischen und ausländischen Orients — Mittelasiens, des Kaukasus und Transkaukasiens, des Fernen Ostens und Südostasiens, des Iran, Indiens, der Türkei, der arabischen Länder sowie der Völker des tropischen Afrika.

Das Andrej-Rubljow-Museum der altrussischer Kunst (Andronikow-Kloster)

Музей древнерусского искусства им. Андрея Рублёва (Андроников монастырь)

Das 1360 gegründete Kloster, benannt nach seinem ersten Vorsteher, dem Abt Andronik, war als südwestlicher Vorposten Moskaus gedacht. In den Jahren von 1420—1427 entstand die Erlöser-Kathedrale, ein großartiges Denkmal der frühen Moskauer Baukunst. Noch heute sind hier Überreste der Freskomalereien von Daniil Tschorny und Andrej Rubljow zu sehen. 1947 erhielt das Kloster die Bezeichnung das Andrej-Rubljow-Museum der altrussischen Kunst.

Palast in Ostankino

Дворец-музей «Останкино»

Dieses baukünstlerische Ensemble entstand Ende des 18. Jahrhunderts.

Den Kern des Bauensembles in Ostankino bildet ein Komplex von in einer Reihe stehenden miteinander verbundenen Holzbauten mit verputzten Fassaden. Der zentrale Teil des Komplexes — das Palasttheater mit den Gästezimmern — ist durch hohe Galerien mit einem Konzertsaal im Ägyptischen Pavillon und einem Bankettsaal im Italienischen Pavillon verbunden. Das Interieur bilden Goldschnitzereien, Mosaikparkettböden, Kristalleuchter, Gemäldesammlungen, Stiche, Skulpturen, Möbel u. a. m.

Der Landschaftspark ist zum Teil erhalten geblieben.

Den mittleren Teil des Palastes nimmt ein Theater, eines der besten der damaligen Zeit, ein, das vom Leibeigenen E. I. Prjachin geschaffen wurde. Der erstklassig ausgestattete Zuschauerraum konnte mit Hilfe spezieller Mechanismen in kurzer Zeit in einen großen Tanzsaal (so ist er auch erhalten geblieben) verwandelt werden.

Im Theater wurden von der leibeigenen Schauspielertruppe der Grafen Scheremetjew Opern, Ballette und Komödien aufgeführt. Mit der Geschichte des Theaters ist das Schaffen der hervorragenden russischen Sängerin P. I. Shemtschugowa verbunden.

Nach der Nationalisierung des Bauensembles vom Ostankino im Jahre 1918 wurde der Palast in ein Museum umgewandelt. 1948 erklärte das Moskauer Stadtsowjet den Palast mit dem angrenzenden Park zum Museumsreservat.

Das gesamte Ensemble gilt als hervorragendes Zeugnis des Schaffens leibeigener Baumeister und Künstler.

Museumspalast «Archangelskoje» **Музей-усадьба «Архангельское»**

Das 20 km westlich von Moskau liegende Bauensemble entstand als Palastkomplex im Stil des Klassizismus. Es fügt sich organisch in die umgebende Landschaft ein. Die Parkfassade des Palastes ist dem Flußbett der Moskwa zugewandt. Der im 18. Jahrhundert terrassenförmig angelegte Park weist zahlreiche Büsten, Plastiken und Bauten auf, darunter den Kleinpalast «Kapris» (1819), ein Denkmal für Katharina II. sowie ein Theater (1817—1818).

Die reiche Gemäldegalerie des Museums enthält Werke bekannter russischer und ausländischer Maler.

Abramzewo **Музей-усадьба «Абрамцево»**

Das Anwesen befindet sich unweit der Stadt Sagorsk im Gebiet Moskau. Im 19. Jahrhundert kam Abramzewo eine wichtige Rolle im Kulturleben Rußlands zu. Von 1843 bis 1870 gehörte es der Familie Aksakow (S. T. Aksakow war ein russischer Schriftsteller, seine Söhne I. S. und K. S. Aksakow waren Publizisten und Persönlichkeiten des öffentlichen Lebens). Zu dieser Zeit weilten in Abramzewo N. W. Gogol und I. S. Turgenew sowie der große russische Schauspieler M. S. Stschepkin. Seit 1870 gehörte das Anwesen dem großen Industriellen und Mäzen S. I. Mamontow. In den 70-er, 80-er und 90-er Jahren stellte Abramzewo ein Zentrum des künstlerischen Lebens dar; man war bestrebt, das russische Volksschaffen wiederauferstehen zu lassen. Hier weilten und malten W. M. Wasnezow, I. J. Repin, W. D. Polenow, W. A. Serow, M. A. Wrubel, K. A. Korowin, M. W. Nesterow. In Abramzewo entstanden Werkstätten für Holzschnitzerei und Majolika. Der an das alte Landhaus aus der Mitte des 18. Jahrhunderts angrenzende Park weist mehrere Bauten im russischen Stil, so das «Studio», den «Terem» und das «Häuschen auf Hühnerbeinen», auf.

In Abramzewo wurden auch Bühnenstücke aufgeführt, an denen unter anderem K. S. Stanislawski, der Mitbegründer des Moskauer Künstlerischen Theaters, teilnahm. Hier weilte der berühmte russische Sänger F. I. Schaljapin.

Schloßensemble «Kuskowo» **Музейный ансамбль «Кусково»**

Das im 18. Jahrhundert entstandene Bauensemble war die Sommerresidenz der Grafen Scheremetjew. Die kompositionelle Gestaltung des 30 ha großen Parks mit einem System von Teichen und Verbindungskanälen sowie die Errichtung der Bauwerke wurde Mitte des 18. Jahrhunderts abgeschlossen. Der asymmetrisch angelegte Park samt den Gebäuden läßt das Ensemble auf seine Art malerisch wirken, und die später entstandenen Bauwerke im Stil des Klassizismus — der Holzpalast (1769—1775), der Glockenturm (1792), die Ermitage (1765—1767), die diesen Gesamteindruck noch verstärken, fügen sich in das Bild ein.

Ergänzt wird das Ensemble durch weitere Bauten im Park, so das Italienische und das Holländische Häuschen, die Grotte sowie die Orangerie. Das Interieur des Palastes, darunter über 60 Marmorplastiken und Büsten aus dem 18. Jahrhundert, ist zum größten Teil erhalten geblieben.

Ein Museum beherbergt einzigartige Sammlungen von einheimischem und ausländischem Porzellan, Fayence und Kunstglas.

Das Panorama «Die Schlacht bei Borodino» **Музей-панорама «Бородинская битва»**

Dieses Museum wurde am 18. Oktober 1962 zum 150. Jahrestag des Vaterländischen Krieges 1812 eröffnet.

Das Gemälde «Die Schlacht bei Borodino» schuf F. A. Rubo zum 100. Jahrestag dieses Ereignisses (1912). Speziell für dieses einzigartige Werk der russischen Kunst wurde auch das Panoramagebäude errichtet.

Außer dem Gemälde verfügt das Museum über andere sehenswerte Werke der bildenden Kunst, darunter Uniformen russischer Soldaten, Waffen, Standarten usw.

Die Außenwände des Hauptgebäudes weisen Mosaikpanneaus von B. A. Talberg auf. An den Seitenpylonen des Eingangs sind gußeiserne Flachreliefs von Waffenrüstungen angebracht, geschaffen vom russischen Bildhauer I. P. Witali.

Das Panoramamuseum bildet den Mittelpunkt eines Memorialkomplexes, zu dem ein Obelisk an einem Massengrab für 300 russische Soldaten gehört, die an der Schlacht bei Borodino teilgenommen hatten und in Moskau ihren Wunden erlegen waren. Ferner liegen der Triumphbogen zu Ehren des Sieges über Napoleon, das

Kutusow-Denkmal (Bildhauer N. W. Tomski) sowie das dem Leben und Wirken M. I. Kutusows gewidmete «Kutusow-Holzhaus», eine Filiale des Museums.

SEHENSWÜRDIGKEITEN VON LENINGRAD UND DER UMGEBUNG

ДОСТОПРИМЕЧАТЕЛЬНОСТИ ЛЕНИНГРАДА И ОКРЕСТНОСТЕЙ

▲ INFORMATION

Es ist eine weltbekannte Stadt mit herrlichen Bauensembles und Museen. 1703 ließ Peter I. Sankt Petersburg als Vorposten Rußlands an der Ostsee und als «Fenster nach Europa» bauen. Nach W. I. Lenins Tod wurde die Stadt nach ihm benannt.

Leningrad ist die am weitesten im Norden gelegene Millionenstadt der Welt. Seine geographischen Koordinaten sind 60 Grad nördlicher Breite und 30 Grad östlicher Länge. Damit liegt die Stadt auf dem gleichen Breitenkreis wie Grönland und Alaska. Die hohe Breitenkreislage ist auch eine Erklärung für die berühmten weißen Nächte. Die hellsten Nächte sind in der Zeit vom 11. Juni bis 2. Juli.

Leningrad zeichnet sich durch ein feuchtes Meeresklima aus. Die meiste Jahreszeit überwiegen bewölkte Tage mit wenig Sonnenschein und trübes Wetter. Im Jahr zählt man in Leningrad im Durchschnitt nur 62 Sonnentage. Die Durchschnittstemperaturen liegen im Juni bei + 17,8 Grad und im Januar bei − 7,7 Grad.

Auf die Gestaltung der Stadt üben die wasserreiche Newa sowie zahlreiche Flüsse und Kanäle wesentlichen Einfluß aus. Wasserläufe nehmen den zehnten Teil der auf 42 Inseln liegenden Stadt ein. Die Länge der Küste im Bereich des heutigen Stadtterritoriums beträgt fast 35 Kilometer.

Der Finnische Meerbusen, die Newa sowie zahlreiche Kanäle verleihen der Stadt ein einmaliges Gepräge. Nicht von ungefähr wird Leningrad das Venedig des Nordens genannt.

Die Stadt an der Newa hat welthistorische Bedeutung. Vor fast 300 Jahren am Zugang zur Ostsee entstanden, kennzeichnete sie eine historische Grenze zwischen dem russischen Mittelalter und der Neuzeit.

Das heutige Leningrad ist ein bedeutendes Industriezentrum des Landes.

Leningrad ist größtes Kulturzentrum des Landes. Die Stadt zählt

20 Theater, 70 Kinos, 47 — und mitsamt den Filialen und ständigen Ausstellungen rund 100 — Museen.

Mit über 30 Verlagen ist Leningrad eines der größten buchverlegerischen Zentren des Landes.

Die Bevölkerung Leningrads beträgt etwa 5 Millionen Einwohner, die Stadtfläche 1400 km² (Stand vom 1. Januar 1986).

Lenin-Gedenkstätten in Leningrad — Ленинские места Ленинграда

W. I. Lenin wohnte insgesamt rund fünfeinhalb Jahre in Petersburg—Petrograd. In Leningrad zählt man reichlich 250 mit dem Leben und Wirken W. I. Lenins in Zusammenhang stehende Stätten.

An den Gebäuden, wo er Ansprachen hielt, sind Gedenktafeln. Verschiedenenorts in der Stadt wurden Denkmäler zu Ehren W. I. Lenins errichtet.

Ein besonderer Platz unter Lenin-Gedenkstätten kommt den Wohnungen—Museen zu. Das gefahrvolle Leben eines illegalen Revolutionärs, der gezwungen war, seine Unterkünfte und konspirativen Wohnungen häufig zu wechseln, ist eine Erklärung dafür, daß sich Lenin damals nur kurze Zeit an einem Ort aufhalten konnte. Mit dem Namen Lenins sind auch der Smolny (der Stab der Revolution), der Finnländische Bahnhof, auf dem W. I. Lenin, im April 1917 aus der Emigration kommend, eintraf, das Taurische Palais, wo er wiederholt Ansprachen hielt, verbunden.

Der Kreuzer «Aurora» — Крейсер «Аврора»

Im Jahre 1948 ging der legendäre Kreuzer «Aurora» dort, wo die Newka entspringt, für immer vor Anker. Seit 1956 stellt er eine Filiale des Zentralen Marinemuseums dar.

Der Panzerkreuzer «Aurora», auf der Petersburger Werft «Nowoje Admiraltejstwo» gebaut, erhielt 1905 seine Feuertaufe in der Schlacht bei Tsushima.

Im Februar 1917 hißte die Besatzung des Kreuzers als erste der Baltischen Flotte eine rote Fahne. In der Nacht zum 25. Oktober (7. November) gab der Sender des Kreuzers den Aufruf «An die Bürger Rußlands» durch, der den Sieg der proletarischen Revolution verkündete. Der Schuß aus dem Buggeschütz am 25. Oktober (7. November) um 21.45 Uhr war das Signal zum Sturm auf den Winterpalast. Heute dient die «Aurora» als Schulschiff.

Piskarjowskoje-Friedhof **Пискарёвское кладбище**

Ein Denkmal für den Heroismus, den Opfermut und die Standhaftigkeit der Leningrader im 2. Weltkrieg, wo 470 000 Menschen in Massengräbern bestattet sind.

Die feierliche Eröffnung des Memorials fand am 9. Mai 1960 statt.

Den Eingang zum Friedhof bilden pavillonartige Propyläen, deren Friese Inschriften aufweisen. Die Pavillons beherbergen Expositionen über den Heldenmut der Verteidiger der Stadt während der 900 Tage dauernden Blockade. Auf dem Memorialplatz lodert eine Ewige Flamme.

Die Architektur, die Skulptur und das dichterische Wort verschmolzen in der Komposition des Memorials zu einem feierlich-traurigen Requiem.

Schloßplatz — Platz der Dekabristen — Isaaksplatz — Admiralität **Дворцовая площадь — Площадь Декабристов — Исаакиевская площадь — Адмиралтейство**

Der bedeutendste Platz Leningrads — der Schloßplatz — gehört zu einem einheitlichen Bauensemble von Zentralplätzen, zu dem man auch den Isaaksplatz und den Platz der Dekabristen zählt, die durch den Admiralitätsprospekt verbunden sind.

Die Dominante dieses grandiosen Ensembles bildet das von 1806 bis 1823 erbaute Gebäude der Admiralität (Architekt A. Sacharow). Die goldenglänzende Spitze der Admiralität wird von einem Schiffchen gekrönt, das ein Wahrzeichen der Stadt darstellt.

Der Newski-Prospekt **Невский проспект**

Die Hauptmagistrale der Stadt zieht sich über mehr als vier Kilometer dahin. Der Newski-Prospekt ist der Mittelpunkt des kulturellen und gesellschaftlichen Lebens der Stadt. Hier befinden sich Museen, Theater, Konzertsäle, Kinos und Bibliotheken, Kaufhäuser, Spezialgeschäfte, Cafés und Restaurants.

Der Newski-Prospekt weist ein mannigfaltiges und zugleich einheitliches architektonisches Gepräge auf.

Der Prospekt beginnt an der Admiralität und endet am Alexander-Newski-Kloster.

Die strengen Häuserreihen werden durch malerische Ausblicke auf die Flüsse Fontanka und Moika sowie auf weitläufige, mit dem Prospekt verbundene Plätze unterbrochen.

Die Entstehung der Straße reicht in die erste Etappe der Geschichte Petersburgs zurück, da sie als Haupteinfahrt in die nördliche Hauptstadt diente.

Die Staatliche Ermitage **Государственный Эрмитаж**

Diese einmalige Schatzkammer der Weltkunst zählt rund drei Millionen Exponate. Zu den Sammlungen der Ermitage gehören Werke der antiken Kunst, Denkmäler aus dem Alten Orient und aus Byzanz sowie aus dem Mittelalter. Hier werden Gemälde von Leonardo da Vinci, Raffael, Tizian, Rembrandt, Rubens, Skulpturen von Houdon, Canova und Falconet aufbewahrt. Die umfangreiche Sammlung der französischen Kunst des 19. und 20. Jahr-

hunderts enthält Werke von Monet, Renoir, Rodin, van Gogh, Gauguin u. a. Mehrere Säle der Ermitage nimmt eine Schau zur Geschichte der russischen Kunst ein. Sie ist nicht nur ein Museum von Weltruf, sondern auch ein bedeutendes Forschungszentrum. Sie nimmt fünf Gebäude ein, von denen der Winterpalast (1754—1762, Architekt B. Rastrelli) von besonderem Interesse ist.

Der Sommergarten **Летний сад**

Peter I., der hier seine Sommerresidenz bauen ließ, entwarf die Hauptzüge für die Anlegung eines regulären Gartens. Der 11,7 Hektar große Sommergarten ist von allen Seiten von Wasser umgeben. Den Garten schmücken herrliche Marmorplastiken (heute werden hier 89 Vollplastiken und Büsten gezählt) bekannter italienischer Meister aus dem 18. Jahrhundert. Im Sommergarten fanden berühmte Assembleen aus der Zeit Peters I. sowie großzügige Empfänge ausländischer Gäste statt. Heute ist der Garten eine Stätte, die von Leningradern und wohl allen Gästen der Stadt aufgesucht wird.

Das Russische Museum **Русский музей**

Die Sammlung dieser Schatzkammer der russischen und sowjetischen Kunst enthält 300 000 Gemälde, Grafiken, Skulpturen, Werke der dekorativen und angewandten Kunst sowie die besten Schöpfungen hervorragender Meister der Vergangenheit und Gegenwart. Das Museum ist im ehemaligen Michael-Palast (Architekt K. I. Rossi, 1819—1825) untergebracht.

Die Isaak-Kathedrale **Исаакиевский собор**

Sie stellt eines der bedeutendsten Baudenkmäler Leningrads und gewissermaßen dessen Symbol dar.

Die Kathedrale wurde zu Ehren Peters I. nach einem Entwurf des Architekten Montferrand in den Jahren 1818 bis 1858 erbaut. Da der Geburtstag Peters I. mit dem Feiertag zu Ehren des legendären byzantinischen Mönchs Isaaki Dalmatski zusammenfiel, wurde die Kathedrale nach dem Mönch benannt.

Die Kathedrale ist nach der Peterskirche in Rom und der St. Paul's Kathedrale in London die drittgrößte der Welt.

Im Jahre 1931 ist die Isaak-Kathedrale ein Museum geworden.

Die Peter-Pauls-Festung **Петропавловская крепость**

Dieses hervorragende Baudenkmal des 18. Jahrhunderts befindet sich auf der Sajatschi-Insel, die im Süden von der Newa und im Norden von der Kronwerk-Meerenge umspült wird. Die Natur schuf für eine Festung, die die Stadt gegen die Seeseite schützt, einen geradezu idealen Standort. Die an der Flußgabelung nahe der Vorküstenzone liegende Petersburger (die spätere Peter-Pauls-) Festung lieferte ein glänzendes Beispiel für die Fortifikationsbaukunst des 18. Jahrhunderts. Doch war es ihr nicht beschieden, je in Kriegshandlungen einbezogen zu werden. In der Folgezeit erwarb sie sich den berüchtigten Ruf einer russischen Bastille, denn sie war das politische Hauptgefängnis des zaristischen Rußlands.

Seit 1924 beherbergt die Festung ein Museum.

Petrodworez **Петродворец**

Petrodworez (früher Petershof), die ehemalige Sommerresidenz russischer Zaren, liegt 30 km von Leningrad entfernt.

In den Anlagen des Unteren und Oberen Parks von Petrodworez sprudeln reichlich 140 Springbrunnen und Wasserspiele sowie drei Kaskaden, die mit zahlreichen goldglänzenden Marmor-, Blei- und Bronzeplastiken, Flachreliefs und Vasen geschmückt sind.

Im Unteren Park sind Wasserbelustigungen aus dem 18. Jahrhundert, die sogenannten Spaßmacher-Fontanen, erhalten geblieben, die auf originelle Weise in Form einer kleinen Eiche, einer Tulpe u. a. gestaltet sind.

Das grandiose Ensemble der Wasserspiele von Petrodworez entstand im ersten Viertel des 18. Jahrhunderts. Peter I. ließ es zum Andenken an den Sieg Rußlands errichten, das an der Ostsee Fuß gefaßt hatte.

Im 18. und 19. Jahrhundert wurden die Springbrunnen und Kaskaden in Marmor eingefaßt, und neue Springbrunnen kamen dazu.

In den Wasserspielen von Petrodworez verschmolzen architektonische Elemente, Skulpturen und Wasserstrahlornamente zu einer organischen Einheit.

Während des Großen Vaterländischen Krieges wurden die Springbrunnen und das Wasserleitungssystem zerstört.

Die Leningrader Restauratoren ließen die gesamte Anlage von Petrodworez, diese Perle der Weltkunst, wiederauferstehen.

RUSSISCH-DEUTSCHES WÖRTERBUCH

РУССКО-НЕМЕЦКИЙ СЛОВАРЬ

Zeichen **Условные обозначения**

~ Die Tilde steht als Ersatz des ganzen zuletzt vorangegangenen fettgedruckten Stichwortes

( ) Die Klammer bedeutet, daß das Wort sowohl mit wie ohne den eingeklammerten Teil gilt.

, Das Komma trennt Synonyme

In kursiver Schrift stehen Angaben über Grammatik, Gebrauch, Bedeutung usw. des Wortes.

Abkürzungen **Условные сокращения**

f	Femininum	*med*	Medizin
flug	Flugwesen	*n*	Neutrum
geol	Geologie	*Part*	Partikel
hist	historisch	*phot*	Fotografie
idkl	ohne Deklination	*Pl*	Plural
kirche	Kirche	*pol*	Politik
Koll	Kollektivum	*Subst*	Substantiv
Komp	Komparativ	*tech*	Technik
m	Maskulinum	*theat*	Theater
math	Mathematik	*umg*	umgangsprachlich
		wirtsch	Wirtschaft

А

авари́йный Havarie-; Not-

ава́рия *f* Panne; Havarie; **автомоби́льная** ~ Autounfall

а́вгуст *m* August

авиа́ция *f* **1.** Luftflotte **2.** Flugwesen

авто́граф *m* Autogramm

автома́т *m* Automat; **телефо́нный** ~ Fernsprecher

автоматиза́ция *f* Automatisierung

автома́тика *f* Automatik

автомобили́ст *m* Autofahrer

автомоби́ль *m* Auto; **легково́й**

~ Personenkraftwagen; грузово́й ~ Lastkraftwagen
автоно́мный autonom; **автоно́мная респу́блика** die autonome Republik
а́втор *m* Autor, Verfasser
авторите́т *m* Autorität
автостра́да *f* Autobahn
автотури́ст *m* Autotourist, Camper
аге́нтство *n* Agentur; **телегра́фное** ~ Telegrafenagentur
агроно́м *m* Agronom
адвока́т *m* Rechtsanwalt
а́дрес *m* Adresse, Anschrift
адреса́т *m* Adressat, Empfänger
акаде́мия *f* Akademie; **Акаде́мия нау́к СССР** Akademie der Wissenschaften der UdSSR
акклиматиза́ция *f* Akklimatisierung
акклиматизи́роваться akklimatisieren, sich anpassen
акроба́т *m* Akrobat
акт *m* **1.** Akt; **пье́са в трёх а́ктах** Theaterstück in drei Akten **2.** Urkunde, Akte
актёр *m* Schauspieler
акти́вный aktiv
актри́са *f* Schauspielerin
актуа́льный aktuell
аллерги́я *f* Allergie
алфави́т *m* Alphabet, ABC
альбо́м *m* Album
ана́лиз *m* Analyse, Probe
анализи́ровать analysieren
анги́на *f* Angine
анке́та *f* Fragebogen
анса́мбль Ensemble; **танцева́льный** ~ Tanzgruppe
антивое́нный Antikriegs-
антифаши́стский antifaschistisch
анти́чный Antik; ~ **мир** Antike
антра́кт *m theat* Zwischenpause
аплоди́ровать applaudieren, Beifall klatschen
аппендици́т *m* Blinddarmentzündung
аппети́т *m* Appetit
апре́ль *m* April
апте́ка *f* Apotheke
а́рмия *f* Armee
арти́ст *m* Schauspieler; Künstler
арти́стка *f* Schauspielerin; Künstlerin
архи́в *m* Archiv
архите́ктор *m* Architekt
архитекту́ра *f* Architektur
атмосфе́ра *f* Atmosphäre
а́том *m* Atom
а́томный atomar, Atom-
аттракцио́ны *meist Pl* Rummelplatzvergnügen
аудито́рия *f* Hörsaal
афи́ша *f* Anschlagzettel
аэровокза́л *m* Flughafengebäude
аэродро́м *m* Flugplatz
аэропо́рт *m* Flughafen

Б

бага́ж *m* Gepäck
бакале́я *f Koll* Nähr- und Genußmittel
балери́на *f* Ballettänzerin

бале́т *m* Ballett
балетме́йстер *m* Ballettmeister
балко́н *m* **1.** Balkon; **2.** *theat* Rang
бандеро́ль *f* Päckchen, Drucksache
банк *m* Bank
банке́т *m* Festessen
ба́ня *f* Badeanstalt; Baderaum, Badehaus
бар *m* Bar
бараба́н *m* Trommel
бассе́йн *m* Schwimmhalle; Schwimmbecken, Schwimmbad
батаре́йка *f* kleine Batterie, Taschenlampenbatterie
бато́н *m* Langbrot, längliches Weißbrot
безвозме́здно unentgeltlich, kostenlos
безопа́сность *f* Sicherheit
безопа́сный ungefährlich, sicher
бельё *n* Wäsche; **посте́льное** ~ Bettwäsche
бельэта́ж *m* Logenreihe, Hochparterre
бе́рег *m* Ufer, Küste
бесе́да *f* Unterhaltung, Gespräch
бесе́довать sich unterhalten, ein Gespräch führen
беспарти́йный parteilos
беспла́тно kostenlos
беспла́тный kostenlos
беспоса́дочный: ~ полёт Nonstopflug
беспо́шлинный zollfrei
бессо́нница *f* Schlaflosigkeit
библиоте́ка *f* Bibliothek, Bücherei
биле́т *m* Fahr-, Eintrittskarte
бино́кль *m* Fernglas, Opernglas
бинт *m* Binde
благодари́ть danken, sich bedanken
благода́рность *f* Dank, Dankbarkeit
бланк *m* Formular, Vordruck
ближа́йший nächst (liegend)
бли́же *Komp zu* **бли́зкий** näher
бли́зкий nah
близору́кий kurzsichtig
блокно́т *m* Notizblock
боле́знь *f* Krankheit
боле́льщик *m* Sportfreund, Fan, leidenschaftlicher Anhänger, Kiebitz
боле́ть **1.** krank sein; **2.** weh tun; **3.** *Sport* (leidenschaftlich) Partei ergreifen; kiebitzen
боль *f* Schmerz
больни́ца *f* Krankenhaus
бо́льше *Komp zu* **большо́й** *und* **мно́го** größer; mehr
большинство́ *n* Mehrheit
большо́й groß
бортпроводни́ца *f* Stewardeß
борьба́ *f* Kampf
брат *m* Bruder
брига́да *f* Brigade
бри́тва *f* Rasiermesser; **безопа́сная** ~ Rasierapparat
бри́ться sich rasieren (lassen)
бро́нза *f* Bronze
бро́нзовый bronzen, Bronze-
брони́ровать reservieren, buchen
буди́льник *m* Wecker
буди́ть wecken
бу́дни *Pl* **1.** Werktag; **2.** *übtr* Alltag

бу́дущий zukünftig, nächst, künftig
бу́ква *f* Buchstabe
буке́т *m* Strauß
букинисти́ческий: ~ **магази́н** Buch-Antiquariat
бу́лка *f* Weißbrot; Brötchen
бу́лочная *f* Bäckerei
бульва́р *m* Boulevard
бума́га *f* Papier
бума́жник *m* Brieftasche
буты́лка *f* Flasche
буфе́т *m* Erfrischungsraum, Imbißstube
бы́стрый schnell
быть sein
бюдже́т *m* **1.** Haushalt; **2.** Budget
бюро́ *n idkl* Büro, Amt; **спра́вочное** ~ Auskunftsbüro

В

ваго́н *m* Wagen, Waggon
валю́та *f* Valuta, Währung
валю́тный Valuta-, Währungs-
ва́нная *f* Badezimmer
ва́та *f* Watte
вверх nach oben, herauf, treppauf
вверху́ oben
вдруг plötzlich, auf einmal
вегетариа́нский vegetarisch
век *m* Jahrhundert
величина́ *f* Größe, Wert
вероисповеда́ние *n* Glaubensbekenntnis, Konfession
ве́рующий *Subst m* Gläubiger
ве́рхний **1.** ober-; **ве́рхняя оде́жда** Straßenbekleidung
Верхо́вный Сове́т СССР der Oberste Sowjet der UdSSR
вес *m* Gewicht
весе́нний Frühlings-
весна́ *f* Frühling, Frühjahr
вестибю́ль *m* Vorhalle, Vestibül
ве́чер *m* Abend
вече́рний Abend-
вещь *f* Ding, Sache, Stück
взве́шивать (ab)wiegen
взлёт *m* Aufsteigen; *flug* Auffliegen, Start
взлета́ть aufsteigen, starten
видеокассе́та *f* Videokassette
видеомагнитофо́н *m* Videorecorder
видеофи́льм *m* Videofilm
ви́деть sehen
ви́за *f* Vise
визи́т *m* Besuch, Visite
вино́ *n* Wein
витри́на *f* Schaufenster
включи́ть **1.** aufnehmen; **2.** anschließen; **3.** einschalten
вкус *m* Geschmack
вку́сный schmackhaft
владе́лец *m* Besitzer, Inhaber
власть *f* Macht
вне́шний **1.** äußerlich; ~ **вид** Außenseite; Äußere; **2.** auswärtig; **вне́шняя торго́вля** Außenhandel
вниз nach unten, hinunter
внизу́ unten
внима́ние *n* Aufmerksamkeit
вну́тренний **1.** innerlich, inner; **2.** Innen-
во́время zur rechten Zeit
вода́ *f* Wasser
возвраща́ть zurückgeben, zurückzahlen
возвраща́ться zurückkehren
возмо́жность *f* Möglichkeit

возража́ть erwidern, einwenden, widersprechen
возраже́ние *n* Einwand
во́зраст *m* Alter
война́ *f* Krieg
вооруже́ние *n* Aufrüstung, Rüstung
вопро́с *m* Frage
воскресе́нье *n* Sonntag
воспале́ние *n* Entzündung
воспита́ние *n* Erziehung
восто́к *m* Osten, Ost; Orient
восто́рг *m* Begeisterung, Entzücken
восто́чный Ost-, östlich; orientalisch
впервы́е zum ersten Mal, zum erstenmal
вперёд vorwärts, voran, voraus
впечатле́ние *n* Eindruck
врач *m* Arzt
вре́дный schädlich, gefährlich
вре́мя *n* Zeit
всегда́ immer
всеми́рный Welt-, weltweit
встре́ча *f* Treffen; Begegnung
встреча́ть **1.** begegnen, treffen; stoßen (auf); **2.** empfangen, begrüßen; **3.** abholen
вто́рник *m* Dienstag
вход *m* Eingang, Einstieg
входи́ть eintreten, einsteigen
вчера́ gestern
въезд *m* **1.** Einfahrt; **2.** Einreise
выбира́ть wählen; auswählen
вы́бор *m* Wahl; Auswahl
вы́боры *Pl* Wahlen
вы́веска *f* Schild, Firmenschild
вы́езд *m* **1.** Ausfahrt *Ort*; **2.** Ausreise
выздоровле́ние *n* Genesung
выпускни́к *m* Absolvent, Abgänger
высо́кий hoch; groß; hochgelegen
вы́ставка *f* Ausstellung
выставля́ть ausstellen
выступле́ние *n* **1.** Auftritt; **2.** öffentliche Rede, Ansprache
вы́ход *m* **1.** Ausgang; **2.** Ausweg
выходи́ть **1.** hinausgehen, aussteigen; **2.** erscheinen *Zeitschrift*, *Buch*

Г

газе́та *f* Zeitung, Blatt
галантере́я *f* Kurzwaren
галере́я *f* Galerie
гара́нтия *f* Garantie, Gewähr
гастро́ли *Pl* Gastspiel
герб *m* Wappen
геро́й *m* Held
гид *m* Fremden-, Reiseführer
гимн *m* Hymne
гла́вный **1.** hauptsächlich; **2.** Haupt-
гла́дить **1.** bügeln; **2.** streicheln
гла́сность *f* Offenheit, Publizität, Glasnost
говори́ть sprechen
год *m* Jahr
го́лос *m* Stimme
голосова́ть **1.** stimmen; **2.** abstimmen
го́ре *n* Unglück, Kummer
го́род *m* Stadt
городско́й städtisch, Stadt-
господи́н *m* Herr *Anrede*
госпожа́ *f* Frau..., Fraülein... *Anrede*

гостеприи́мство *n* Gastfreundschaft
гости́ница *f* Hotel, Gasthof
гость *m* Gast
госуда́рственный staatlich, Staats-
госуда́рство *n* Staat
гото́вый **1.** fertig; **2.** bereit
гравю́ра *f* Gravüre, Stich, Radierung
граждани́н *m* **1.** Staatsbürger; **2.** Bürger
гражда́нка *f* **1.** Staatsbürgerin; **2.** Bürgerin
гражда́нский bürgerlich, Bürger-
гражда́нство *n* Staatsbürgerschaft
грампласти́нка *f* Schallplatte
грани́ца *f* Grenze
грипп *m* Grippe
гуманита́рный geisteswissenschaftlich; **гуманита́рные нау́ки** Geisteswissenschaften
гума́нный human, menschlich

Д

да *Part zustimmend* ja, jawohl
да́же *Part* sogar, selbst
далеко́ weit, fern
да́льше **1.** *Komp zu далеко* weiter
да́та *f* Datum
дворе́ц *m* Palast, Palais
де́вочка *f* Mädchen
де́вушка *f* **1.** junges Mädchen; **2.** *umg* Fräulein *Anrede an Verkäuferinnen, Kellnerinnen u. a.*
дежу́рный **1.** diensthabend, diensttuend; **2.** *Subst m* Diensthabender
де́йствие *n* **1.** Handlung, Tätigkeit; **2.** Wirkung; **3.** Akt, Aufzug
действи́тельный gültig
дека́брь *m* Dezember
декора́ция *f* Bühnenbild
делега́т *m* Delegierter
делега́ция *f* Delegation
демокра́тия *f* Demokratie
демонстри́ровать **1.** demonstrieren; **2.** vorführen, zeigen
день *m* Tag
де́ньги *Pl* Geld
депута́т *m* Deputierter, Abgeordneter
дере́вня *f* Dorf
де́ти *Pl* Kinder
де́тский Kinder-
дешёвый billig, preiswert
де́ятель *m*: ~ **культу́ры** Kulturschaffender; **профсою́зный** ~ Gewerkschaftsfunktionär
де́ятельность *f* Tätigkeit
джаз *m* Jazz
диа́гноз *m* Diagnose
диапозити́в *m* Dia(positiv)
дива́н *m* Sofa
дие́та *f* Diät
дипло́м *m* Diplom
дирижёр *m* Dirigent
дирижи́ровать dirigieren
диск *m* **1.** *Sport* Diskus; **2.** Schallplatte
дискоте́ка *f* Disko(thek)
диску́ссия *f* Diskussion
дисципли́на *f* Disziplin
дневно́й Tages-
доба́вочный Zusatz-, Neben-
догово́р *m* Vertrag

дождь *m* Regen
докла́д *m* Vortrag, Bericht, Referat
докла́дчик *m* Vortragender, Referent
до́ктор *m* **1.** Arzt; **2.** Doktor *Grad*, Dr. habil, Dr. sc.
докуме́нт *m* Dokument, Ausweis
документа́льный dokumentarisch, Dokumentar-
дом *m* Haus
доро́га *f* Weg, Straße, Bahn
дорого́й **1.** teuer; **2.** lieb
доро́жный Reise-
досмо́тр *m* Kontrolle; **тамо́женный** ~ Zollkontrolle
достиже́ние *n* Errungenschaft
досу́г *m* Freizeit
дочь *f* Tochter
древнеру́сский altrussisch
дре́вний uralt
друго́й anderer
дру́жба *f* Freundschaft
дубли́рованный synchronisiert
духи́ *Pl* Parfüm
душ *m* Dusche
дуэ́т *m* Duett

Е

едини́ца *f* **1.** Eins *Ziffer*; **2.** Eins *in der UdSSR schlechteste Schulzensur*; **3.** Maßeinheit
единогла́сно einstimmig
еди́нственный einzig
ежего́дный (all)jährlich
ежедне́вный **1.** (all)täglich; **2.** Alltags-, Tages-
ежеме́сячный (all)monatlich
еженеде́льник *m* Wochenschrift
еженеде́льный (all)wöchentlich, Wochen-
есть **1.** essen; **2.** es gibt

Ж

жа́ркий heiß
жаропонижа́ющее *med* fiebersenkend
ждать warten
жела́ние *n* Wunsch
железнодоро́жный Eisenbahn-
желе́зный Eisen-, eisenhaltig
жена́ *f* (Ehe)Frau, Gattin
же́нщина *f* Frau
живопи́сный malerisch
жи́вопись *f* Malerei
жизнь *f* Leben
жи́тель *m* Einwohner
жить **1.** leben; **2.** wohnen
журна́л *m* Zeitschrift
журнали́ст *m* Journalist
жюри́ *n idkl* Jury

З

заблуди́ться sich verirren, sich verlaufen
заболе́ть erkranken, krank werden
забыва́ть vergessen
зави́симость *f* Abhängigkeit
заво́д *m* Werk, Betrieb, Fabrik
за́втра morgen
за́втрак *m* Frühstück
за́втракать frühstücken
загора́ть sich sonnen lassen
зада́ние *n* Aufgabe, Auftrag
зада́ча *f* Aufgabe, Problem
заинтересо́ванность *f* Interesse, Interessiertheit

заинтересо́ванный interessiert
зака́з *m* Bestellung, Auftrag
заказно́й **1.** eingeschrieben; **заказно́е письмо́** Einschreibebrief; **2.** Sonder-; nach Maß
зака́зывать bestellen
зако́н *m* Gesetz
заку́ска *f* **1.** Imbiß; **2.** kalte Vorspeise
зал *m* Saal, Aula
заме́на *f* Ersetzen, Ersatz; Wechsel, Austauschen; **~ спекта́кля** Programmänderung
заменя́ть ersetzen; auswechseln
замести́тель *m* Stellvertreter
зао́чный Fern-; **зао́чное обуче́ние** Fernstudium
за́пад *m* Westen, West
западноевропе́йский westeuropäisch
за́падный westlich, West-
запи́ска *f* Zettel *mit Notiz*
запи́сывать niederschreiben, aufschreiben, aufzeichnen
заполня́ть ausfüllen; **~ бланк** Formular ausfüllen
запомина́ть sich merken, behalten
запреще́ние *n* Verbot
запреща́ть verbieten
запрещённый verboten
зараба́тывать erarbeiten, durch Arbeit verdienen
зарпла́та *f* Lohn, Gehalt
зарубе́жный ausländisch, Auslands-
заседа́ние *n* Sitzung, Tagung
заявля́ть erklären, Erklärung abgeben
звони́ть **1.** anrufen; **2.** klingeln
зда́ние *n* Gebäude
здесь hier, da
здоро́ваться grüßen, begrüßen
здоро́вый gesund
здоро́вье *n* Gesundheit
земля́ *f* **1.** Erde; **2.** Land, Boden
зима́ *f* Winter
зи́мний Winter-
знако́мить bekannt machen
знако́миться Bekanntschaft machen, sich bekannt machen
знако́мство *n* Bekanntschaft
зна́ние *n* Wissen
знать wissen
значе́ние *n* Bedeutung
значо́к *m* Abzeichen
зо́лото *n* Gold
золото́й **1.** Gold-; **2.** golden
зо́нт(ик) *m* Regenschirm, Sonnenschirm
зоопа́рк *m* Zoo, Tierpark
зре́ние *n* Sehvermögen, Sehkraft
зри́тель *m* Zuschauer

И

игра́ть spielen
игру́шка *f* Spielzeug
идти́ gehen
изве́стие *n* Nachricht
изве́стный bekannt, berühmt
извине́ние *n* Entschuldigung
извиня́ться sich entschuldigen
изда́ние *n* Herausgabe, Veröffentlichung
изуча́ть **1.** erlernen; **2.** studieren
ико́на *f* Ikone, Heiligenbild
иконопи́сец *m* Ikonen-, Heiligenmaler

имéть haben, besitzen
и́мя *n* Name, Vorname
индустри́я *f* Industrie
инженéр *m* Ingenieur
инострáнец *m* Ausländer, Fremder
инострáнка *f* Ausländerin
инострáнный ausländisch, fremd, Fremd-
инститýт *m* **1.** wissenschaftliches Institut; **2.** Hochschule
интерéс *m* Interesse
интерéсный interessant
интересовáть(ся) (sich)interessieren
информáция *f* Information
искýсственный künstlich, Kunst-
искýсство *n* Kunst
испóльзование *n* Ausnutzung, Verwendung, Einsatz
испóльзовать ausnutzen, verwenden
истóрия *f* **1.** Geschichte; **2.** Erzählung
ию́ль *m* Juli
ию́нь *m* Juni

Й

йод *m* Jod

К

календáрь *m* Kalender
кáмера: ~ **хранéния** Gepäckaufbewahrung
кампáния *f* Kampagne; **избирáтельная** ~ Wahlkampagne
кандидáт *m* Kandidat; ~ **наýк** Kandidat der Wissenschaften *in der UdSSR entspricht dem Doktortitel*
кандидатýра *f* Kandidatur
кани́кулы *Pl* Ferien
кáрта *f* Karte; **морскáя** ~ Seekarte
карти́на *f* Gemälde, Bild
кáсса *f* Kasse
кассéта *f* Kassette
касси́р *m* Kassierer
каталóг *m* Katalog, Verzeichnis
катастрóфа *f* Katastrophe
кáтер *m* Kutter, ~ **для прогýлок** Fahrgastschiff
катóлик *m* Katholik
кафé *n idkl* Café
кáчество *n* Qualität
кварти́ра *f* Wohnung
квартплáта *f* Wohnungsmiete
квитáнция *f* Quittung
килогрáмм *m* Kilogramm
киломéтр *m* Kilometer
киноактёр *m* Filmschauspieler
киноактри́са *f* Filmschauspielerin
киножурнáл *m* Vorfilm; Wochenschau
кинокомéдия *f* Lustspielfilm
кинооперáтор *m* Kameramann
кинорежиссёр *m* Filmregisseur
киностýдия *f* Filmstudio
кинотеáтр *m* Lichtspieltheater
кинофестивáль *m* Filmfestspiele
кинофи́льм *m* Film
киóск *m* Kiosk, Stand
клáдбище *n* Friedhof
класс *m* Klasse
класси́ческий klassisch
клáссовый Klassen-
клуб *m* Klub, Klubraum

ключ *m* Schlüssel
кни́га *f* Buch
кни́жный Buch-
ковёр *m* Teppich
код *m* Code, Schlüssel
коллекционе́р *m* Sammler
колле́кция *f* Sammlung
колхо́з *m* Kolchos(e)
колхо́зник *m* Kolchosbauer
колхо́зница *f* Kolchosbäuerin
комите́т *m* Komitee, Ausschuß
ко́мната *f* Zimmer
коммунисти́ческий: Коммунисти́ческая па́ртия Сове́тского Сою́за die Kommunistische Partei der Sowjetunion
коммюнике́ *n idkl* Kommuniqué
ко́мплекс *m* Komplex, Gesamtheit
компле́кт *m* Satz, Garnitur, Set
компози́тор *m* Komponist
компью́тер *m* Computer
комсомо́л *m* Komsomol
комсомо́льский Komsomol-
конве́рт *m* Briefumschlag, Kuvert
конгре́сс *m* Kongreß
кондиционе́р *m* Klimaanlage
коне́ц *m* Ende, Schluß
ко́нкурс *m* Wettbewerb
Конститу́ция СССР die Verfassung der UdSSR
ко́нсул *m* Konsul
ко́нсульство *n* Konsulat
контро́ль *m* Kontrolle
конференц-за́л *m* Konferenzsaal
конфере́нция *f* Konferenz
конце́рт *m* Konzert
конце́ртный Konzert-
конья́к *m* Kognak
кооперати́в *m* Genossenschaft
корреспонде́нт *m* Berichterstatter
косми́ческий Weltraum-
космодро́м *m* Kosmodrom, Raketenstartplatz, Raumfahrtsstartgelände
космона́вт *m* Kosmonaut
ко́смос *m* Weltraum, Kosmos
креди́т *m* Kredit
кри́зис *m* Krise
кри́тика *f* Kritik
культу́ра *f* Kultur
кури́ть rauchen
куро́рт *m* Kurort
курс *m* **1.** Kurs, Lauf, Richtung; **2.** ~ **рубля́** Rubelkurs; **3.** Studienjahr
ку́хня *f* Küche

Л

ла́герь *m* Lager
ла́зер *m* Laser
ла́зерный Laser-
ла́мпочка *f* Glühbirne
лати́нский lateinisch
лауреа́т *m* Laureat, Preisträger
ле́вый links
лёгкий leicht
лежа́ть liegen
ле́ктор *m* Vortragender, Referent
ле́кция *f* Vorlesung
ленини́зм *m* Leninismus
ле́нинский Lenin-, Lenins, Leninsch
ле́тний Sommer-
ле́то *n* Sommer
лечь sich legen, sich hinlegen
либре́тто *n idkl* Libretto

ли́дер *m* **1.** *pol* Führer; **2.** *Sport* Spitzenreiter
литерату́ра *f* Literatur
лифт *m* Fahrstuhl, Aufzug
лицо́ *n* Gesicht
ли́чный Privat-, persönlich, Personal-
ло́жа *f theat* Loge
ложи́ться sich legen
лома́ться zerbrechen
луна́ *f* Mond
лу́чше *Komp zu* **хоро́ший** besser
любе́зный liebenswürdig
люби́ть 1. lieben; **2.** gern haben
лю́ди *Pl* Leute, Menschen

М

мавзоле́й *m* Mausoleum
магази́н *m* Geschäft, Laden
магнитофо́н *m* Recorder, Tonbandgerät
май *m* Mai
максима́льный maximal, höchst
ма́ксимум *m* Maximum
ма́ленький klein
ма́льчик *m* Junge
ма́рка *f* Briefmarke
март *m* März
маршру́т *m* Reiseroute
ма́стер *m* Meister
мастерска́я *f* Werkstatt
масшта́б *m* Maßstab
материали́зм *m* Materialismus
материалисти́ческий materialistisch
мать *f* Mutter
маши́на *f* **1.** Maschine; **шве́йная** ~ Nähmaschine; **2.** Wagen, Auto
меда́ль *f* Medaille
медици́на *f* Medizin
ме́дленный langsam
медпу́нкт *m* medizinische Betreuungsstelle
медсестра́ *f* Krankenschwester, Arzthilfe
медь *f* Kupfer
междугоро́дный Fern-; ~ **разгово́р** Ferngespräch
междунаро́дный international, Welt-
мело́дия *f* Melodie
ме́лочь *f* **1.** Kleinigkeit; **2.** Kleingeld
ме́ньше *Komp zu* **ма́ленький** und **ма́ло** kleiner; weniger
меньшинство́ *n* Minderheit
меню́ *n idkl* Menü, Speisekarte
мероприя́тие *n* Veranstaltung
ме́стность *f* Umgebung, Gegend
ме́стный lokal, örtlich, Orts-
ме́сто *n* **1.** Platz; **2.** Ort
месторожде́ние *n geol* Fundstätte, Vorkommen, Lager
ме́сяц *m* Monat
мета́лл *m* Metall
ме́тод *m* Methode
метр *m* Meter
метро́ *n idkl* Untergrundbahn, Metro
мечта́ *f* Traum
микрофо́н *m* Mikrophon
мили́ция *f* Miliz
миниатю́ра *f* Miniatur(bild)
минима́льный minimal, Minimal-
ми́нимум *m* Minimum
министе́рство *n* Ministerium
мину́та *f* Minute
мир *m* **1.** Welt; **2.** Frieden

ми́рный Friedens-, friedlich
миро́во́й Welt-, weltweit
ми́тинг *m* Meeting, Kundgebung
моги́ла *f* Grab
мо́да *f* Mode
моде́ль *f* Modell
мо́дный modisch
моза́ика *f* Mosaik
молодёжный Jugend-, jugendlich
молодёжь *f* Jugend
молодо́й jung
моне́та *f* Münze
мо́ре *n* Meer, See
морско́й Meer(es)-, See-, Marine-
москви́ч *m* Moskauer
москви́чка *f* Moskauerin
моско́вский Moskaus, Moskauer
мост *m* Brücke
мото́р *m* Motor
мотоци́кл *m* Motorrad
мочь **1.** können; **2.** dürfen
муж *m* (Ehe)mann, Gatte
мужчи́на *m* Mann
музе́й *m* Museum
му́зыка *f* Musik
музыка́льный musikalisch, Musik-
музыка́нт *m* Musiker
мультфи́льм *m* Trickfilm
мы́ло *n* Seife
мысль *f* Gedanke
мыть waschen
мю́зикл *m* Musical
мя́гкий **1.** weich; **2.** sanft, mild

Н

на́бережная *f* Kai, Uferstraße
набо́р *m* Satz, Garnitur
наве́рх nach oben, hinauf
наверху́ oben
награ́да *f* Belohnung, Auszeichnung, Preis, Prämie
награжда́ть belohnen, auszeichnen
награжде́ние *n* Belohnung, Auszeichnung *Vorgang*, Prämierung
наде́ть anziehen, überziehen, aufsetzen, anlegen, anstecken
на́дпись *f* Über-, Aufschrift, Inschrift
нажа́ть drücken
наза́д zurück, rückwärts
назва́ние *n* **1.** Benennung; **2.** Titel
найти́ finden
нале́во nach links
нали́чный vorhanden, verfügbar; bar
наоборо́т verkehrt, umgekehrt
напи́ток *m* Getränk
напомина́ть erinnern, mahnen
направле́ние *n* Richtung
напра́во nach rechts
наприме́р zum Beispiel
напряже́ние *n* Spannung
наро́д *m* Volk
наро́дный volkstümlich, Volks-
наруша́ть verletzen, brechen, verstoßen
населе́ние *n* Bevölkerung
настоя́щий **1.** gegenwärtig; **2.** echt
натюрмо́рт *m* Stilleben
нау́ка *f* Wissenschaft
находи́ться sich befinden

национáльность *f* Nationalität
национáльный national, National-
нáция *f* Nation
начáло *n* Anfang, Beginn
нéбо *n* Himmel
недéля *f* Woche
незави́симый unabhängig
нейтрáльный neutral
некуря́щий *Subst m* Nichtraucher
необходи́мый notwendig
непрáвильный falsch, nicht richtig
неприсоедини́вшийся nicht paktgebunden; **неприсоедини́вшиеся стрáны** blockfreie Länder
нéсколько *Num* einige, mehrere
нет *Part* nein
нефтепровóд *m* Erdölleitung, Pipeline
ни́же *Komp zu низкий* niedriger
ни́жний unter, Unter-, Nieder-
ни́зкий niedrig
никогдá niemals, nie
ничегó **1.** *umg* soso lala, ganz gut; **2.** *prädikativ* nichts; **3.** *prädikativ* tut nichts
нóвый neu
ноль *m* Null
нóмер *m* **1.** Nummer; **2.** Hotelzimmer
носи́льщик *m* Gepäckträger
ночь *f* Nacht
ноя́брь *m* November

О

обéд *m* Mittagessen
обéдать zu Mittag essen
обещáние *n* Versprechen
обещáть versprechen
óбласть *f* Gebiet
обмéн *m* Austausch, Umtausch, Wechsel
обмéнивать(ся) austauschen
оборóна *f* Verteidigung
образовáние *n* Bildung, Ausbildung
обрáтный Rückwärts-, Rück-; **~ билéт** Rückfahrkarte
обращáться **1.** sich wenden; **2.** umgehen
обращéние *n* **1.** Hinwendung; **2.** Anrede(form); **3.** Umgang
обслу́живание *n* Bedienung
обслу́живать bedienen
обстанóвка *f* **1.** Situation, Lage; **2.** Einrichtung, Ausstattung
обсуждáть besprechen
обсуждéние *n* Besprechung
обучáть lehren, unterrichten, ausbilden
обучéние *n* Studium, Unterricht, Ausbildung
общежи́тие *n* Wohnheim
общéственный gesellschaftlich, Gesellschafts-, öffentlich
óбщество *n* Gesellschaft, Verein, Gemeinschaft
объединéние *n* Vereinigung
объявлéние *n* **1.** Erklärung; **2.** Bekanntmachung, Anzeige
объясня́ть erklären
обы́чай m Brauch, Tradition
обязáтельный **1.** obligatorisch; **2.** pflichtbewußt
огóнь *m* Feuer
óзеро *n* der See
океáн *m* Ozean

окружáющий umgebend, Um-; **~ мир** Umwelt
октя́брь *m* Oktober
опáздывать sich verspäten
опáсность *f* Gefahr
опáсный gafährlich
óпера *f* Oper
оперéтта *f* Operette
оплáта *f* Bezahlung, Lohn
оплáчивать bezahlen
опоздáть zu spät kommen
óпыт *m* Erfahrung
опя́ть wieder, nochmals
орбúта *f astr* Umlauf-, Kreisbahn
орбитáльный Orbital-; **~ кóмплекс** Orbitalkomplex
организáтор *m* Organisator, Veranstalter
организáция *f* Organisation
организациóнный organisatorisch, Organisations-
óрден *m* Orden, Auszeichnung
оркéстр *m* Orchester
освобождéние *n* Befreiung
осéнний Herbst-
óсень *f* Herbst
основнóй hauptsächlich, Haupt-, Grund-, grundlegend
останóвка *f* **1.** Anhalten; **2.** Haltestelle
óстров *m* Insel
ответ *m* Antwort
отвéтственный **1.** verantwortlich; **2.** verantwortungsvoll
отвечáть antworten, beantworten
óтдых *m* Erholung
отдыхáть sich erholen, ausruhen
отéц *m* Vater
отéчественный **1.** vaterländisch; **2.** einheimisch
откры́тка *f* Ansichtskarte, Postkarte
отправлéние *n* Abfahrt; **~ пóезда** Zugabfahrt
óтпуск *m* Urlaub
óтрасль *f* Zweig; **~ индустрúи** Industriezweig
отъéзд *m* Abfahrt, Abreise
официáльный offiziell
официáнт *m* Kellner, Ober
официáнтка *f* Kellnerin
оформлéние *n* Erledigung; **~ документóв** Erledigung der Formalitäten
очкú *Pl* Brille
ошúбка *f* Fehler, Irrtum

П

павильóн *m* Pavillon, Halle
пакéт *m* **1.** Paket; **2.** Tüte
пáмятник *m* Denkmal, Ehrenmal
пáмять *f* Gedächtnis
папирóса *f* Zigarette mit hohlem Mundstück, Papirosse
парáд *m* Parade
парикмáхерская *f* Frisiersalon
парк *m* Park
парлáмент *m* Parlament
партбилéт *m* Parteidokument
партéр *m* Parkett, Parterre
пáртия *f* Partei
партнёр *m* Partner
пáсмурный trübe
пáспорт *m* Ausweis, Paß
пассажúр *m* Passagier, Fahr-, Fluggast
пассажúрский Fahrgast-; **~ пóезд** Personenzug

певе́ц *m* Sänger
певи́ца *f* Sängerin
пенсионе́р *m* Rentner
пе́нсия *f* Rente
пе́пельница *f* Aschenbecher
пе́рвый *Num* erster
перево́дчик *m* Dolmetscher, Übersetzer, Sprachmittler
перево́дчица *f* Dolmetscherin, Übersetzerin, Sprachmittlerin
перегово́ры *Pl* Verhandlungen
переда́ча *f* Sendung; **телевизио́нная ~** Fernsehsendung
перекрёсток *m* Kreuzung
перепи́ска *f* Briefwechsel
переры́в *m* Pause
перестро́йка *f* Umgestaltung, Umbau
перехо́д *m* Übergang
пери́од *m* Periode, Zeitabschnitt
перро́н *m* Bahnsteig
перспекти́вный Perspektiv-; **~ план** Perspektivplan
пе́сня *f* Lied
печа́ть *f* Presse
пешко́м zu Fuß
пи́во *n* Bier
пионе́р *m* Pionier
писа́тель *m* Schriftsteller
писа́ть schreiben
пи́сьменный schriftlich; **~ стол** Schreibtisch
письмо́ *n* Brief
пить trinken
пи́ща *f* Nahrung, Kost
пла́вать schwimmen
плака́т *m* Plakat
план *m* Plan
пласти́нка *f* Schallplatte
плати́ть zahlen
плёнка *f* Film(streifen); **чёрно-бе́лая ~** Schwarzweißfilm
пле́нум *m* Plenum, Plenartagung
пло́хо schlecht
пляж *m* Strand
побе́да *f* Sieg
побежда́ть siegen, besiegen
пове́стка *f* Tagesordnung
поворо́т *m* Biegung, Kurve
повтори́ть wiederholen
пого́да *f* Wetter
пограни́чный Grenz-
пода́рок *m* Geschenk
поднима́ть aufheben; steigern, heben; hochnehmen
по́дпись *f* Unterschrift
подъе́зд *m* Aufgang, Freitreppe, Portal
по́езд *m* Zug
пое́здка *f* Fahrt
пожа́луйста *Part* bitte
пожела́ние *n* Wunsch
позавчера́ vorgestern
поздравля́ть gratulieren
пози́ция *f* Position, Standpunkt
поликли́ника *f* Poliklinik
поли́тика *f* Politik
полити́ческий politisch
полномо́чия *Pl* Vollmachten
полови́на *f* Hälfte
положе́ние *n* Lage, Standort
полуо́стров *m* Halbinsel
полчаса́ *m* eine halbe Stunde
по́мнить sich erinnern, denken
по́мощь *f* Hilfe, Beistand
понеде́льник *m* Montag
понима́ть verstehen, begreifen
популя́рный populär
порт *m* Hafen
портре́т *m* Bild(nis), Porträt

портфе́ль *m* Tasche, Schultasche
посеща́ть besuchen
после́дний letzter
послеза́втра übermorgen
посо́л *m* Botschafter
посо́льство *n* Botschaft
посте́ль *f* Bett
потому́ darum
похо́жий ähnlich
почему́ warum
по́чта *f* Post
почта́мт *m* Postamt
почти́ fast, beinahe
почто́вый Post-
по́шлина *f* **1.** Zoll; **2.** Gebühren
поэ́зия *f* Poesie
поэ́т *m* Dichter
поэ́тому deshalb
пра́вило *n* Regel
прави́тельственный Regierungs-
прави́тельство *n* Regierung
пра́здник *m* Feier, Feiertag
пра́ктика *f* Praxis, Praktikum
практи́ческий praktisch
пребыва́ние *n* Aufenthalt
предлага́ть **1.** vorschlagen; **2.** anbieten
предложе́ние *n* **1.** Vorschlag; **2.** Angebot
предприя́тие *n* **1.** Unternehmen; **2.** Betrieb
председа́тель *m* Vorsitzender
представи́тель *m* Vertreter
представи́тельство *n* Vertretung
представле́ние *n* Vorstellung
президе́нт *m* Präsident
прези́диум *m* Präsidium
преиму́щество *n* Vorteil
пре́мия *f* **1.** Prämie; **2.** Preis
пре́ния *Pl* Diskussion, Debatte
пре́сса *f* Presse
пресс-конфере́нция *f* Pressekonferenz
пресс-центр *m* Pressezentrum
прибы́тие *n* Ankunft
приве́т *m* Gruß
приглаша́ть einladen
приглаше́ние *n* Einladung
при́городный Vorort-; ~ **по́езд** Vorortszug
приём *m* Empfang
приз *m* Preis
приме́р *m* **1.** Beispiel; **2.** Vorbild
принадлежа́ть angehören, gehören
принима́ть empfangen
при́нцип *m* Prinzip
приобрета́ть erwerben, kaufen
приро́да *f* Natur
причёска *f* Frisur
причи́на *f* Grund; Ursache
пробле́ма *f* Problem
програ́мма *f* Programm
прогре́сс *m* Progreß
про́за *f* Prosa
произведе́ние *n lit, Kunst* Werk
производи́тельность *f* Produktivität; ~ **труда́** Arbeitsproduktivität
произво́дство *n* Produktion
промы́шленность *f* Industrie
промы́шленный Industrie-
просвеще́ние *n* Aufklärung, Bildung
про́сьба *f* Bitte
протеста́нт *m kirchl* Protestant
протестова́ть protestieren
профессиона́льный Berufs-; **профессиона́льное образова́ние** Berufsausbildung
профе́ссия *f* Beruf

профсою́з *m* Gewerkschaft
профсою́зный Gewerkschafts-
профтехучи́лище *n* technische Berufsschule
про́шлый vergangen, vorig
проща́льный Abschieds-
проща́ться Abschied nehmen, sich verabschieden
пря́мо gerade, geradeaus
прямо́й gerade
пти́ца *f* Vogel
пу́блика *f* Publikum
публика́ция *f* Veröffentlichung
путеводи́тель *m* Reiseführer
путеше́ствие *n* Reise
путеше́ствовать reisen
путь *m* **1.** Weg; **2.** Gleis
пье́са *f* Stück
пятиле́тка *f* Planjahrfünft
пя́тница *f* Freitag

Р

рабо́та *f* Arbeit
рабо́тать arbeiten
рабо́чий *m* Arbeiter
равнопра́вие *n* Gleichberechtigung
ра́вный gleich
радиоприёмник *m* Rundfunkempfänger
разви́тие *n* Entwicklung
развлече́ния *Pl* Unterhaltung
разгово́р *m* Gespräch
разгово́рник *m* Sprachführer
разме́нивать wechseln *Geld*
разме́р *m* Größe
ра́зный unterschiedlich
разоруже́ние *n* Abrüstung
разреше́ние *n* Erlaubnis, Genehmigung
разря́дка *f* Entspannung
райо́н *m* Bezirk
раке́та *f* Rakete
расписа́ние *n* Liste, Plan; **~ поездо́в** Fahrplan
рассма́тривать **1.** betrachten; **2.** untersuchen
рассмотре́ние *n* **1.** Betrachtung; **2.** Untersuchung
расстоя́ние *n* Entfernung
реа́льный wirklich, tatsächlich
ребёнок *m* Kind
револю́ция *f* Revolution
регистра́ция *f* Eintragung, Registrierung
регистри́роваться sich registrieren lassen
реда́ктор *m* Lektor, Redakteur
режиссёр *m* Regisseur
рейс *m* Flug, Route, Tour
результа́т *m* Ergebnis
река́ *f* Fluß
рекла́ма *f* Werbung
религио́зный religiös
рели́гия *f* Religion
ремонти́ровать reparieren
репертуа́р *m* Spielplan
репорта́ж *m* **1.** Reportage; **2.** Berichterstattung
респу́блика *f* Republik
рестора́н *m* Restaurant
реце́пт *m* Rezept
речно́й Fluß-
речь *f* Rede, Ansprache
реше́ние *n* **1.** Beschluß; **2.** Lösung
роди́тели *Pl* Eltern
роль *f* Rolle
рост *m* **1.** Wuchs, Größe; **2.** Wachstum
руководи́тель *m* Leiter
руково́дство *n* Leitung
ряд *m* Reihe

С

самолёт *m* Flugzeug
самообслу́живание *n* Selbstbedienung
самофинанси́рование *n* Selbstfinanzierung
са́уна *f* Sauna
све́дения *Pl* **1.** Nachrichten; **2.** Wissen; **3.** Angaben, Daten
свет *m* Licht
свобо́да *f* Freiheit
свобо́дный frei
связь *f* **1.** Verbindung; **2.** Beziehung
сда́ча *f* Wechselgeld, Rest (*3 Rubel Rest*)
сеа́нс *m* Vorstellung *im Kino*
се́вер *m* Norden, Nord
се́верный Nord-, nördlich
се́веро-восто́к *m* Nordosten, Nordost
се́веро-восто́чный Nordost-, nordöstlich
се́веро-за́пад m Nordwesten, Nordwest
се́веро-за́падный Nordwest-, nordwestlich
сего́дня heute
сейча́с jetzt
секретариа́т *m* Sekretariat
секрета́рь *m* **1.** Sekretär; **2.** Schriftführer
секу́нда *f* Sekunde
село́ *n* Dorf
се́льский Dorf-, ländlich
сельскохозя́йственный landwirtschaftlich
семе́стр *m* Semester
семина́р *m* Seminar
семья *f* Familie
сентя́брь *m* September
серви́з *m* Service, Tafelgeschirr
серебро́ *n* Silber
сере́бряный Silber-, silbern
се́ссия *f* **1.** Tagung, Sitzungsperiode; **экзаменацио́нная** ~ Prüfungszeit
сестра́ *f* Schwester
сесть sich setzen
сза́ди hinten, von hinten
сига́ра *f* Zigarre
сигаре́та *f* Zigarette
сиде́ть sitzen
си́льный stark, kräftig
си́мвол *m* Symbol
симпо́зиум *m* Symposium
симфо́ния *f* Sinfonie
синхро́нный simultan; ~ **перево́д** Simultandolmetschen
систе́ма *f* System
сказа́ть sagen
ско́рость *f* Schnelligkeit
ско́рый Schnell-; ~ **по́езд** Schnellzug
ску́льптор *m* Bildhauer
скульпту́ра *f* Skulptur, Plastik
сла́бый schwach
сла́ва *f* Ruhm
сле́ва links, von links
сле́дующий nächst, folgend
слова́рь *m* **1.** Wörterbuch; **2.** Wortschatz
сло́во *n* Wort
слу́жба *f* Dienst, Amt
служе́бный Dienst-, dienstlich
слы́шать hören
сме́шанный gemischt, Misch-
смотре́ть sehen, schauen
соболе́знование *n* Beileid
сове́т *m* **1.** Sowjet *Organ der Staatsmacht in der UdSSR;* **2.** Ratschlag, Rat; **3.** Bera-

tung; **семе́йный** ~ Familienberatung

сове́тник *m* **1.** Berater, Ratgeber; **2.** Rat *Titel*

сове́товать raten, beraten

сове́тский sowjetisch, Sowjet-; **Сове́тский Сою́з** Sowjetunion

совеща́ние *n* Beratung, Konferenz

совреме́нный **1.** zeitgenössisch; **2.** gegenwärtig; **3.** aktuell, modern

совхо́з *m* Sowchos(e)

согла́сие *n* Zustimmung, Einverständnis

соглаша́ться seine Zustimmung geben, einwilligen

соглаше́ние *n* Abkommen

сокраще́ние *n* Abkürzung

со́лнце *n* Sonne

сообща́ть berichten, mitteilen

сообще́ние *n* Bericht, Mitteilung

сопровожда́ть begleiten

сопровожда́ющий *Subst m* Begleiter

соревнова́ние *n* Wettkampf, Wettbewerb

соревнова́ния *Pl* Wettkämpfe

сосуществова́ние *n* Koexistenz; **ми́рное** ~ die friedliche Koexistenz

сотру́дничать **1.** zusammenarbeiten; **2.** mitarbeiten

сотру́дничество *n* Mitarbeit, Zusammenarbeit

социалисти́ческий sozialistisch

социа́льный sozial

сою́з *m* Union, Bund; Verband

спа́льный Schlaf-; ~ **ваго́н** Schlafwagen

спать schlafen

спекта́кль *m* Theateraufführung

спе́реди vorn, von vorn

специали́ст *m* Fachmann, Spezialist

специа́льность *f* **1.** Fach(richtung); **2.** Beruf

спи́сок *m* Liste, Verzeichnis

спи́чки *pl* Streichhölzer

спорт *m* Sport

спортсме́н *m* Sportler

спортсме́нка *f* Sportlerin

спра́ва rechts, von rechts

спра́вка *f* **1.** Auskunft; **2.** Bescheinigung

спра́вочник *m* Nachschlagewerk

спра́вочный Auskunfts-, Nachschlage-; **спра́вочная литерату́ра** Nachschlagewerke

[1] **среда́** *f* Mittwoch

[2] **среда́** *f* Milieu, Umgebung

срок *m* Frist, Termin, Dauer

сро́чно dringend

стадио́н *m* Stadion

стажёр *m* Praktikant

стажирова́ться die Probezeit durchmachen, das Praktikum absolvieren

стажиро́вка *f* **1.** Probezeit; **2.** Praktikum in der Produktion

сталь *f* Stahl

стано́к *m* Werkbank

ста́нция *f* Station, Bahnhof

ста́рый alt

стенд *m* (Ausstellungs-)Stand

стипе́ндия *f* Stipendium

сто́имость *f* Wert, Kosten, Preis

сто́ить kosten

столи́ца *f* Hauptstadt
столо́вая *f* **1.** Speisezimmer; **2.** Kantine, Mensa
стоп-кра́н *m* Notbremse
стоп-сигна́л *m* Stopplicht
сторона́ *f* Seite
стоя́нка *f* **1.** Haltestelle, Anlegestelle; ~ **маши́н** Parkplatz
стоя́ть stehen
страна́ *f* Land
строи́тельство *n* Bau
студе́нт *m* Student
студе́нтка *f* Studentin
студе́нческий Studenten-
стюарде́сса *f* Stewardeß
суббо́та *f* Sonnabend
сувени́р *m* Souvenir, Andenken
суд *m* **1.** Gericht; **2.** Urteil
су́мка *f* Tasche
су́тки *Pl* Tag und Nacht, vierundzwanzig Stunden
схе́ма *f* Schema
сце́на *f* **1.** *theat* Bühne; **2.** *lit* Szene
счастли́вый glücklich
сча́стье *n* Glück
счёт *m* **1.** Rechnung; **2.** Konto; **3.** Zahlen; **4.** Sportergebnis
сын *m* Sohn
сюда́ hierher

T

таба́к *m* Tabak
табле́тка *f* Tablette
табло́ *n idkl* Leuchttafel, Meldetafel
такси́ *n idkl* Taxi
тала́нтливый talentiert, begabt
тало́н *m* Kontrollabschnitt, Kupon
тамо́женный Zoll-
тамо́жня *f* Zollamt
та́нец *m* Tanz
танцева́ть tanzen
танцо́вщик *m* Tänzer
танцо́вщица *f* Tänzerin
тво́рчество *n* Schaffen
теа́тр *m* Theater
театра́льный Theater-
телеви́дение *n* Fernsehen
телевизио́нный Fernseh-
телеви́зор *m* Fernsehapparat, Fernseher
телегра́мма *f* Telegramm
телегра́ф *m* Telegraf
телефо́н *m* Telefon, Fernsprecher
те́ма *f* Thema
температу́ра *f* Temperatur
теплохо́д *m* Motorschiff
тёплый warm
техни́ческий technisch
тир *m* Schießstand
тира́ж *m* Auflage, Auflagenhöhe
това́р *m* Ware, Artikel
това́рищ *m* **1.** Kamerad; **2.** Genosse
това́рищеский kameradschaftlich
то́лько nur
торгова́ть handeln, Großhandel treiben
торго́вля *f* Handel
тост *m* Trinkspruch
то́чка *f* Punkt *Satzzeichen*
трамва́й *m* Straßenbahn
транзи́т *m* Transit
трансля́ция *f* Übertragung, Sendung

тра́нспорт *m* Verkehr, Transport
трибу́на *f* Tribüne
трикота́ж *m* **1.** *Koll* Trikotagen; **2.** Trikot, Strickstoff
тролле́йбус *m* Trolleybus, Obus
тротуа́р *m* Bürgersteig
труд *m* Arbeit
туале́т *m* Toilette
туда́ dorthin
тури́зм *m* Tourismus
тури́ст *m* Tourist
туристи́ческий Touristen-
тури́стка *f* Touristin
турни́р *m* Turnier, Kampfspiel
тяжёлый schwer, schwierig

У

уда́р *m* Schlag, Hieb, Stoß
уже́ schon
у́жин *m* Abendessen
у́жинать zu Abend essen
у́лица *f* Straße
универма́г *m* Warenhaus, Kaufhaus
универса́м *m* (Selbstbedienungs)kaufhalle (*Lebensmittel*)
университе́т *m* Universität
уника́льный einzigartig
упако́вывать einpacken
употребле́ние *n* Gebrauch, Anwendung
урожа́й *m* Ernte
уро́к *m* Stunde
усили́тель *m tech* Verstärker
ускоре́ние *n* Beschleunigung
услу́ги *Pl* (Dienst-)Leistungen
успе́х *m* Erfolg
успе́шный erfolgreich
уста́в *m* Statut, Ordnung
у́тро *n* Morgen
уча́ствовать teilnehmen, sich beteiligen
уча́стник *m* Teilnehmer
уча́щийся *m Subst* Schüler
учёба *f* **1.** Lernen; **2.** Studium
уче́бный Lehr-; **уче́бное заведе́ние** Lehranstalt
учени́к *m* Schüler
учени́ца *f* Schülerin
учи́тель *m* Lehrer
учи́тельница *f* Lehrerin
учи́ть lehren, unterrichten
учи́ться lernen, studieren
учрежде́ние *n* Institution, Einrichtung, Amt

Ф

фа́брика *f* Fabrik
факт *m* Tatsache
факти́ческий tatsächlich, wirklich
факульте́т *m* Fakultät
фами́лия *f* Familienname
фаса́д *m* Fassade
фа́уна *f* Fauna, Tierwelt
февра́ль *m* Februar
федера́льный föderativ
федера́ция *f* Föderation
фе́рма *f* Farm
фестива́ль *m* Festspiele, Festival
филатели́ст *m* Philatelist
филатели́я *f* Philatelie
филиа́л *m* Filiale, Zweigstelle
фи́рма *f* Firma
фи́рменный Firmen-
флаг *m* Fahne, Flagge, Banner
фло́ра *f* Flora, Pflanzenwelt
фойе́ *n idkl* Foyer

фо́рум *m* Forum
фотоаппара́т *m* Fotoapparat
фотогра́фия *f* Foto, Aufnahme
фотоплёнка *f phot* Film
фре́ска *f* Freske
фуникулёр *m* Zahnradbahn
футля́р *m* Etui, Hülle

Х

хо́бби *n idkl* Hobby
ходи́ть gehen
хозя́йство *n* Wirtschaft
холоди́льник *m* Kühlschrank
холо́дный kalt, kühl
хор *m* Chor
хореогра́фия *f* Choreographie
хорошо́ *Adv* gut
худо́жественный Kunst-
худо́жник *m* Maler
ху́же *Komp zu* **плохо́й** schlechter

Ц

цвет *m* Farbe
цветы́ *Pl* Blumen
цель *f* Zweck, Ziel
цена́ *f* Preis
центр *m* Zentrum
центра́льный Zentral-
церемо́ния *f* Zeremonie
це́рковь *f* Kirche
цех *m* Werkabteilung, Werkhalle
цикл *m* Zyklus
цирк *m* Zyrkus
ци́фра *f* Ziffer

Ч

чай *m* Tee
час *m* Stunde; Uhr
часовщи́к *m* Uhrmacher
часть *f* Teil
часы́ *Pl* Uhr
ча́ще *Komp zu* **ча́стый** öfter
чек *m* Scheck, Bon
челове́к *m* Mensch, Mann
чемода́н *m* Koffer
четве́рг *m* Donnerstag
чини́ть reparieren
число́ *n* **1.** *math* Zahl; **2.** Anzahl, Menge
чи́стый rein, sauber
член *m* Mitglied
чле́нский Mitglieds-; **~ биле́т** Mitgliedsausweis, Mitgliedsbuch

Ш

шар *m* Kugel
шахмати́ст *m* Schachspieler
ша́хматный Schach-
ша́хматы *Pl* Schachspiel
ша́шки *Pl* Damespiel
швейца́р *m* Pförtner, Portier
шеде́вр *m* Meisterwerk
шко́ла *f* **1.** Schule; **2.** Schule, Richtung auf dem Gebiet der Wissenschaft, Kunst u. a.
шко́льник *m* Schüler
шко́льница *f* Schülerin
шоссе́ *n idkl* Chaussee, Autobahn
шофёр *m* Chauffeur, Kraftfahrer
штраф *m* Geldstrafe
шум *m* Lärm, Gespräch

шути́ть scherzen
шу́тка *f* Scherz

Щ

щека́ *f* Wange
щи *Pl* Schtschi (*Kohlsuppe*)
щит *m* **1.** *hist* Schild **2.** Brett

Э

эква́тор *m* Äquator
экза́мен *m* Prüfung
экземпля́р *m* Exemplar
экипа́ж *m* Besatzung *von Schiff, Flugzeug*
эконо́мика *f* Wirtschaft(sstruktur)
экску́рсия *f* Exkursion, Ausflug
экскурсово́д *m* Fremdenführer, Reiseleiter
эксплуати́ровать **1.** ausbeuten *Menschen;* **2.** *wirtsch* ausnutzen
экспона́т *m* Ausstellungsstück
экспони́ровать ausstellen
экспози́ция *f* **1.** Exposition; **2.** Ausstellung
экспре́сс *m* Expreß *Zug*
электроста́нция *f* Kraftwerk
эмбле́ма *f* Emblem
энциклопе́дия *f* Enzyklopädie
эруди́ция *f* Belesenheit, Gelehrsamkeit
эта́ж *m* Stockwerk, Etage
этике́т *m* Etikette
этике́тка *f* Aufklebezettel
эффе́кт *m* Effekt, Wirkung
эффекти́вность Effektivität, Wirksamkeit
эффекти́вный wirksam, effektiv

Ю

юбиле́й *m* Jubiläum
юг *m* Süden, Süd-
юго-восто́к *m* Südosten, Südost
юго-восто́чный Südost-, südöstlich
юго-за́пад *m* Südwesten, Südwest
ю́жный südlich
ю́мор *m* Humor
ю́ность *f* Jugend
ю́ноша *m* Junge
ю́ный jung

Я

я́дерный Kern-, nuklear
язы́к *m* Zunge, Sprache
янва́рь *m* Januar
я́рмарка *f* Jahrmarkt, Messe
я́рус *m* Rang
я́сный klar, hell